普通高等教育“十一五”国家级规划教材
高职高专金融类“十二五”规划系列教材

金融法概论
(第二版)

JINRONGFA GAILUN

主　编　朱　明
副主编　罗艾筠　何　辛　王琳雯

中国金融出版社

责任编辑：古炳鸿
责任校对：张志文
责任印制：陈晓川

图书在版编目（CIP）数据

金融法概论（Jinrongfa Gailun）/朱明主编．—2版．—北京：中国金融出版社，2012.4
高职高专金融类“十二五”规划系列教材
ISBN 978-7-5049-6276-8

Ⅰ．①金…　Ⅱ．①朱…　Ⅲ．①金融法—中国—高等职业教育—教材
Ⅳ．①D922.28

中国版本图书馆CIP数据核字（2012）第022783号

出版发行 中国金融出版社
社址 北京市丰台区益泽路2号
市场开发部 (010)63266347，63805472，63439533（传真）
网上书店 http://www.chinafph.com
(010)63286832，63365686（传真）
读者服务部 (010)66070833，62568380
邮编 100071
经销 新华书店
印刷 北京松源印刷有限公司
尺寸 185毫米×260毫米
印张 14.5
字数 326千
版次 2006年8月第1版 2012年4月第2版
印次 2012年4月第1次印刷
印数 1—5000
定价 25.00元
ISBN 978-7-5049-6276-8/F.5836
如出现印装错误本社负责调换 联系电话（010）63263947

主 编 简 介

朱明，浙江萧山人，浙江金融职业学院教授，浙江省金融法学研究会副秘书长。1987年7月毕业于杭州大学法律系，获法学学士学位；2007年获中南财经政法大学经济学硕士学位；2010年获浙江大学法律硕士学位；1989年6月取得律师资格，1995年取得经济师资格（金融类），1998年10月取得企业法律顾问资格。

主持浙江省社联、人民银行、法学会、保险学会、金融学会、高教学会、浙江省金融教育基金会等二十余项课题研究。担任高职教材《金融法概论》、《金融法规与案例》、《经济法律概论》、《现代经济法教程》主编，为全日制大专、高职、函授大专学生讲授"金融法"、"经济法"课程，也为金融干部培训班讲授"金融法"、"合同法"、"担保法"等课程。曾担任中国人民银行上海分行全员法律培训牵头和主讲教师。

编写说明

金融业是现代服务业的重要组成部分，其发展蕴涵着较大的风险，需要相应的法律加以规范。作为金融类高职高专的一门专业课，金融法主要研究金融法律制度规范，开设本课程有助于培养素质全面的金融人才。

本教材根据高职高专教育培养实用性技术人才的培养目标，以现行金融法律法规为主要内容，兼顾金融业务的全面性，在注重法律规范与金融业务结合的同时，突出法律对金融业务的规范。本书的特点主要有：

一是注重实用。金融法的特点和高职高专的教学特点决定了本书编写必须实用。根据教学对象的特点和教学的实际需要，我们在每章小结后都安排有复习思考题以及精选案例与分析。

二是兼顾理论。基本原理是学习法律的基础和钥匙。本书在坚持实用性基础上，对必要的法律原理进行了适当的阐释。教材内容以实用定理论，努力做到理论与实用相结合。

三是可读性强。本书从实际需要出发，删繁就简，适当取舍，篇幅较短，内容较精，简洁明了，没有过多讨论历史发展、基本原则、意义作用和学术分歧。

四是编写人员构成合理。本书参编人员，既有从事金融法学和金融学研究的理论工作者，又有金融实务部门的工作者，从而使理论与实务得到较好的结合。

本书可供高等职业院校、高等专科学校、成人高校及本科院校举办的二级职业技术学院和民办高校使用，也可供金融实务工作者和经济管理工作者使用。

本书的作者来自浙江金融职业学院、山西金融职业学院、辽宁金融职业学院、福建金融职业技术学院、山东轻工业学院、中国农业银行浙江省分行营业部等单位。具体编写分工如下（按章节次序排列）：朱明，第一章、第七章；张虹，第二章；何辛，第三章、第五章；王琛，第四章；罗艾筠，第六章；褚义兵，第八章、第九章；余艳清，第十章；徐敬慧，第十一章；王琳雯，第十二章、第十三章；陈正江，第十四章。全书由主编朱明审定。

本书在编写过程中得到周建松、彭元勋、王静等同志的大力支持，在此，我们一并表示衷心的感谢。由于水平所限，书中难免有不足之处，敬请读者指正。

编　者

2012 年 1 月

目　录

第一章

导论

DAOLUN

第一节　金融法概述

一、金融法的产生、概念和调整对象

（一）金融法的产生

金融法是随着金融活动的发展而产生的。研究金融法的产生和发展，必须追溯金融与金融业的产生和发展。金融是商品经济条件下各种金融机构以货币为对象，以信用为形式所进行的货币收支和资金融通活动的总称。它是商品货币关系发展到一定阶段的产物，只要存在商品生产和货币交换，就必然会有金融活动。金融活动是国民经济的重要组成部分，是连接生产、交换、分配、消费各环节的纽带，是社会再生产的必要条件。有了金融活动，就会产生专门从事金融活动的金融机构。

在货币和信用发展的过程中，货币兑换、收支、借贷等活动逐渐形成一定的为交易活动主体所公认、具有普遍约束力的规则。这些规则最初表现为习惯，人们依据这些习惯从事各种金融活动，这便是金融法律制度的萌芽。随着社会化大生产的发展，金融在经济中的地位日益重要。为了保护资本主义的生产关系，维护正常的金融秩序，必然要求建立相应的金融法律制度，因此，金融法的产生是规范金融活动的必然要求。就世界范围而言，现代意义上的金融法是进入资本主义社会后产生和发展起来的。1694 年，英国创办英格兰银行，这标志着资本主义新的银行信用制度的建立。从 18 世纪到 19 世纪，从事存款、贷款、汇兑等业务的银行得到普遍发展，这一时期的金融法对金融活动的调整多表现为国王、国会或政府授予的特许状或特许令。1837 年，美国密执安州通过《自由银行条例》，规定符合法定条件即可申请开办银行，被认为是对普通银行的规范，故为世界各国银行立法所普遍借鉴。1844 年，英国国会通过《英格兰银行特许条例》。这

是世界上第一部中央银行法，也是第一部专门性的金融法律规范。

（二）金融法的概念

金融法是调整货币流通和信用活动中所发生的金融关系的法律规范的总称。金融关系是在金融活动中形成的经济关系。金融法是个总称。在我国，目前尚没有以金融法来命名某部法律，涉及金融类的具体法律通常用它所属的行业名称来命名。我国金融法的内容主要包括：关于中央银行、政策性银行、商业银行和其他非银行金融机构的法律地位、性质、任务、组织机构、职责权限和业务范围的法律规范；关于存款、贷款的法律规范；关于货币发行和现金管理的法律规范；关于票据和结算的法律规范；关于外汇和金银管理的法律规范；关于保险的法律规范；关于信托和金融租赁的法律规范；关于证券的法律规范；关于融资担保的法律规范及其他与金融相关的法律规范等。

（三）金融法的调整对象

金融是现代经济的核心，金融法是经济法的重要组成部分。由于金融是一个特殊的经济部门，因此，金融法又具有与其他经济法律不同的调整对象。金融法的调整对象是在金融活动中产生的金融关系，主要包括金融宏观调控关系、金融业务关系和金融监督管理关系三大类。

1. 金融宏观调控关系，是指中央银行在金融宏观调控过程中与金融机构、其他政府部门、企业和个人之间发生的权利、义务关系。中央银行是我国的金融宏观调控机构。金融宏观调控的特点是中央银行主要利用经济手段依法对金融机构和金融活动进行调整，其调控的直接对象是金融机构及金融市场，间接对象是国民经济各部门、企业及个人，主要通过货币政策工具及法律规定的其他方式进行。

2. 金融业务关系，是指在货币市场、证券市场、保险市场和外汇市场等各种金融市场、金融机构之间，金融机构与个人之间，个人之间进行的各种金融交易的关系。一般而言，金融业务是指存款、贷款、结算、保险、信托、金融租赁、票据贴现、融资担保、外汇买卖、金融期货、证券发行与交易等业务。金融业务关系本质上是一种民事关系。

3. 金融监督管理关系，是指金融监督管理机关对金融机构、金融市场、金融产品及金融交易的监督管理关系。金融监督管理关系的主要内容是金融监管机关依法制定监管规章，审批金融机构，对金融机构进行稽核和检查，对金融活动当事人的违法行为进行查处等。金融监管机关的监管行为必须依法进行，被监管的金融机构、其他组织和个人必须服从监管。金融监督管理关系本质上是一种金融行政关系。

二、金融法律关系

（一）金融法律关系的概念与特征

金融法律关系是指在金融调控活动、金融业务活动和金融监管活动过程中形成的具有权利义务内容的社会关系，这种社会关系由金融法律规范调整。

金融法律关系的特征有：

1. 金融法律关系是在金融业务活动和金融监管活动过程中形成的权利义务关系，而金融业务和金融监管活动是以银行等金融机构为中心开展起来的。因此，在金融法律关系主体当中，金融机构通常是一方当事人。

2. 金融法律关系具有横向金融业务和纵向金融监管的双重性，是比较典型的经济法律关系。一方面，各金融主体之间要按照价值规律、金融市场运行机制开展金融业务活动；另一方面，国家金融监管部门要对金融机构的组织和金融活动的开展实施宏观监督和管理。因此，金融法律规范所调整的金融关系既有横向的金融业务关系，又有纵向的金融监管关系。

3. 金融法律关系具有广泛性、多样性。在当代社会经济生活中，金融活动已经渗透到社会生活的各个方面和领域，成为现代经济的核心。金融深化与金融创新决定了金融法律关系具有广泛性、多样性特征。

4. 金融法律关系的产生、变更、终止有着较为严格的准则性要求。金融法律关系的确立、变更多采用书面形式，而且其格式往往标准化，当事人不能随意更改。

（二）金融法律关系的构成要素

金融法律关系的构成要素是指构成金融法律关系不可缺少的组成部分。和其他法律关系的构成要素一样，金融法律关系也由主体、客体和内容三个要素构成。

1. 金融法律关系的主体，即金融法律关系的参加者，是指参加金融法律关系，依法享有权利、承担义务的当事人。金融活动参加者主要是金融机构，因此，金融机构是金融法律关系的当然主体；国家机关、企事业单位、社会组织和个人依法可以成为金融法律关系的主体。

在我国，金融法律关系主体有以下几种：中央银行、商业银行、非银行金融组织、金融监管机构、其他组织和个人。

2. 金融法律关系的客体，是指参加金融法律关系的主体的权利义务所共同指向的对象。没有金融法律关系的客体，金融法律关系也就不可能产生，权利和义务就会落空。金融法律关系的客体主要有货币、金银、有价证券和行为。货币包括人民币和外币。人民币是我国的法定货币，它是金融法律关系适用最为广泛的客体。金银是可以充当一般等价物的特殊商品，当它充当货币和结算支付工具时，就成为金融法律关系的客体。有价证券是设定并证明持券人有权取得一定金额的证明，包括票据、股票和债券等。行为包括行使金融调控、金融监管职权的行为和提供金融服务的行为。

3. 金融法律关系的内容，是指金融法律关系的主体依法所享有的权利和承担的义务。金融法律关系主体的权利是指金融法律关系主体在金融调控、金融监管和金融业务活动中依法具有自己为或不为一定行为和要求他人为或不为一定行为的资格。金融法律关系主体的权利来自法律规范，它是保证权利人利益的法律手段，同时也是法律允许权利人行为的范围。金融法律关系主体的义务是指金融法律关系主体在金融调控、金融监管和金融业务活动中依法必须为一定行为或不得为一定行为的责任。权利和义务是金融法律关系中两个不可缺少的内容，两者相辅相成，密切联系。在不同的金融法律关系中，金融法律关系主体享有不同的权利，承担不同的义务。

（三）金融法律关系的运行和保护

1. 金融法律关系的运行。金融法律关系的运行是指金融法律关系产生、变更和终止的过程。金融法律关系的产生是指由于一定的法律事实的存在或变化，金融法律关系主体之间形成一定的权利义务关系。金融法律事实的存在与变化是金融法律关系产生的前提。所谓法律事实，是指由金融法律规范规定的能够引起金融法律关系产生、变更和终止的事实，包括事件和行为。前者是指不以人的主观意志为转移的客观现象，包括自然事件和社会现象。后者是指由金融法律规范规定的，能够引起金融法律关系产生、变更和终止的人的有意识的行为，包括合法行为和违法行为。

金融法律关系的变更是指由于一定的法律事实出现或变化，使业已产生的金融法律关系的某些要素发生了改变，从而引起金融法律关系的变更。金融法律关系的变更包括主体的变更、客体的变更和内容的变更三种情形。金融法律关系的终止是指由于一定的法律事实出现从而导致金融法律关系的消灭。

2. 金融法律关系的保护。金融法律关系的保护是指通过一定的保护机构，采取一定的保护方法，确保金融法律关系的参加者正确行使权利和切实履行义务，以维护当事人的合法权益和社会正常的金融秩序。

（1）金融法律关系的保护机构。金融法律关系的保护主要是通过以下三大保护机构进行的：

①金融监管机构。金融监管机构是金融法律关系保护的最基本机构。金融监管机构通过对金融机构的市场准入、市场退出和金融业务活动的全过程的日常监管，对金融违法行为进行行政查处，对金融法律关系主体的权利义务的实现起到最基本的保障作用。在我国，金融监管机构主要包括中国人民银行、中国银行业监督管理委员会（以下简称银监会）、中国证券监督管理委员会（以下简称证监会）、中国保险监督管理委员会（以下简称保监会）、国家外汇管理局等。

②仲裁机构。设在省级人民政府所在地的市（或其他设区的市）的仲裁委员会依法组成仲裁庭，以第三人的身份对金融法律关系主体之间发生的金融合同纠纷进行调解或仲裁，可以有效地解决主体之间的金融纠纷，实现对金融法律关系的保护。

③司法机关。一般是指人民法院和人民检察院。人民法院依法行使审判权，对当事人提起诉讼的金融纠纷案件和人民检察院提起公诉的金融犯罪案件，依法进行审判。人民检察院对金融犯罪案件依法行使检察权，并以国家公诉人的身份出庭支持公诉，对人民法院的审判活动进行监督。

（2）金融法律关系的保护方法。从广义而言，金融法律关系的保护方法是指国家通过金融立法、金融执法和金融司法活动，来保护金融法律关系当事人之间的权利义务的实现。从狭义来讲，就是对破坏正常金融法律关系的行为依法追究法律责任的方法。一般所讲的保护方法是指狭义的方法，即通过追究法律责任来实现对金融法律关系的保护。金融法律关系的保护方法主要有三种：

①行政保护方法。是指对违反金融法律、法规的行为人，由法律规定的金融监管机构依照行政程序加以处理，以保护金融法律关系主体的权利义务的实现。主要体现为金融监管机构对有违法行为的金融机构或其责任人员采取行政上的处理或纠正措施。如对单位采取批评、警告、停业整顿、吊销经营许可证、禁止市场准入等措施；对个人采取

警告、记过、记大过、降级、开除、取消业务资格等措施。

②经济保护方法。是指对违反金融法律、法规的行为人，依照法律规定给予的经济处罚或责令补偿损失的措施，具体包括赔偿损失、罚款、冻结资金、停止支付、提高或加收利息、没收财产等。

③司法保护方法。是指对违反金融法律、法规的行为人，由法律规定的司法机构依照司法程序加以处理，以保护金融法律关系主体的权利义务的实现。主要包括两个方面：一是人民法院依照诉讼程序以审判方式解决金融纠纷，并可对拒不履行法院判决、裁定或仲裁机构裁决的行为予以强制执行；二是对严重违反金融法律、法规，触犯刑律的犯罪分子，由人民法院依法作出判决，追究刑事责任。

第二节　我国金融法概述

一、我国金融法的发展

（一）新中国成立以前金融业的发展与金融立法

我国金融业的发展具有悠久的历史。夏朝时已出现金属货币，秦朝货币制度得到统一，隋唐时期金融典当业已较为普遍，唐朝中期出现柜坊等兼营货币兑换、存放款业务的金融机构。北宋出现钱铺等独立经营金融业务的行业，我国最早的纸币交子也于那时出现。明清时期，出现办理存放款和汇兑业务的票号。1840 年鸦片战争后，中国进入半殖民地半封建社会，其后一百多年中，外国资本和官僚资本控制和支配着我国近代的金融业。

我国历史上的金融法最早出现于战国时期，楚国的《宪令》、赵国的《国律》均有关于货币制造的规定。公元前 221 年，秦始皇统一中国后，在全国范围内统一了货币制度，制定了《金币律》，使货币制度法律化。近代我国开始出现专门的金融法。我国第一部银行法是 1908 年清政府颁布的《大清银行则例》，随后三年间陆续颁布了《银行通行则例》、《通用银钱章程》和《兑换纸币则例》等。中华民国时期，国民政府于 1928—1937 年陆续颁布了《中央银行法》、《银行法》、《票据法》、《保险业法》等金融法律。综观我国近代金融法，带有浓厚的半殖民地半封建色彩。

（二）新中国金融体制的沿革与金融立法

1. 新中国金融体制的沿革与发展。金融体制是指一国划分金融管理机构和金融业务机构的法律地位、职责权限、业务范围，协调彼此之间的活动及其相互关系而形成的制度系统，包括金融机构组织体系、金融市场体系、金融监管体系和金融制度体系四方面的内容。新中国的金融体制是在革命根据地和解放区金融体制基础上，根据建立社会主义国家的不同阶段的需要，逐步建立和发展起来的，经历了艰难曲折的发展过程。大体而言，可分为四个时期。

（1）1949 年至 1977 年是我国单一制的银行体制时期，即由中国人民银行统一领导、垄断金融的时期。其特点是中国人民银行既是行使货币发行和金融管理职能的国家机关，又是从事信贷、储蓄、结算、外汇等业务经营活动的经济组织，其机构遍及全国城乡。另外，有少数几家专业银行存在，但并不受中央银行的领导，而是直接受命于政府。这种体制适应了当时高度集中的计划经济体制的需要。

（2）1978 年至 1986 年是我国中央银行体制的确立时期。在这一时期，逐步建立起适应我国有计划商品经济发展需要的二级银行体制，又称中央银行体制。在恢复、分设专业银行、中国人民保险公司的基础上，中国人民银行开始专门执行中央银行的职能，另设中国工商银行办理工商信贷和城镇储蓄业务。

（3）1987 年至 1993 年是我国试办商业银行和其他非银行金融机构，完善中央银行体制的时期。在这期间，重新组建了交通银行等全国性综合银行，设立了中信实业银行等全国性商业银行和招商银行等区域性商业银行。同时，还大力发展保险、信托等非银行金融机构，开办了中外合资银行或财务公司等。这样，在我国已初步形成了以中央银行为领导，以国有专业银行为主体，多种金融机构并存、分工协作的金融体制。

（4）1994 年至今是全面深化金融体制改革的时期。按照 1993 年 12 月国务院《关于金融体制改革的决定》和《关于进一步改革外汇管理体制的通知》的规定，我国自 1994 年 1 月 1 日起开始进行金融体制的全面改革，以建立适应社会主义市场经济发展需要的金融体制，逐步形成金融市场体系、金融组织体系、金融业务体系和金融监管体系。

2. 新中国金融立法的发展。新中国成立后的前 30 年，由于实行计划经济体制，我国的金融事业发展缓慢，对金融活动的规范和管理以行政手段为主。改革开放后，随着金融改革的深化及我国法制建设进程的加快，我国加快了金融立法的步伐，制定了大量的金融法规和规章，其中以 1986 年 1 月 7 日发布的《中华人民共和国银行管理暂行条例》为代表。1992 年，党的十四大明确提出我国经济体制改革的目标是建立社会主义市场经济体制，金融体制的总体目标得以确立，金融改革进一步深化，金融立法步入新时期。尤其是 1995 年，我国制定四部金融基本法律及一个决定，即《中国人民银行法》、《商业银行法》、《票据法》、《保险法》和《全国人大常委会关于惩治破坏金融秩序犯罪的决定》，初步形成了我国金融法体系的基本框架。1997 年 3 月 14 日修订的新《刑法》专设两节对金融方面的犯罪进行规定，随后又通过刑法修正案对金融犯罪进行进一步规范；1998 年，制定《证券法》，对证券发行与交易等作出全面系统的规定；2001 年制定《信托法》；2003 年制定《银行业监督管理法》、《证券投资基金法》，修订《中国人民银行法》和《商业银行法》；2004 年修订《票据法》；2005 年修订《证券法》；2006 年制定《反洗钱法》；2009 年修订《保险法》。至此，我国金融立法得到进一步完善，我国形成了以法律为主体，行政法规、规章和其他规范性文件为补充的金融法律体系。

二、我国金融法的基本原则

金融法的基本原则是贯穿于整个金融法律关系，对各项金融法律法规起统率作用的基本准则，它是金融法本质和内容的最集中的表现，更是金融立法、执法和司法的指导思想，对金融法的各个法律制度具有普遍的指导意义。金融法的基本原则不论对金融法制建设，还是对金融业发展都具有重要作用。我国金融法的基本原则主要有：稳定币值，促进经济增长原则；保护金融消费者合法权益原则；分业经营、分业管理原则；防范和化解金融风险原则；公平竞争，促进金融业发展原则。

1. 稳定币值，促进经济增长原则。稳定币值，促进经济增长是市场经济协调发展的重要标志，是一国金融政策的主要目标。《中国人民银行法》明确将其规定为我国货币政策的目标，据此制定和执行国家的货币政策，使客观经济规律的要求由于法律上的确认而得到普遍遵循。保持币值稳定是指保持市场货币流通与经济发展状况相适应。要保持币值稳定，就要采取各种措施，使货币供应量与货币需求量达到基本平衡，避免出现通货膨胀和通货紧缩。促进经济增长要求货币发行、金融业务、金融监督与管理等活动的进行要有利于为经济发展创造良好的金融环境，实现金融业可持续发展的战略，推动金融活动朝着经济增长的目标发展。实践证明，只有币值稳定，才能促进国民经济持续、快速、健康发展。

2. 保护金融消费者合法权益原则。在金融活动中，保护各方当事人的合法权益是我国金融法的立法宗旨。金融市场是融通资金的场所，可分为货币市场、资本市场、金融衍生品市场等。通过金融立法建立起规范有序的金融市场，使货币收付、汇兑、结算、信贷等活动做到迅速、及时、准确，才能加速资金的流动和循环，提高融资的可选择性和有效性，从而使参与金融市场的存款人和投资者的合法权益得到保护。同时，只有规范金融市场各方主体行为，公开信息披露，防止内幕交易、操纵市场和欺诈客户等不法行为，广大存款人和投资者的合法权益才能得到切实的保障。在我国，由于金融市场许多方面还不够规范，投资者特别是中小投资者的利益容易受到侵害，因此，必须牢固确立保护存款人和投资者合法权益的原则。

3. 分业经营、分业管理原则。在我国社会主义市场经济体制建立初期，银行业、证券业、保险业、信托业需要按照各自法定的分工开展业务，严格控制超范围经营，这种状况有利于我国金融机构稳健经营，控制系统性金融风险。对这些不同的金融业很难以统一的标准和法律来予以规范，而必须根据它们的行业性质和特点，分别制定相应的法律，如银行法、证券法、保险法、信托法等，设置相应的专门监管部门，实施分行业管理。我国目前实行分业经营、分业管理原则，这是符合现阶段我国金融业发展现状的正确选择，必须坚持，只有这样才能维护金融稳定，促进我国金融业健康发展。同时，使金融监督管理做到有的放矢、落到实处。随着我国金融体制改革的深化，金融创新业务不断拓展，金融混业经营将在一定范围内放开，但必须与我国金融改革目标、我国金融监管能力相适应。

4. 防范和化解金融风险原则。金融业是具有高风险的特种行业，面临多种类型风险，主要包括信用风险、国家风险、市场风险、利率风险、流动性风险、操作风险、法律风险、声誉风险等。以上风险的存在，严重影响着金融业的安全运营，并有可能影响到整个社会的经济生活乃至国家安全，因此，金融法应发挥规范金融市场参与主体行为的作用，防范系统性金融风险；同时，对于存在高风险的金融机构进行必要的救助和处置，从而化解金融风险，维护金融稳定、协调发展。目前，我国正处在经济改革和社会转型的历史进程中，金融领域内也存在着较大的不确定性。20 世纪 90 年代以来，全球范围内金融危机频发，特别是2008 年全球金融危机是长期金融风险积聚的总爆发，给世界经济造成了巨大损失。因此，在加快金融业发展和鼓励金融创新的同时，要做好风险防范和化解工作，以实现金融业的可持续发展。

5. 公平竞争，促进金融业发展原则。通过公平竞争机制引导资源优化配置是市场经济的重要原则。在社会主义市场经济条件下，各个金融机构都是独立的市场主体，这就必然要在金融业中引入市场竞争机制。改革开放以来，我国从单一银行体制发展到多种金融机构并存，形成了分工合作、功能互补的金融市场格局，为提高效率，金融机构之间展开竞争是必然的。金融机构之间开展竞争应遵守公平竞争的原则，不得违反金融法律法规进行不正当竞争。各金融业主体应在优质服务的基础上开展竞争，通过公平竞争实现我国金融业的可持续发展。

6. 遵循国际条约和国际惯例原则。金融领域的法律具有很强的专业性和技术性，当今金融全球化的趋势越来越明显，尤其是在世界贸易组织的法律框架下，金融服务领域的法律制度正在逐步走向国际化，国际条约和国际惯例在国际金融市场的地位和作用日益突出。我国在加入世界贸易组织后，特别是经历2008 年爆发的国际金融危机后，世界各国形成共识，全球金融市场和业务需要遵循这些国际条约和国际惯例，各国金融业的发展和金融业监管需要加强协调。

三、我国金融法的渊源和体系

（一）我国金融法的渊源

金融法的渊源是指金融法律规范的表现形式。我国金融法的渊源包括国内法渊源和国际法渊源两大类。

1. 国内法渊源。金融法的国内法渊源是指国家有关机关制定并发布的有关金融组织及其活动的规范性法律文件。具体包括：

（1）宪法。宪法是国家的根本大法，是国家的总章程，是我国金融法律规范的最高法源。如宪法中关于加强国家宏观经济调控、维护社会经济秩序的规定，可以说是我国金融法律规范的最高表现形式，是我国金融立法的基础。

（2）法律。是由全国人大及其常委会制定的有关金融组织及其活动的规范性法律文件，包括专门的金融法律和其他法律中涉及金融活动的有关规定。前者如《中国人民银行法》、《银行业监督管理法》、《商业银行法》、《保险法》、《票据法》、《证券法》等；后者如《担保法》中的保证、抵押、质押规定，《公司法》中关于公司组织的规定，《合同法》中关于借款合同、融资租赁合同的规定，《破产法》中对金融机构破产的规定等。

（3）行政法规。是指国务院制定的有关金融组织及其活动的规范性法律文件。如《金银管理条例》、《国家金库条例》、《人民币管理条例》、《金融资产管理公司条例》、《外汇管理条例》、《现金管理暂行条例》、《储蓄管理条例》、《企业债券管理条例》、《外资金融机构管理条例》、《金融违法行为处罚办法》等，金融行政法规不得与宪法、金融法律相抵触。

(4) 部门规章。是指国家金融主管部门或机构根据金融法律、行政法规或根据授权制定的有关金融活动的规范性法律文件。如中国人民银行制定的《贷款通则》、《支付结算办法》、《中国人民银行行政复议办法》、《信托投资公司管理办法》等；中国银监会制定的《商业银行风险监管核心指标（试行）》、《金融机构信贷资产证券化试点监督管理办法》等；国家外汇管理局制定的《境外外汇账户管理规定》、《关于 QFII 外汇管理操作问题的通知》等。

(5) 地方性法规。是指省、自治区、直辖市和计划单列市的人民代表大会及其常委会制定的有关金融活动的规范性法律文件，这些地方性法规是对金融法律、行政法规的具体化，但它们不得同金融法律、行政法规相抵触。

(6) 自律性文件。是指由金融行业或金融机构制定的有关自身金融活动的行为规范，对其内部成员或部门具有约束力。如《中国证券业协会章程》、《深圳证券交易所股票上市规则》等。

2. 国际法渊源。我国金融法的国际法渊源是指我国缔结或参加的有关国际条约、协定以及一些具有广泛影响、为国际社会接受并认可的国际惯例。

(1) 国际条约，是指我国参加国际金融活动所缔结和加入的双边或多边条约。这些条约在我国缔结或参加后，对我国具有约束力。一般情况下，这些国际条约具有优先适用的效力，但我国申明保留的除外。

目前，我国缔结和参加的有关国际条约主要有《国际货币基金组织协定》、《国际复兴开发银行协定》（1965 年 12 月）、《国际复兴开发银行协定附则》（1980 年 9 月）、《国际金融公司协定》（根据 1961 年 9 月和 1965 年 9 月生效的决议修订）、《国际金融公司协定附则》（1980 年 2 月）、《国际复兴开发银行贷款和国际开发协会信贷采购指南》（1985 年 5 月）、《多边投资担保机构业务规则》（1988 年 6 月）、签署或加入世界贸易组织有关的国际条约（2002 年 3 月）等。

(2) 国际惯例，是指在国际经济交往中形成的为国际社会广泛接受并予以承认的，一经双方确认就具有法律约束力的习惯性规范。如 1967 年国际商会的《商业单据托收统一规则》、1983 年的《商业跟单信用证统一惯例》、1985 年世界银行的《贷款协定和担保协定通则》及《合同担保统一规则》、1997 年 9 月巴塞尔银行监管委员会颁布的《有效银行监管的核心原则》；2010 年 9 月，《巴塞尔协议Ⅲ》出台，并在随后的 G20 首尔峰会上获得通过，成为全球银行业监管的新标准等。

(二) 我国金融法体系

金融法体系是指一国调整不同领域内的金融关系的法律规范组成的有机联系的统一整体。随着我国社会主义市场经济体制的建立和完善，金融业获得巨大的发展，金融体制改革逐步深化，金融法制建设步伐明显加快，国家制定了大量的金融法律、行政法规、部门规章及其他规范性文件，金融法体系得到逐步建立健全。根据现行的金融法律规范，我国金融法体系主要由金融市场法、金融组织法、金融业务法、金融监管法四个部分组成。

1. 金融市场法。金融市场是进行资金融通的市场，主要包括货币市场、资本市场和金融衍生市场等。金融市场法是指调整金融市场活动所发生的社会关系的法律规范的总称。货币市场是融资期限在1年以下的短期资金融通市场，资本市场是融资期限在1年以上的中长期资金融通市场，金融衍生市场是各种金融衍生产品的交易市场。在我国，金融活动目前主要通过货币市场来进行，资本市场和金融衍生市场尚不发达。需要进一步建立健全金融市场法律规范体系，促进我国金融市场规范协调发展。其中法律如《证券法》、《保险法》等，行政法规如《股票发行与交易管理暂行条例》、《国务院关于进一步加强证券市场宏观管理的通知》等，部门规章如《全国银行间债券市场债券交易管理办法》、《关于进一步加强对同业拆借管理的通知》等。

2. 金融组织法。金融组织又称金融中介，是指从事金融活动的金融市场参与者。金融组织法又称金融主体法、金融机构组织法，是用以确定银行和其他金融机构的性质、法律地位、职责权限、机构设置、业务范围及规则的法律规范的总称，它是金融法的基本组成部分。按照业务性质不同，我国金融组织可划分为银行、保险公司、证券公司、信托投资公司等；金融组织法又可进一步分为银行组织法、证券组织法、保险组织法和信托业务法等。其中法律如《中国人民银行法》等，行政法规如《金融机构管理规定》、《国有重点金融机构监事会暂行条例》、《国有独资商业银行监事会暂行规定》等，部门规章如《股份制商业银行公司治理指引》等。

3. 金融业务法。金融业务是指发生在资金盈余单位和资金短缺单位之间的资金融通活动。金融业务法是指调整金融机构从事具体金融活动的各种规则和制度等法律规范的总称，它是金融法的主体部分，其调整的主要是平等的民商事主体之间的法律关系。根据金融业务的不同内容，又可分为银行业务法、保险业务法、证券业务法和信托业务法等。其中法律如《商业银行法》、《票据法》、《证券法》、《保险法》、《信托法》、《合同法》和《担保法》等，行政法规如《金银管理条例》、《储蓄管理条例》等，部门规章如《贷款通则》、《银行卡业务管理办法》、《支付结算办法》等。

4. 金融监管法。金融监管主要包括国家对金融机构、金融业务以及金融市场所实施的监督管理活动。金融监管法是指调整国家实施金融监督管理活动中所发生的社会关系的法律规范总称。金融监管法的主要任务是明确监管目标，确定监管机关，规范监管职责，打击破坏金融秩序的行为，以促进金融业持续健康发展。我国的金融监管法是随着金融活动和监管实践的不断发展逐步形成并完善的。从总体来看，我国金融监管法主要包括监管体制、监管目标和原则、监管内容、监管方式手段等部分。其中法律如《中国银行业监督管理法》等，行政法规如《关于加强金融机构监管工作的意见》、《非法金融机构和非法金融业务活动取缔办法》、《金融违法行为处罚办法》等，部门规章如《商业银行风险监管核心指标》、《非现场稽核监督暂行规定》、《商业银行信息披露暂行办法》等，国际惯例如巴塞尔银行监管委员会《有效银行监管的核心原则》、《关于统一国际银行的资本计算和资本标准的协议》（简称《巴塞尔协议Ⅲ》）等。

【本章小结】

金融法是调整在货币资金融通过程中形成的金融关系法律规范的总称。现代意义上的金融法是随着金融业的发展才建立和完善的。我国在进行金融体制改革的同时，确立了金融法的基本原则，根据金融法的渊源，不断完善金融法律体系。本章对金融法的概念、金融法律关系和我国金融法的发展、基本原则、渊源和体系等基础概念和基本理论作了具体的阐述。

【复习思考题】

一、简答题

1. 简述金融法的概念和调整对象。
2. 简述金融法律关系的构成要素。
3. 简述我国金融法的渊源。
4. 简述我国金融法的体系。

二、论述题

1. 试述金融法律关系的运行与保护。
2. 试述我国金融法的基本原则。

第二章

中国人民银行法律制度

ZHONGGUO RENMIN YINHANG FALU ZHIDU

第一节　中央银行法概述

一、中央银行的概念

中央银行是负责制定和执行国家货币政策，调节和控制货币流通和信用活动，提供公共金融服务，维护金融稳定，依法实施金融监管的特殊金融机构。

中央银行居于一国金融体系的主导地位，是一国金融体制中的核心机构。中央银行是发行的银行、银行的银行、政府的银行。

二、中央银行法的概念

中央银行法是指调整中央银行内部和外部各类关系的法律规范的总称。中国人民银行法即我国的中央银行法，它是调整我国中央银行制定和实施货币政策，实施宏观经济调控和监督管理职能而产生的各种社会关系的法律规范的总称。1995 年 3 月 18 日，第八届全国人民代表大会第三次会议审议通过并公布了《中国人民银行法》，根据 2003 年 12 月 27 日第十届全国人民代表大会常务委员会第六次会议《关于修改〈中华人民共和国中国人民银行法〉的决定》修正，这是我国关于中央银行的第一部法律。

第二节　中国人民银行的性质、法律地位和职责

一、中国人民银行的性质

《中国人民银行法》第二条规定："中国人民银行是中华人民共和国的中央银行。中国人民银行在国务院领导下，制定和执行货币政策，防范和化解金融风险，维护金融稳定。"该规定确立了中国人民银行的性质。

首先，中国人民银行是中华人民共和国的中央银行。

其次，作为中央银行，中国人民银行是发行的银行、银行的银行和政府的银行。中国人民银行垄断发行权，发行人民币并管理人民币的流通；集中保管金融机构的存款准备金，向金融机构提供再贷款和再贴现，维护支付和清算系统的正常运行，为金融机构提供清算服务等；在法律规定的范围内为政府提供金融服务。

最后，中国人民银行是国务院领导下的管理金融事业的职能部门。中国人民银行与一般的金融机构相比有其特殊性：（1）人民银行和一般金融机构尽管都从事货币信用活动，但其经营目的截然不同。一般金融机构是企业，其经营目的是获取利润；而人民银行并不以获取利润为目的。（2）一般的金融机构都以众多的企业和个人为业务对象；而人民银行则不以工商企业和个人为业务对象，而以金融机构和政府为业务对象。尽管修订后的《中国人民银行法》去掉了"对金融业实施监督管理"，只行使制定和执行货币政策的职能，将原先承担的银行业监管职能交由银监会行使，但中国人民银行依然要负责金融宏观调控，"防范和化解金融风险，维护金融稳定"，仍然保留了六项必要的监管职责。

二、中国人民银行的法律地位

《中国人民银行法》第七条规定："中国人民银行在国务院领导下依法独立执行货币政策，开展业务，履行职责，不受地方政府、各级政府部门、社会团体和个人的干涉。"

1. 中国人民银行是国务院管理全国金融事业的职能部门，受国务院领导。具体体现在：

（1）中国人民银行就年度货币供应量、利率、汇率和国务院规定的其他重要事项作出的决定，报国务院批准后执行；中国人民银行就前款规定以外的其他有关货币政策事项作出决定后，即予执行，并报国务院备案。

（2）中国人民银行行长的人选，由国务院总理提名；副行长由国务院总理任免。

（3）中国人民银行制定货币政策的咨询议事机构——货币政策委员会的职责、组成和工作程序，由国务院规定。

2. 中国人民银行具有相对独立性。具体表现在：

（1）中国人民银行独立于国务院以外的其他政府部门和地方各级政府，不受地方政府、各级政府部门、社会团体和个人的干涉。

（2）中国人民银行的各级分支机构是总行的派出机构，接受总行的集中统一领导和管理。

三、中国人民银行的职责

中国人民银行的职责是其职能的具体化。其具有调节职责、监督职责、服务职责。中国人民银行的职责有十三项：

1. 发布、履行与其职责有关的命令和规章。这是中国人民银行的一项主要职责。中国人民银行宏观调控职能的履行和货币政策的实施，必须有健全的法律作为前提和保障。中国人民银行作为国务院的职能部门，有权根据国家法律，国务院的行政法规、决定、命令，在本部门的权限范围内制定和发布命令、规章。

2. 依法制定和执行货币政策。货币政策是中央银行为实现其特定的目标而采取的各种控制和调节货币供应量或信用总量的方针和措施的总称。其实质是处理发展经济与稳定货币的关系。中国人民银行在国务院的领导下，依法制定和执行货币政策。

3. 发行人民币，管理人民币流通。由于人民币具有无限法偿性质，在我国境内一切公私交易中可以无限制地使用，任何单位和个人都无权拒绝收受人民币，因此，我国发行人民币按照经济发行和计划发行的原则发行。

4. 监督管理银行间同业拆借市场和银行间债券市场。由于银行间同业拆借市场和银行间债券市场隐含着较大的系统性风险，银行间债券市场还是中国人民银行公开市场的操作平台，中国人民银行应对其进行监督管理，包括制定同业拆借管理有关的规章制度，审核、批准有关金融机构成为同业拆借市场交易成员，对交易成员的行为进行监督、检查，授权中介机构发布市场信息等。

5. 实施外汇管理，监督管理银行间外汇市场。中国人民银行通过国家外汇管理局实施外汇管理，主要内容是监督管理结售汇业务和银行间外汇市场。

6. 监督管理黄金市场。中国人民银行这一职责的主要内容一是监督管理黄金交易市场，二是监督管理黄金进出口业务。

7. 持有、管理、经营国家外汇储备、黄金储备。中国人民银行是持有、管理和经营国家外汇储备和黄金储备的唯一机关，其主要对黄金储备、外汇储备的存量、构成、买卖收付等运行情况进行管理。

8. 经理国库。中国人民银行代理政府的财政收入支出。它专设机构为政府开立各种账户，办理政府的财政税收收支划拨和清算业务，执行国库出纳职能。

9. 维护支付、清算系统的正常运行。维护支付、清算系统的正常运行是一国中央银行的基本职责之一。企业之间的经济往来、发生的债权债务关系，要通过商业银行办理支付清算，而银行之间的债权债务关系也需要通过一个中枢机构办理清算结算，这个中枢机构就是中央银行。

10. 指导、部署金融业反洗钱工作，负责反洗钱的资金监测。金融机构反洗钱是整个反洗钱法的主要组成部分。中国人民银行是金融机构反洗钱工作的监督管理机关。国家外汇管理局负责对大额、可疑外汇资金交易报告工作进行监督管理。

11. 负责金融业的统计、调查、分析和预测。中国人民银行对金融业的统计、调查、分析、预测所形成的数据和分析结论是国家制定宏观经济金融政策，进行宏观调控的主要依据。

12. 作为国家的中央银行，从事有关的国际金融活动。中国人民银行作为国家中央银行从事国际金融活动，主要是代表政府参与世界银行、国际货币基金组织、亚洲开发银行等国际金融组织的活动，参与国际清算活动，参与国际金融监管活动，发展与各国中央银行的对外金融关系等。

13. 国务院规定的其他职责。

第三节　中国人民银行的组织机构

一、中国人民银行的领导机构

中国人民银行实行行长负责制，由行长全权领导中国人民银行的工作。行长享有对内管理和执行中国人民银行内部事务、对外代表中国人民银行的权力。副行长协助行长工作。中国人民银行行长是中国人民银行的最高行政领导人，是中国人民银行的法定代表人。行长负责制实际上是行政首长负责制。

中国人民银行行长的人选，根据国务院总理的提名，由全国人民代表大会决定；全国人民代表大会闭会期间，由全国人民代表大会常务委员会决定，由中华人民共和国主席任免。中国人民银行副行长由国务院总理任免。

二、货币政策委员会

货币政策委员会是由中国人民银行设立的货币政策的咨询议事机构。货币政策委员会的职责、组成和工作程序，由国务院规定，报全国人民代表大会常务委员会备案。中国人民银行货币政策委员会应当在国家宏观调控、货币政策制定和调整中发挥重要作用。

货币政策委员会的基本职能是在综合分析国家宏观经济形势的基础上，依据国家的宏观经济调控目标，讨论货币政策事项，并提出建议。讨论的事项主要有：货币政策的制定、调整，一定时期内的货币政策目标，货币政策工具的运用，有关货币政策的重要措施以及货币政策与其他宏观经济政策的协调。

货币政策委员会设主席1人，副主席1人。主席由中国人民银行行长担任，副主席由主席指定。货币政策委员会设立秘书处，作为货币政策委员会的常设办事机构。

三、中国人民银行分支机构

中国人民银行根据履行职责的需要设立分支机构，作为中国人民银行的派出机构。各分支机构是中国人民银行的组成部分，不具备独立的法人资格，受中国人民银行的统一领导和管理。中国人民银行的分支机构根据中国人民银行的授权，维护本辖区的金融稳定，承办有关业务。1998 年 12 月，为强化中央银行的独立性，中国人民银行撤销了省级分行，在全国设立跨省、自治区、直辖市的九个分行，分别是天津分行、沈阳分行、上海分行、南京分行、济南分行、武汉分行、广州分行、成都分行、西安分行，同时，在北京和重庆设立了中国人民银行营业部。

第四节　中国人民银行的业务

一、法定业务

1. 法定业务是指为执行货币政策，运用货币政策工具而开展的业务。中国人民银行为执行货币政策，可以运用下列货币工具：

（1）存款准备金。商业银行按照中央银行规定的比例，将其吸收的存款总额的一定比例款额，缴存中央银行指定的账户。缴存中央银行指定账户的款额称为存款准备金。这部分款额与商业银行吸收的存款总额的比例称为存款准备金率。中央银行使用存款准备金作为货币政策工具的作用是：调节市场货币流通量，从而达到紧缩或放松货币供应量的目的。当这个比例提高时，存入中央银行账户的款额就增加，市场上流通的货币量就会减少；反之，该比例降低时，市场上的货币流通量就会随之增加。

（2）中央银行基准利率。基准利率是中央银行对银行业金融机构规定的存贷款利率，其中尤为重要的是贷款利率。基准利率的宏观控制作用表现为：中央银行通过提高或者降低贷款利率来影响商业银行借入中央银行资金的成本，进而影响借款企业从银行业金融机构借贷资金的成本，抑制或者刺激对信贷资金的需求，最终导致信贷总量和货币供应量的收缩或者扩张。

（3）再贴现。票据贴现是指持票人在需要资金时，将其持有的商业汇票经过背书转让给银行，银行从票面金额中扣除贴现利息后，将余款支付给申请贴现人的票据行为。再贴现是指贴现银行持未到期的已贴现汇票向人民银行贴现，通过转让汇票取得人民银行再贷款的行为。中央银行根据一定比率从现款中扣取自贴现日至票据到期日的利息，这一比率即为再贴现率。当中央银行的再贴现率提高时，商业银行花费的贴现成本就会提高，商业银行对客户的贴现率也会相应提高，这样市场上的货币流通量就要减少。再贴现是中央银行的一种信用业务，是中央银行为执行货币政策而运用的一种货币政策工具。

（4）向商业银行提供贷款。中国人民银行通过向商业银行贷款来控制和调节商业银行的信贷活动，从而控制和调节货币供应量和信用总量。中国人民银行对商业银行的贷款为信用贷款，用于解决商业银行的临时资金不足，不得用于发放贷款和证券投资。依据贷款期限的不同分为 20 天、3 个月、6 个月和 1 年期四个档次。利率由中国人民银行根据经济政策和货币政策的需要确定和调整。自 2004 年 3 月 25 日起，中国人民银行对贷款实行浮息制度，即在基准利率的基础上，适时确定并公布中央银行对金融机构贷款利率加点幅度的制度。

（5）公开市场业务政策。公开市场业务是指中央银行在公开市场上买卖国债、其他政府债券和金融债券及外汇，从而控制和调节货币供应量。

（6）国务院规定的其他货币政策工具。

2. 中国人民银行依照法律、行政法规的规定经理国库。

国库是国家金库的简称，是指负责办理国家预算资金的收纳、划分、留解和拨付的专门机构。我国现行国库的设置原则是一级财政设立一级国库，目前分为总库、分库、中心支库、支库以下的经收处。在我国，国库存款和预算外存款一律不计利息；银行办理汇款和拨款时，亦不收费。

3. 代理发行、兑付政府债券。中国人民银行可代理国务院财政部门向各级金融机构组织发行、兑付国债和其他政府债券。

4. 中国人民银行可以根据需要，为银行业金融机构开立账户。

5. 中国人民银行应当组织或者协助组织银行业金融机构相互之间的清算系统，提供清算服务。清算是指不同银行之间因资金的代收代付而引起的债权债务通过票据清算而得以清偿。《中国人民银行法》第二十七条规定："中国人民银行应当组织或者协助组织银行业金融机构相互之间的清算系统，协调银行业金融机构相互之间的清算事项，提供清算服务。"中央银行负责维持结算体系，有利于金融市场的活动，保证金融体系稳健运行。中央银行发现商业银行在结算过程中，有压单、压票、无故占用客户结算资金的行为以及违反规定退票的情况等，要责令商业银行予以纠正；给客户造成经济损失的，要商业银行赔偿损失。

二、禁止从事的业务

中央银行在办理业务时，要处理好币值稳定与经济增长的矛盾。这个矛盾主要表现在：国家发展经济需要货币投放，但货币投放过多就会导致通货膨胀。中央银行执行货币政策的目的是要稳定币值，并以此促进经济增长，所以通货膨胀式的投放货币是违反货币政策的。但是，如果中央银行限制货币的投放，又可能影响经济的增长，导致币值稳定但经济增长却放缓。为了保证中央银行货币政策的执行，中央银行在办理业务时，也要受到一些法定的限制。

根据中国人民银行作为我国中央银行的特殊性质和地位，《中国人民银行法》对中国人民银行的业务活动作了如下限制性的规定：

1. 不得对政府财政透支，不得直接认购、包销国债和其他政府债券。财政透支或中央银行直接购买政府债券实质上是一种财政性的货币发行，势必引发通货膨胀，从而影响币值的稳定。因此，中国人民银行不得向财政透支，不得直接购买、包销国债及其他政府债券。

2. 不得对银行业金融机构账户透支。中国人民银行是我国的中央银行，这决定了其与银行业金融机构之间具有必然的业务往来关系，而这种业务往来关系主要是通过账户往来实现的，但中国人民银行不得对银行业金融机构的账户透支。透支作为一种信贷方式，是造成一国信用膨胀和货币金融危机的直接原因之一。

3. 不得向地方政府、各级政府部门和非银行金融机构以及其他单位和个人提供贷款。这是由中国人民银行的地位和管理职能所决定的。中国人民银行是我国的中央银行，是银行的银行，其职责集中在制定和实施货币政策、防范和化解金融风险、维护金融稳定方面。与商业银行相比，其活动主要在宏观金融方面，原则上它不以营利为目的，不经营普通商业银行的业务。因此，中国人民银行的贷款业务作为金融宏观调控的手段之一，是不能向地方政府、各级政府部门和非银行金融机构以及其他单位和个人提供的。

4. 不得向任何单位和个人提供担保。中国人民银行是国家的中央银行，是国务院直属的国家行政机关，不得对任何单位和个人提供担保。

第五节　中国人民银行的金融监督管理

一、中国人民银行金融监督管理的对象和目的

1. 中国人民银行实施监督管理的对象。金融监督管理是中国人民银行的重要职能之一。中国人民银行实施监督管理的对象主要是银行业金融机构及其业务活动，同时也包括对其内部的监督管理。

2003 年 4 月 28 日，中国银监会挂牌成立，履行原由中国人民银行履行的审批、监督管理银行、金融资产管理公司、信托投资公司及其他存款类金融机构等职责及相关职责，但中国人民银行仍履行中央银行职能所必需的部分金融监管职能，更有利于提高效率。

2. 中国人民银行金融监督管理目的：（1）金融安全目的。（2）保护存款人和投资者的合法利益。（3）提高国有商业银行信贷资产质量。

二、中国人民银行金融监督管理的内容

中国人民银行依法监测金融市场的运行情况，对金融市场实施宏观调控，具体表现为以下几方面。

1. 中国人民银行有权对金融机构以及其他单位和个人的下列行为进行监督检查：（1）执行有关存款准备金管理规定的行为；（2）与中国人民银行特种贷款有关的行为；（3）执行有关人民币管理规定的行为；（4）执行有关银行间同业拆借市场、银行间债券市场管理规定的行为；（5）执行有关外汇管理规定的行为；（6）执行有关黄金管理规定的行为；（7）代理中国人民银行经理国库的行为；（8）执行有关清算管理规定的行为；（9）执行有关反洗钱规定的行为。

以上所述中国人民银行特种贷款，是指国务院决定的由中国人民银行向金融机构发放的用于特定目的的贷款。

2. 中国人民银行根据执行货币政策和维护金融稳定的需要，可以建议国务院银行业监督管理机构对银行业金融机构进行检查监督。中国人民银行根据履行职责的需要，为

了维护金融稳定，有权对银行业金融机构进行监督检查，有权要求银行业金融机构报送必要的资产负债表、利润表以及其他财务会计、统计报表和资料；中国人民银行负责统一编制全国金融统计数据、报表，并按照国家有关规定予以公布。

第六节　法律责任

一、违反货币管理的法律责任

违反《中国人民银行法》货币管理构成犯罪的行为主要有：

1. 伪造人民币、出售伪造的人民币或者明知是伪造的人民币而运输的，依法追究刑事责任。

2. 变造人民币、出售变造的人民币或者是明知是变造的人民币而运输，构成犯罪的，依法追究刑事责任；情节轻微的，由公安机关处十五日以下拘留、五千元以下罚款。

3. 购买伪造、变造的人民币或者是明知伪造、变造的人民币而持有、使用，构成犯罪的，依法追究刑事责任；情节轻微的，由公安机关处十五日以下拘留、五千元以下罚款。

二、违反金融监督管理的法律责任

违反法律行政法规有关金融监督规定的，中国人民银行应当责令停止违法行为，并依法给予行政处罚；构成犯罪的，依法追究刑事责任。

三、违反中国人民银行业务管理的法律责任

1. 违法提供贷款或担保以及擅自动用发行基金行为的法律责任。

中国人民银行有下列行为之一的，对负有直接责任的主管人员和其他直接责任人员，依法给予行政处分；构成犯罪的，依法追究刑事责任：

（1）违反《中国人民银行法》第三十条第一款规定提供贷款的；

（2）对单位和个人提供担保的；

（3）擅自动用发行基金的。

有前面所列行为之一，造成损失的，负有直接责任的主管人员和其他直接责任人员应当承担部分或者全部赔偿责任。

2. 强令中国人民银行及其工作人员违法提供贷款或担保行为的法律责任。

地方政府、各级政府部门、社会团体和个人强令中国人民银行及其工作人员违反本法规定提供贷款或者担保的，对负有直接责任的主管人员和其他直接责任人员，依法给予行政处分；构成犯罪的，依法追究刑事责任；造成损失的，应当承担部分或者全部赔偿责任。

3. 中国人民银行工作人员泄露国家秘密行为的法律责任。

中国人民银行的工作人员泄露国家秘密，构成犯罪的，依法追究刑事责任；情节轻微的，依法给予行政处分。

4. 中国人民银行工作人员贪污受贿、徇私舞弊、滥用职权、玩忽职守等违法行为的法律责任。

中国人民银行的工作人员贪污受贿、徇私舞弊、滥用职权、玩忽职守，构成犯罪的，依法追究刑事责任；情节轻微的，依法给予行政处分。

【本章小结】

中央银行是负责制定和执行国家货币政策，调节和控制货币流通和信用活动，提供公共金融服务，维护金融稳定，依法实施金融监管的特殊金融机构。本章对《中国人民银行法》及其相关法律法规的内容作了具体的阐述，重点介绍了中国人民银行的性质、法律地位和职责，组织机构，法定业务监督管理及法律责任等内容。

【复习思考题】

一、简答题

1. 什么是中央银行?
2. 简述中国人民银行的性质和法律地位。
3. 简述中国人民银行的法定业务。
4. 简述中国人民银行的组织机构。
5. 简述中国人民银行在业务上的限制性规定。
6. 简述违反《中国人民银行法》的法律责任。

二、论述题

1. 试述中国人民银行金融监管的范围。
2. 试述中国人民银行的货币政策工具。

三、案例分析

关于中央银行法定业务的案例

中国人民银行A分行业务近年一直比较出色。在2007年的业务检查中，查明2005年1月1日至2006年12月31日的会计年度中，该行主要从事了以下几项业务：

（1）2006年3月25日，A分行向A市人民政府机电局发放贷款250万元人民币，期限3年。

（2）2006年5月3日，向A市某信托投资公司发放贷款300万元人民币，期限4年。

（3）2006年5月18日，向农业银行A分行发放贷款350万元人民币，期限1年。

（4）2006年6月23日，给农业银行办理再贴现40万元人民币。

(5) 2006年8月，直接认购1年期国债20万元。

(6) 2006年9月，购进某公司股票60万元。

(7) 2006年9月，向在其开立账户的建设银行A分行透支40万元。

(8) 2006年10月5日，经国务院决定向A人民保险公司发放贷款500万元，期限3年。

(9) 2006年11月6日，为A市政府某主任贷款10万元，期限2年。

(10) 2006年12月5日，为A市某国有企业提供担保，担保额100万元，期限2年。

问题：中国人民银行A分行10笔业务中哪些是合法的？哪些是违法的？为什么？

第三章

商业银行法律制度

SHANGYE YINGHANG FALU ZHIDU

第一节　商业银行法概述

一、商业银行的概念和特征

1. 商业银行的概念。

商业银行是以金融资产和负债为经营对象，以利润最大化或股东收益最大化为主要目标，提供多样化服务的综合信用中介机构，是金融企业的一种。

2. 商业银行的法律特征。我国商业银行具有以下特征：

（1）商业银行是企业法人。这表明：①商业银行是企业，商业银行是以营利为目的的，它不同于不以营利为目的的国家机关和事业单位。②商业银行是法人，商业银行有自己的名称和独立的财产，能够独立享有权利，并以其全部的法人财产独立承担民事责任。③商业银行是依法设立的，即商业银行必须依据《商业银行法》和《公司法》设立。

（2）商业银行是吸收公众存款、发放贷款、办理结算等金融业务的企业法人。商业银行是特殊的企业法人，即金融企业法人，负债业务、资产业务和中间业务是其最典型、最主要的业务。商业银行的主要业务范围将商业银行同其他金融企业、非银行金融机构区别开来。

二、商业银行的经营原则及业务范围

（一）商业银行的经营原则

商业银行的经营一般至少应当遵守下列原则：

1. 安全性、流动性、效益性原则。商业银行作为企业法人，盈利是其首要目的。但是，效益性以资产的安全性和流动性为前提。安全性又集中体现在流动性方面，而流动性则以效益性为物质基础。商业银行在经营过程中，必须在三者之间寻求有效的平衡。

2. 依法独立自主经营的原则。这是商业银行作为企业法人的具体体现，也是市场经济机制运行的必然要求。商业银行依法开展业务，不受任何单位和个人的干涉。作为独立的市场主体，有权依法处理其一切经营管理事务，自主参与民事活动，并以其全部法人财产独立承担民事责任。

3. 保护存款人利益原则。存款是商业银行的主要资金来源，存款人是商业银行的基本客户。商业银行作为债务人，是否充分尊重存款人的利益，严格履行自己的债务，切实承担保护存款人利益的责任，直接关系到银行自身的经营。如果存款人的合法权益得不到有效的尊重和保护，他们就选择其他银行或退出市场。

4. 自愿、平等，诚实信用原则。商业银行与客户之间是平等主体之间的民事法律关系。因此，商业银行与客户之间的业务往来，应以平等自愿为基础，公平交易，不得强迫，不得附加不合理的条件，双方均应善意、全面地履行各自的义务。

（二）商业银行的业务范围

商业银行的业务大致可以分为三大类：负债业务、资产业务、中间业务。商业银行可经营下列部分或全部业务：吸收公众存款；发放短期、中期和长期贷款；办理国内外结算；办理票据承兑与贴现；发行金融债券；代理发行、代理兑付、承销政府债券；买卖政府债券、金融债券；从事同业拆借；买卖、代理买卖外汇；从事银行卡业务；提供信用证服务及担保；代理收付款项及代理保险业务；提供保险箱业务；经银监会批准的其他业务。

三、商业银行法的概念和基本原则

（一）商业银行法的概念

商业银行法是调整商业银行的设立、变更、终止及其业务经营行为的法律规范的总称。

《商业银行法》于1995年5月10日经八届全国人大常委会第十三次会议通过，于同年7月1日起开始实施（2003年12月27日修正）。该法除适用于商业银行外，还适用于城乡信用合作社办理存、贷款结算等业务，适用于邮政企业办理银行业务，适用于外资、中外合资商业银行及外国商业银行分行。

（二）商业银行法的基本原则

1. 保护商业银行、存款人和其他客户的合法利益；

2. 规范商业银行的行为，提高信贷资产质量；

3. 促进经济发展；

4. 维护金融市场秩序。

四、我国的商业银行

目前，我国商业银行共有5家国有商业银行（工商银行、农业银行、中国银行、建设银行、交通银行）、12家中小型股份制商业银行（平安、中信、华夏、招商、光大、民生、浦发、渤海、广发、兴业、恒丰、浙商）、中国邮政储蓄银行、110家城市商业银行、20多家村镇银行以及农村商业银行和乡村银行。

第二节　商业银行的设立、变更、接管和终止

一、商业银行的设立

商业银行的设立是指商业银行创办人依照法律规定的程序，通过筹建商业银行并使商业银行取得法律关系主体资格的法律行为。我国对商业银行的设立实行行政许可制，即只有经过国务院银行业监督管理机构严格审查获得批准的银行才能经营银行业务。商业银行的设立主要包括设立条件和设立程序两方面的内容。

（一）商业银行设立的条件

《商业银行法》第十二条明确规定了设立商业银行的条件，包括：

1. 有符合我国《商业银行法》和《公司法》规定的章程。

2. 有符合《商业银行法》规定的注册资本最低限额。商业银行的注册资本是商业银行在公司登记机关登记的全体股东实缴的出资额之和。设立全国性商业银行的注册资本最低限额为十亿元人民币；设立城市商业银行的注册资本最低限额为一亿元人民币；设立农村商业银行的注册资本最低限额为五千万元人民币。注册资本应当是实缴资本。

3. 有具备任职专业知识和业务工作经验的董事、高级管理人员。

4. 有健全的组织机构和管理制度。

5. 有符合要求的营业场所、安全防范措施和与业务有关的其他设施。

设立商业银行除具备上述条件外，还应当符合其他审慎性条件。所谓其他审慎性条件，包括风险管理、内部控制、资本充足率、资产质量、损失准备金、风险集中、关联交易、资产流动性等方面的条件和要求。

（二）设立商业银行的程序

1. 申请。设立商业银行，申请人应当向国务院银行业监督管理机构提出申请，并提交下列文件、资料：（1）申请书，申请书应当载明拟设立的商业银行的名称、所在地、注册资本、业务范围等；（2）可行性研究报告；（3）国务院银行业监督管理机构规定提交的其他文件、资料。

2. 填写正式申请表。设立商业银行的申请经审查符合规定的，申请人应当填写正式申请表，并提交下列文件、资料：（1）章程草案；（2）拟任职的董事、高级管理人员的资格证明；（3）法定验资机构出具的验资证明；（4）股东名册及出资额、股份；（5）持有注册资本百分之五以上的股东的资信证明和有关资料；（6）经营方针和计划；

（7）营业场所、安全防范措施和与业务有关的其他设施资料；（8）国务院银行业监督管理机构规定的其他文件。

3. 办理登记、领取营业执照。经批准设立的商业银行，由国务院银行业监督管理机构颁发经营许可证，并凭该许可证向工商行政管理部门办理登记，领取营业执照。营业执照的签发日期为商业银行的成立日期。如果商业银行自取得营业执照之日起，无正当理由超过六个月未开业的，或开业后自行停业连续六个月以上的，由银监会吊销其经营许可证，并予以公告。

（三）商业银行分支机构的设立

商业银行的分支机构是指在其总行机构以外，依法在境内外各地另设的经营场所或办事处。我国商业银行实行的是总行负责制，商业银行根据业务需要可以在中华人民共和国境内外设立分支机构，分支机构包括分行、支行、办事处、分理处、储蓄所等。分支机构不具有法人资格，在总行授权范围内依法开展业务，其民事责任由总行承担。

设立分支机构必须经国务院银行业监督管理机构审查批准。在我国境内的分支机构不按行政区域设立。商业银行在我国境内设立分支机构，应当按照规定拨付与其经营规模相适应的营运资金额。拨付各分支机构营运资金额的总和不得超过总行资本金总额的百分之六十。设立商业银行分支机构应向国务院银行业监督管理机构提交以下文件和资料：（1）申请书，申请书应当载明拟设立的分支机构的名称、营运资金额、业务范围、总行及分支机构所在地等；（2）申请人最近二年的财务会计报告；（3）拟任职的高级管理人员的资格证明；（4）经营方针和计划；（5）营业场所、安全防范措施和与业务有关的其他设施的资料；（6）国务院银行业监督管理机构规定的其他文件、资料。

经批准设立的商业银行分支机构由国务院银行业监督管理机构颁发经营许可证，并凭该许可证向工商行政管理部门办理登记，领取营业执照。经批准设立的商业银行及其分支机构由国务院银行业监督管理机构予以公告。

商业银行及其分支机构自取得营业执照之日起无正当理由超过六个月未开业的，或者开业后自行停业连续六个月以上的，由国务院银行业监督管理机构吊销其经营许可证，并予以公告。

二、商业银行的变更

商业银行的变更包括商业银行的事项变更和主体变更。

商业银行的事项变更是指商业银行在某些重大事项上有所变动。《商业银行法》第二十四条规定，下列事项的变更，应经国务院银行业监督管理机构批准：（1）变更名称；（2）变更注册资本；（3）变更总行或者分支行所在地；（4）调整业务范围；（5）变更持有资本总额或股份总额百分之五以上的股东；（6）修改章程；（7）国务院银行业监督管理机构规定的其他变更事项。更换董事、高级管理人员时，应当报经国务院银行业监督管理机构审查其任职资格。

商业银行的主体变更是指商业银行的合并和分立。商业银行的分立、合并适用《公司法》的规定。商业银行的分立、合并应当经国务院银行业监督管理机构审查批准。

三、商业银行的接管

（一）接管的概念

接管是指银监会在商业银行已经或可能发生信用危机，严重影响存款人利益时，对该银行采取的整顿和整改等措施。

（二）接管的条件和目的

接管条件又称接管原因，是指商业银行被接管时应具备的条件。国务院银行业监督管理机构对商业银行接管的要件有：

1. 商业银行经营管理不善，已经发生信用危机，严重影响存款人利益；

2. 商业银行或由于经营管理不善，或其他原因，可能发生信用危机，严重影响存款人利益。

接管的目的是恢复商业银行的正常经营能力，保护存款人的利益。

（三）接管程序

1. 接管决定。接管由国务院银行业监督管理机构决定，并组织实施。国务院银行业监督管理机构的接管决定应当载明下列内容：（1）被接管的商业银行名称；（2）接管理由；（3）接管组织；（4）接管期限。接管决定由国务院银行业监督管理机构予以公告。

2. 实施接管。接管自接管决定实施之日起开始。自接管开始之日起，由接管组织行使商业银行的经营管理权力。

3. 接管期限。接管期限届满，国务院银行业监督管理机构可以决定延期，但接管期限最长不得超过二年。

4. 接管终止。有下列情形之一的，接管终止：（1）接管决定规定的期限届满或者国务院银行业监督管理机构决定的接管延期届满；（2）接管期限届满前，该商业银行已恢复正常经营能力；（3）接管期限届满前，该商业银行被合并或者被依法宣告破产。

四、商业银行的终止

商业银行的终止是指商业银行法人资格的消灭以及权利能力和行为能力的丧失。商业银行终止的情形如下：

1. 商业银行因解散而终止。商业银行因分立、合并或者出现公司章程规定的解散事由需要解散的，应当向国务院银行业监督管理机构提出申请，并附解散的理由和支付存款的本金和利息等债务清偿计划，经国务院银行业监督管理机构批准后解散。商业银行解散的，应当依法成立清算组，进行清算，按照清偿计划及时偿还存款本金和利息等债务。国务院银行业监督管理机构监督清算过程。

2. 商业银行因被撤销而终止。商业银行因吊销经营许可证被撤销的，国务院银行业监督管理机构应当依法及时组织成立清算组，进行清算，按照清偿计划及时偿还存款本金和利息等债务。

3. 商业银行因被宣告破产而终止。商业银行不能支付到期债务，经国务院银行业监督管理机构同意，由人民法院依法宣告其破产。商业银行被宣告破产的，由人民法院组织国务院银行业监督管理机构等有关部门和有关人员成立清算组，进行清算。商业银行破产清算时，在支付清算费用、所欠职工工资和劳动保险费用后，应当优先支付个人储蓄存款的本金和利息。

第三节 商业银行存款业务规则

一、存款与存款合同

（一）存款的概念

存款是指存款人（客户）在其金融机构账户上存入的货币资金。通常，存款也被理解为存款行为或存款业务，即银行等金融机构收受存款人的货币资金，而对存款人负即期或定期偿付义务的负债业务。吸收各类存款是商业银行最主要、最基本的负债业务，直接影响银行的经营规模和经营水平的高低。

依据不同的标准，存款通常可以作以下分类：根据存款人性质的不同，分为单位存款和个人储蓄存款；根据存款期限和提取方式的不同，分为活期存款和定期存款；根据存款币种的不同，分为人民币存款和外币存款。

（二）存款合同

1. 存款合同的概念和特征。存款合同是存款人和银行等存款机构之间订立的明确相互之间权利义务关系的协议。

存款合同具有如下特征：（1）存款合同是要式合同。存款合同必须采用书面形式，具体表现为存折、存单、进账单等。（2）存款合同是格式合同。存款合同一般采用银行制定的格式合同。存款人不能就合同条款进行谈判，只能选择接受或不接受。（3）存款合同是实践性合同。在存款人与银行双方达成合意的基础上，还必须交付款项，存款合同才能成立。（4）存款合同是无名合同。我国《合同法》中，没有单独列出其名称并加以具体规定。

2. 存款合同的成立时间。根据《合同法》的规定，存款合同的成立也必须经历要约和承诺两个阶段。存款人向银行提交填写的存款凭条或出具的各种转账凭证应是要约；银行收妥存款资金入账，并向存款人出具存单、存折或进账单等则是承诺。存款合同的成立时间具有重要的法律意义。由于存款合同是实践性合同，因此，存款合同须在存款人交付款项后方能成立。

3. 存款合同的生效条件。

（1）合同主体具备订立合同的资格。存款合同的当事人分别为存款人和存款机构。关于存款人，我国法律对存款人的身份并没有严格限制，国家机关、企业事业单位、社会团体、公民个人等都可以作为存款人。对于存款机构，我国法律作了严格的限制。我国对存款业务实行的是特许经营制，只有经国务院银行业监督管理机构的批准，具有存款业务经营资格的金融机构才能开展存款业务。这些存款机构主要包括商业银行、信用合作社、信托投资机构、邮政储蓄机构等。

（2）合同内容合法。存款合同的内容包括存款利率、存款期限、存款金额、计息方式等，这些内容都必须符合我国有关法律法规的规定。

（3）当事人的意思表示真实。根据《合同法》的规定，一方以欺诈、胁迫的手段或乘人之危，使对方在违背自己真实意思的情况下订立的合同，受损害方有权请求人民法院或仲裁机构变更或撤销。

（4）合同形式符合法定要求。存款合同须采用书面形式。

4. 存款人的权利。存款人的合法存款，其所有权属于存款人个人或单位。合法财产所有权受到法律保护，禁止任何组织和个人非法查封、扣划、冻结、没收。

5. 商业银行对存款人的保护责任。

（1）商业银行应当按照中国人民银行规定的存款利率的上下限，确定存款利率，并予以公告。

（2）商业银行应当按照中国人民银行的规定，向中国人民银行交存存款准备金，留足备付金。

（3）商业银行应当保证存款本金和利息的支付，不得拖延、拒绝支付存款本金和利息。

（4）商业银行有为存款人保密，确保存款安全的责任。

二、存款业务规则

根据《中国人民银行法》和《商业银行法》及有关行政法规的规定，存款业务基本规则有以下主要内容：

1. 存款业务经营特许制。《商业银行法》规定，未经国务院银行业监督管理机构批准，任何单位和个人不得从事吸收公众存款等商业银行业务，任何单位不得在名称中使用“银行”字样。也就是说，我国对商业银行业务实行特许经营制，经营商业银行业务必须先经国务院银行业监督管理机构批准。

2. 存款机构依法交存存款准备金。存款准备金是商业银行按照规定向中央银行交存的资金。只要有存款业务，就必须按存款的一定比例提留和交存存款准备金。

存款准备金的作用一是限制金融机构信贷扩张，从而调控货币供应量；二是保证存款人提取存款和银行资金清算所需资金。因此，存款准备金既是国家货币政策的重要工具之一，又是保护存款人和其他客户的重要措施。

3. 存款机构依法留足备付金。备付金是商业银行为保证其支付需要而留存的资金，一般由商业银行在中国人民银行的存款和商业银行的库存现金组成。备付金主要用于支付存款提取和银行资金清算，是商业银行日常经营活动不可缺少的备付资金。备付金主要具有以下功能：（1）保证商业银行存款的支付。（2）增强中国人民银行宏观调控的能力。（3）限制商业银行贷款的过度扩张。

4. 依法确定并公告存款利率。存款机构应根据中国人民银行规定的存款利率的上下限确定存款利率，并予以公告。

5. 正当合法吸收存款。商业银行应依法开展存款业务，不得采用不正当手段吸收存款。

6. 财政性存款专营。财政性存款和存款准备金是中国人民银行的信贷资金来源，任何机构不得占用财政性存款，各受托银行应全额划转人民银行。

7. 保护存款人合法利益。保护存款人利益是商业银行法的基本原则之一。我国法律对存款人保护的主要规则有：（1）存款机构保证存款本金和利息的支付，不得拖延、拒绝支付存款本息。（2）除法律法规另有规定外，存款机构不得代任何单位或个人查询、冻结、扣划存款。（3）存款机构破产时，先于国家税款清偿个人储蓄的存款。

三、对储蓄存款的保护

1. 储蓄存款的概念。储蓄存款是指个人将其所有的人民币或外币存入银行等储蓄机构而形成的存款。储蓄机构是指经银监会批准，具有储蓄业务经营资格的机构。我国的储蓄机构有各类商业银行、信用合作社办理储蓄业务的机构以及邮政企业依法办理储蓄业务的机构。

2. 储蓄的基本原则。储蓄机构办理个人储蓄业务的基本原则是存款自愿、取款自由、存款有息、为储户保密。

（1）存款自愿原则。所谓存款自愿，是指参加储蓄必须出于存款者的自愿，不得强制。个人是否参加储蓄，选择哪家储蓄机构，选择何种储蓄方式，存储数额、期限等都要由存款人个人来选择决定。

（2）取款自由原则。所谓取款自由，是指存款人什么时候取款，提取多少存款，作何种用途，都由存款人自己决定，银行不得加以干预和查问。法律给予存款人取款自由的“自由”权利，是法律允许范围内的自由。

（3）存款有息原则。所谓存款有息，是指存款人对于其存入银行的储蓄存款有按照规定利率和实际存期获得利息的权利。这反映了商业银行同存款人之间是一种经济关系，是一种平等、互利的关系。

（4）为储户保密原则。所谓为储户保密，是指商业银行对存款人的姓名、账号、地址、存款金额、存款的种类和期限、存款次数、支取情况、印鉴式样、委托银行托收的款项以及各种有关的财务情况等，都要严格保守秘密。

3. 查封、冻结、扣划个人储蓄存款规则。根据《商业银行法》的规定，商业银行有权拒绝任何单位和个人对个人储蓄存款的查询、冻结、扣划，但法律另有规定的除外。据此，只有法律规定的有权机关依法定程序才能要求储蓄机构协助查询、冻结、扣划个人储蓄存款。目前，根据我国法律的规定，人民法院、人民检察院、公安机关、国家安全机关、税务机关和海关有权依法查询、冻结、扣划个人储蓄存款。行政监察机关有权依法查询、冻结个人储蓄存款。查询、冻结、扣划个人储蓄存款将影响存款人的财产利益和其他利益，因此，必须严格按照法定程序办理。

四、对单位存款的保护

（一）单位存款的概念

单位存款是指企业、事业、机关、部队和社会团体等单位在金融机构办理的存款。

通常也可以指个人储蓄存款以外的所有存款，主要包括财政性存款和商业性存款两大类。

单位存款应遵循的基本原则：一是财政性存款由中国人民银行专营，二是强制交存、限制支出，三是监督使用。

（二）单位存款的查询、冻结和扣划

1. 查询单位存款的条件和程序。人民法院因审理或执行案件，人民检察院、公安机关因查处经济违法犯罪案件，需要向银行查询企业事业单位、机关、团体与案件有关的银行存款或查阅有关的会计凭证、账簿等资料时，银行应积极配合。查询人必须出示本人工作证或执行公务证和出具县级（含）以上人民法院、人民检察院、公安局签发的“协助查询存款通知书”，由银行行长或其他负责人（包括城市分理处、农村营业所和城乡信用社主任，下同）签字后并指定银行有关业务部门凭此提供情况和资料，并派专人接待。查询人对原件不得借走，需要的资料可以抄录、复制或照相，并经银行盖章。人民法院、人民检察院、公安机关对银行提供的情况和资料，应当依法保守秘密。

2. 冻结单位存款的条件和程序。人民法院因审理或执行案件，人民检察院、公安机关因查处经济犯罪案件，需要冻结企业事业单位、机关、团体与案件直接有关的一定数额的银行存款，必须出具县级（含）以上人民法院、人民检察院、公安局签发的“协助冻结存款通知书”及本人工作证或执行公务证，经银行行长（主任）签字后，银行应当立即凭此并按照应冻结资金的性质，冻结当日单位银行账户上的同额存款（只能原账户冻结，不能转户）。如遇被冻结单位银行账户的存款不足冻结数额时，银行应在六个月的冻结期内冻结该单位银行账户可以冻结的存款，直至达到需要冻结的数额。

银行在受理冻结单位存款时，应审查“协助冻结存款通知书”填写的被冻结单位开户银行名称、户名和账号、大小写金额，发现不符的，应说明原因，并退回“协助冻结存款通知书”。被冻结的款项在冻结期限内如需解冻，应以作出冻结决定的人民法院、人民检察院、公安机关签发的“解除冻结存款通知书”为凭，银行不得自行解冻。

冻结单位存款的期限不得超过六个月。有特殊原因需要延长的，人民法院、人民检察院、公安机关应当在冻结期满前办理继续冻结手续。每次续冻期限最长不超过六个月。逾期不办理继续冻结手续的，视为自动撤销冻结。

如果冻结单位银行存款发生失误，应及时予以纠正，并向被冻结银行存款的单位作出解释。

被冻结的款项不属于赃款的，冻结期间应计付利息，在扣划时其利息应付给债权单位；属于赃款的，冻结期间不计付利息，如冻结有误，解除冻结时应补计冻结期间利息。

3. 扣划单位存款的条件和程序。人民法院审理或执行案件，人民检察院、公安机关对查处的经济犯罪案件作出免予起诉、不予起诉、撤销案件和结案处理的决定，在执行时，需要银行协助扣划企业事业单位、机关、团体的银行存款，必须出具县级（含）以上人民法院、人民检察院、公安局签发的“协助扣划存款通知书”（附人民法院发生法律效力的法律文书副本）及本人工作证或执行公务证，银行应当凭此立即扣划单位有关存款。

银行受理扣划单位存款时，应审查“协助扣划存款通知书”填写的被执行单位的开户银行名称、户名和账号、大小写金额，如发现不符，或缺少应附的法律文书副本，以及法律文书副本有关内容与“协助扣划存款通知书”的内容不符，应说明原因，退回“协助扣划存款通知书”和所附的法律文书副本。银行在接到“协助扣划存款通知书”后，只要被执行单位银行账户有款可付，应当立即扣划，不得延误。当日无款或不足扣划的，银行应及时通知人民法院、人民检察院、公安机关，待单位账上有款时，尽快予以扣划。

4. 查封、冻结、扣划单位存款中几个特殊问题的处理。

（1）作出查询、冻结、扣划决定的人民法院、人民检察院、公安机关与协助执行的银行不在同一辖区的，可以直接到协助执行的银行办理查询、冻结、扣划单位存款，不受辖区范围的限制。

（2）军队、武警部队一类保密单位开设的“特种预算存款”、“特种其他存款”和连队账户的存款，原则上不采取冻结或扣划等项诉讼保全措施，但军队、武警部队的其余存款可以冻结和扣划。

（3）人民法院因审理经济纠纷案件或经济犯罪案件，人民检察院、公安机关因查处经济违法犯罪案件，需要执行银行和非银行金融机构在人民银行的款项，应通知被执行的银行和非银行金融机构自动履行。

（4）两家以上的人民法院、人民检察院、公安机关对同一存款冻结、扣划时，银行应根据最先收取的“协助执行通知书”办理冻结和扣划。在协助执行时，如对具体执行哪一个机关的冻结、扣划通知有争议，由争议的机关协商解决或者由其上级机关决定。

（5）银行人员违反有关法律规定，无故拒绝协助执行、擅自转移或解冻已冻结的存款，为当事人通风报信、协助其转移、隐匿财产的，应依法承担责任。

第四节　商业银行贷款业务规则

一、贷款的概念和种类

（一）贷款的概念

贷款是指金融机构处于债权人的地位，在定期或随时应偿还本息的条件下，将货币资金（现金或现金请求权）贷给他人的一种资产业务。

（二）贷款的种类

贷款依据不同的标准，可以分为以下几类。

1. 按贷款资金来源及风险承担方式，分为自营贷款、委托贷款、特定贷款。自营贷款系指贷款人以合法方式筹集的资金自主发放的贷款，其风险由贷款人承担，并由贷款人收回本金和利息。

委托贷款系指由政府部门、企事业单位及个人等委托人提供资金，由贷款人（受托人）根据委托人确定的贷款对象、用途、金额、期限、利率等代为发放、监督使用并协助收回的贷款。贷款人（受托人）只收取手续费，不承担贷款风险。

特定贷款系指经国务院批准并对贷款可能造成的损失采取相应补救措施后责成国有商业银行发放的贷款。

2. 按贷款期限，分为短期贷款、中期贷款、长期贷款。

短期贷款系指贷款期限在 1 年以内（含 1 年）的贷款。

中期贷款系指贷款期限在 1 年以上（不含 1 年）5 年以下（含 5 年）的贷款。

长期贷款系指贷款期限在 5 年以上（不含 5 年）的贷款。

3. 按贷款有无担保及担保的方式，分为信用贷款、担保贷款、票据贴现。

信用贷款系指以借款人的信誉发放的贷款。

担保贷款系指保证贷款、抵押贷款、质押贷款。保证贷款系指按《担保法》规定的保证方式以第三人承诺在借款人不能偿还贷款时，按约定承担一般保证责任或者连带责任而发放的贷款；抵押贷款系指按《担保法》规定的抵押方式以借款人或第三人的财产作为抵押物发放的贷款；质押贷款系指按《担保法》规定的质押方式以借款人或第三人的动产或权利作为质物发放的贷款。

票据贴现系指贷款人以购买借款人未到期商业票据的方式发放的贷款。

二、贷款业务的基本法律要求

1. 商业银行在国家产业政策指导下开展贷款业务。《商业银行法》规定，商业银行根据国民经济和社会发展的需要，在国家产业政策指导下开展贷款业务。

2. 严格审查、审贷分离、分级审批。商业银行贷款应当对借款人的借款用途、偿还能力、还款方式等情况进行严格审查。商业银行贷款应当实行审贷分离、分级审批的制度。

3. 依法、正当、自愿发放贷款。任何单位和个人不得强令商业银行发放贷款或提供担保。商业银行有权拒绝任何单位和个人强令要求其发放贷款或提供担保。商业银行不得违反规定提高或降低利率以及采用其他不正当手段，发放贷款。

4. 担保贷款为主，信用贷款为辅。在商业银行贷款业务中，借款人应当提供担保。商业银行应当对保证人的偿还能力、抵押物、质物的权属和价值以及实现抵押权、质权的可行性进行严格审查。经商业银行审查、评估，确认借款人资信良好，确实能够偿还贷款的，可以不提供担保。

商业银行不得向关系人发放信用贷款，向关系人发放担保贷款的条件不得优于其他借款人同类贷款的条件。所称关系人是指：一是商业银行的董事、监事、管理人员、信贷业务人员及其近亲属，二是前项所列人员投资或者担任高级管理职务的公司、企业和其他经济组织。

借款人应当按期归还贷款的本金和利息。借款人到期不归还担保贷款的，商业银行依法享有要求保证人归还贷款本金和利息或就该担保物折价或者以拍卖、变卖该担保物的价款优先受偿的权利。商业银行因行使抵押权、质权而取得的不动产或股权，应当自取得之日起二年内予以处分。借款人到期不归还信用贷款的，应当按照合同约定承担责任。

5. 遵守资产负债比例规定。金融机构办理贷款业务必须遵守下列有关资产负债比例的规定：

（1）资本充足率不得低于百分之八；

（2）贷款余额与存款余额的比例不得超过百分之七十五；

（3）流动性资产余额与流动性负债余额的比例不得低于百分之二十五；

（4）对同一借款人的贷款余额与商业银行资本余额的比例不得超过百分之十；

（5）国务院银行业监督管理机构对资产负债比例管理的其他规定。

三、借款合同

（一）借款合同的概念和特征

1. 借款合同的概念。借款合同是借款人向贷款人借款，到期返还借款并支付利息的合同。

2. 借款合同的特征：

（1）借款合同的标的物是货币。借款合同的标的物只能是货币，而不能为其他非货币的财产或财产权利。

（2）借款合同是转移标的物所有权的合同。贷款人以现金发放贷款的，自交付时起，其所有权转移至借款人，借款人有按照法律规定和合同约定占有、使用、收益和处分的权利，并承担损失风险。

（3）借款合同是有偿合同。借款合同是有偿合同，借款人除返还本金外，还必须支付利息。贷款利率应当按照中国人民银行规定的贷款利率的上下限确定。除国务院外，其他任何单位和个人无权决定停息、减息、缓息或免息。

（4）借款合同是诺成合同。借款合同不以标的物的交付为合同成立的条件，双方当事人依法签订后即发生法律效力。

（5）借款合同是双务合同。借款合同依法成立后，贷款人和借款人既是权利的享有者，又是义务的承担者，且彼此权利义务相对应。

（二）借款合同的主要条款

《商业银行法》第三十七条规定，商业银行贷款，应当与借款人订立书面合同。合同应当约定贷款种类、借款用途、金额、利率、还款期限、还款方式、违约责任和双方需要约定的其他事项。

1. 贷款种类。贷款依据不同的标准，划分为不同的种类。贷款种类是依据借款人所属经济行业、借款用途、借款期限来确定的。借款合同必须明确贷款的种类。

2. 借款用途。借款用途是借款人使用借款的范围和方向，借款用途是借款合同的重要条款。借款人必须按照借款合同的约定使用借款，不得违背合同的约定挪作他用。

3. 借款金额。借款的数额是借款合同的标的物即货币的数量，是借款合同的重要条款之一。没有借款金额的借款合同根本无法履行。

4. 借款利率。借款利率是贷款人在一定时期内应收到利息的数额与所贷出资金金额的比例。借款利率是计算利息的主要依据，借贷双方必须明确。双方约定的利率标准必须在中国人民银行规定的利率浮动范围内。

5. 借款期限。贷款的期限应当根据借款人的生产周期、还款能力和贷款人的资金供给能力由双方共同协商后确定，当事人对贷款期限的约定必须详细、具体、全面、明确。

贷款期限一般包括贷款时间、借款期限、还款时间、支付利息的期限等。自营贷款期限最长一般不得超过10年，超过10年应当报中国人民银行备案。票据贴现的贴现期限最长不得超过6个月，贴现期限为从贴现之日起到票据到期日止。

6. 还款资金来源和还款方式。在合同中明确还款资金来源和还款方式，有利于合同的履行和保证贷款人权益的实现。还款资金来源是指借款人可以用于归还贷款的资金获得途径。还款方式是指一次性还清还是分期偿还，分期偿还的还应当约定每次偿还的具体时间和数额。

此外，还应当约定具体的结算方式，是电汇、信汇还是转账或其他方式。

7. 违约责任。违约责任是指借款合同当事人不履行合同或履行合同不符合约定所应承担的法律责任。根据《合同法》的有关规定，借款人未按照约定收取借款的，应当按照约定的日期、数额支付利息；借款人未按照约定的期限返还借款的，应当按照约定或国家有关规定支付逾期利息；贷款人未按照约定的日期、数额提供借款，造成借款人损失的，应当赔偿损失；借款人未按照约定的借款用途使用借款的，贷款人可以停止发放借款、提前收回借款或解除合同。

8. 双方认为需要约定的其他事项。贷款人和借款人双方需要约定的其他事项也应该在合同中加以明确，这些事项主要包括担保事项、争议解决的方式等。

（三）借贷双方的权利与义务

1. 借款人的权利与义务

借款人的权利主要包括：（1）可以自主向主办银行或者其他银行的经办机构申请贷款并依条件取得贷款；（2）有权按合同约定提取和使用全部贷款；（3）有权拒绝借款合同以外的附加条件；（4）有权向贷款人的上级和中国人民银行反映、举报有关情况；（5）在征得贷款人同意后，有权向第三人转让债务。

借款人的义务主要包括：（1）应当如实提供贷款人要求的资料（法律规定不能提供者除外），应当向贷款人如实提供所有开户行、账号及存贷款余额情况，配合贷款人的调查、审查和检查；（2）应当接受贷款人对其使用信贷资金情况和有关生产经营、财务活动的监督；（3）应当按借款合同约定用途使用贷款；（4）应当按借款合同约定及时清偿贷款本息；（5）将债务全部或部分转让给第三人的，应当取得贷款人的同意；（6）有危及贷款人债权安全的情况时，应当及时通知贷款人，同时采取保全措施。

2. 贷款人的权利与义务

贷款人根据贷款条件和贷款程序自主审查和决定贷款，除国务院批准的特定贷款外，有权拒绝任何单位和个人强令其发放贷款或者提供担保。其具体权利包括：（1）要求借款人提供与借款有关的资料。（2）根据借款人的条件，决定贷与不贷、贷款金额、期限和利率等。（3）了解借款人的生产经营活动和财务活动。（4）依合同约定从借款人账户上划收贷款本金和利息。（5）借款人未能履行借款合同规定义务的，贷款人有权依合同约定要求借款人提前归还贷款或停止支付借款人尚未使用的贷款。（6）在贷款将受或已受损失时，可依据合同规定，采取使贷款免受损失的措施。

贷款人的义务包括：（1）应当公布所经营的贷款种类、期限和利率，并向借款人提供咨询。（2）应当公开贷款审查的资信内容和发放贷款的条件。（3）贷款人应当审议借款人的借款申请，并及时答复贷与不贷。短期贷款答复时间不得超过1个月，中期、长期贷款答复时间不得超过6个月；国家另有规定的除外。（4）应当对借款人的债务、财务、生产、经营情况保密，但对依法查询者除外。（5）对贷款人的限制：贷款人贷款的发放必须严格执行资产负债比例管理的有关规定；贷款人不得向关系人发放信用贷款，向关系人发放担保贷款的条件不得优于其他借款人同类贷款条件。

第五节　商业银行结算业务规则

一、结算及其原则

（一）结算的概念

结算是货币结算或资金清算的简称，指单位和个人在社会经济活动中使用票据、信用卡和汇兑、托收承付、委托收款等结算方式进行货币给付及其资金清算的行为。

银行、城市信用合作社、农村信用合作社以及单位（含个体工商户）和个人是办理支付结算的主体。其中，银行是支付结算和资金清算的中介机构。非银行金融机构和其他单位不得作为中介机构办理支付结算业务。

（二）结算的原则

单位、个人和银行办理结算时须遵守下列原则：

1. 恪守信用，履约付款。信用是办理结算的前提条件，办理支付结算的主体，无论是企业、个人，还是银行，都必须恪守信用。这一原则要求结算当事人在结算过程中，必须履行约定，收款人按照约定发货或提供服务，付款方按照约定付款，银行保证及时准确地划转款项。

2. 谁的钱进谁的账，由谁支配。银行作为资金清算的中心，在办理结算时必须遵循委托人的意愿，将资金支付给委托人确定的收款人。除法律另有规定外，未经客户同意，其他任何单位、个人及银行自身不得干预客户对资金的支配和使用。

3. 银行不垫付。该原则要求必须在银行存款账户中存有足够的款项，以保证支付。这一原则划清了银行与客户之间的资金界限，有利于规范商品交易行为，保证了银行的资金经营权或所有权。

二、办理支付结算的一般性规定

1. 单位、个人和银行办理支付结算，必须使用按中国人民银行统一规定印制的票据凭证和结算凭证。未使用按中国人民银行统一规定印制的票据，票据无效；未使用中国人民银行统一规定格式的结算凭证，银行不予受理。

2. 单位、个人和银行应当按照《人民币银行结算账户管理办法》的规定开立、使用账户。单位、个人办理支付结算，账户内须有足够的资金保证支付。银行依法为单位、个人在银行开立的存款账户中的存款保密，维护其资金的自主支配权。

3. 票据和其他结算凭证上的签章和其他记载事项应当真实，不得伪造、变造。

4. 填写票据和结算凭证应当规范。(1) 名称。单位和银行的名称应当记载全称或规范化简称。(2) 金额。金额应以中文大写和阿拉伯数字同时记载，二者必须一致。二者不一致的票据无效，二者不一致的结算凭证银行不予受理。(3) 签章。单位、银行签章为该单位、银行的盖章加其法定代表人或其授权代理人的签名或盖章；个人应为个人本名的签名或盖章。(4) 金额、出票或签发日期、收款人名称不得更改，更改的票据无效；更改的结算凭证银行不予受理。对于其他记载事项，原记载人可以更改，更改时应当由原记载人在更改处签章证明。

三、结算方式

结算方式是指使用支付工具划拨款项的方式，即办理结算的程序和方法。银行结算按照使用工具的不同分为票据结算和非票据结算。汇票、本票、支票等票据结算方式将在《票据法律关系》一章中介绍。非票据结算主要包括汇兑、委托收款、托收承付、银行卡四种方式。

（一）汇兑

1. 汇兑的概念和分类

汇兑是汇款人委托银行将其款项支付给收款人的结算方式。它适用于单位和个人的各种款项的结算。

汇兑按照传递方式的不同分为信汇、电汇。信汇是以邮寄方式将汇款凭证转给外地收款人指定的汇入行，电汇是以电报方式将汇款凭证转发给收款人指定的汇入行。信汇、电汇由汇款人选择使用。

2. 办理汇兑的程序

(1) 汇款人委托开户银行汇款，签发信汇或电汇凭证。签发汇兑凭证必须记载下列事项：①表明“信汇”、“电汇”字样；②无条件支付的委托；③确定的金额；④收款人名称；⑤汇款人名称；⑥汇入地点、汇入行；⑦汇出地点、汇出行；⑧委托日期；⑨汇款人签章。汇兑凭证欠缺上述记载事项之一的，银行不予受理。汇兑凭证记载的汇款人、收款人在银行开立存款账户的，必须记载其账号。汇款人和收款人均为个人，需要在汇入银行支取现金的，应在信汇、电汇凭证的“汇款金额”大写栏，先填写“现金”字样，后填写汇款金额。

(2) 银行受理。汇出银行受理汇款人签发的汇兑凭证，经审查无误后，应及时向汇入银行办理汇款，并向汇款人签发汇款回单。汇款回单只能作为汇出银行受理汇款的依据，不能作为该笔汇款已转入收款人账户的证明。

(3) 汇入处理。汇入银行对开立存款账户的收款人，应将汇给其的款项直接转入收款人账户，并向其发出收账通知。收账通知是银行将款项确已收入收款人账户的凭据。

支取现金的，信汇、电汇凭证上必须有按规定填明的“现金”字样，才能办理。未填明“现金”字样需要支取现金的，由汇入银行按照国家现金管理规定审查支付。转账支付的，应由原收款人填制支款凭证，并由本人向银行交验其身份证件办理支付款项。

3. 汇兑的撤销和退汇

汇款人对汇出银行尚未汇出的款项可以申请撤销。申请撤销时，应出具正式函件或本人身份证件及原信、电汇回单。汇出银行查明款项确未汇出的，收回原信、电汇回单，方可办理撤销。

汇入银行对于收款人拒绝接受的汇款，应即办理退汇。汇入银行对向收款人发出取款通知，经过两个月无法交付的汇款，应主动办理退汇。

(二) 委托收款

1. 委托收款的概念和适用范围

委托收款是收款人委托银行向付款人收取款项的结算方式。该方式适用于单位和个人凭已经承兑的商业汇票、债券、存单等付款人债务证明办理的款项结算。委托收款在同城、异地均可以使用。

2. 办理委托收款的程序

(1) 签发委托收款凭证。签发委托收款凭证必须记载下列事项：①表明“委托收款”的字样；②确定的金额；③付款人名称；④收款人名称；⑤委托收款凭据名称及附寄单证张数；⑥委托日期；⑦收款人签章。欠缺记载上列事项之一的，银行不予受理。

委托收款以银行以外的单位为付款人的，委托收款凭证必须记载付款人开户银行名称；以银行以外的单位或在银行开立存款账户的个人为收款人的，委托收款凭证必须记载收款人开户银行名称；以未在银行开立存款账户的个人为收款人的，委托收款凭证必须记载被委托银行名称。

(2) 委托。收款人办理委托收款应向银行提交委托收款凭证和有关的债务证明。

(3) 付款。银行接到寄来的委托收款凭证及债务证明，审查无误办理付款。

①以银行为付款人的，银行应在当日将款项主动支付给收款人。②以单位为付款人的，银行应及时通知付款人，按照有关办法规定，需要将有关债务证明交给付款人的应交给付款人，并签收。付款人应于接到通知的当日书面通知银行付款。付款人未在接到通知日的次日起 3 日内通知银行付款的，视同付款人同意付款，银行应于付款人接到通知日的次日起第 4 日上午开始营业时，将款项划给收款人。银行在办理划款时，付款人存款账户不足支付的，应通过被委托银行向收款人发出未付款项通知书。

(4) 拒绝付款。付款人审查有关债务证明后，对收款人委托收取的款项需要拒绝付款的，可以办理拒绝付款。以银行为付款人的，应自收到委托收款及债务证明的次日起

3 日内出具拒绝证明，并连同有关债务证明、凭证寄给被委托银行，转交收款人；以单位为付款人的，应在付款人接到通知日的次日起 3 日内出具拒绝证明，持有债务证明的，应将其送交开户银行。银行将拒绝证明、债务证明和有关凭证一并寄给被委托银行，转交收款人。

（三）托收承付

1. 托收承付的概念和适用范围

（1）托收承付的概念。托收承付是指根据购销合同由收款人发货后，委托银行向异地付款人收取款项，由付款人向银行承认付款的结算方式。

（2）托收付款的适用范围。使用托收承付结算方式的收款单位和付款单位必须是国有企业、供销合作社以及经营管理较好，并经开户银行审查同意的城乡集体所有制工业企业。办理托收承付结算的款项，必须是商品交易以及因商品交易而产生的劳务供应的款项。代销、寄销、赊销商品的款项，不得办理托收承付结算。收付双方使用托收承付结算必须签有符合《合同法》的购销合同，并在合同上订明使用托收承付结算方式。

2. 办理托收承付的程序

（1）签发托收承付凭证。签发托收承付凭证必须记载下列事项：①表明“托收承付”的字样；②确定的金额；③付款人名称及账号；④收款人名称及账号；⑤付款人开户银行名称；⑥收款人开户银行名称；⑦托收附寄单证张数或册数；⑧合同名称、号码；⑨委托日期；⑩收款人签章。托收承付凭证上欠缺记载上列事项之一的，银行不予受理。

（2）托收。收款人按照签订的购销合同发货后，委托银行办理托收。收款单位托收时，应按照合同及时填制托收凭证，并向银行提供货物确已发运的证件及交易单证；收款人开户银行接到托收凭证及其附件后，应当按照托收的范围、条件和托收凭证记载的要求认真进行审查，必要时，还应查验收付款人签订的购销合同。凡不符合要求或违反购销合同发货的，不能办理。审查时间最长不得超过次日。

（3）承付。付款人开户银行收到托收凭证及其附件后，应当及时通知付款人。付款人应在承付期内审查核对，安排资金。承付货款分为验单付款和验货付款两种，由收付双方商量选用，并在合同中明确规定。

验单付款的承付期为 3 天，从付款人开户银行发出承付通知的次日算起（承付期内遇法定休假日顺延）；验货付款的承付期为 10 天，从运输部门向付款人发出提货通知的次日算起。付款人在承付期内未向银行表示拒绝付款，银行即视做承付，并在承付期满的次日（法定休假日顺延）上午银行开始营业时，将款项划给收款人。不论验单付款还是验货付款，付款人都可以在承付期内提前向银行表示承付，并通知银行提前付款，银行应立即办理划款。

（4）逾期付款。付款人在承付期满日银行营业终了时，如无足够资金支付，其不足部分即为逾期未付款项，按逾期付款处理。

（5）拒绝付款。对下列情况，付款人在承付期内可向银行提出全部或部分拒绝付款：①没有签订购销合同或购销合同未订明托收承付结算方式的款项。②未经双方事先达成协议，收款人提前交货或因逾期交货付款人不再需要该项货物的款项。③未按合同规定的到货地址发货的款项。④代销、寄销、赊销商品的款项。⑤验单付款，发现所列货物的品种、规格、数量、价格与合同规定不符，或货物已到，经查验货物与合同规定或发货清单不符的款项。⑥验货付款，经查验货物与合同规定或与发货清单不符的款项。⑦货款已经支付或计算有错误的款项。不属于上述情况的，付款人不得向银行提出拒绝付款。

（6）重办托收。收款人对被无理拒绝付款的托收款项，在收到退回的结算凭证及其所附单证后，需要委托银行重办托收。经开户银行审查，确属无理拒绝付款，可以重办托收。

（四）银行卡

1. 银行卡的概念和分类

银行卡（Bank Card）是由银行发行、供客户办理存取款业务的新型服务工具的总称。银行卡包括信用卡、支票卡、自动出纳机卡、记账卡和灵光卡等。因为各种银行卡都是塑料制成的，又用于存取款和转账支付，所以又称为塑料货币。

（1）基本分类。按其是否具有透支功能，银行卡分为信用卡和借记卡；按币种不同，分为人民币卡、外币卡；按发行对象不同，分为单位卡（商务卡）、个人卡；按信息载体不同，分为磁条卡、芯片（IC）卡。

（2）信用卡的分类。信用卡按是否向发卡银行交存备用金分为贷记卡、准贷记卡两类。

贷记卡是指发卡银行给予持卡人一定的信用额度，持卡人可在信用额度内先消费、后还款的信用卡。

准贷记卡是指持卡人须先按发卡银行要求交存一定金额的备用金，当备用金账户余额不足支付时，可在发卡银行规定的信用额度内透支的信用卡。

（3）借记卡的分类。借记卡按功能不同分为转账卡（含储蓄卡，下同）、专用卡、储值卡。借记卡不具备透支功能。

转账卡是实时扣账的借记卡，具有转账结算、存取现金和消费功能。

专用卡是具有专门用途、在特定区域使用的借记卡，具有转账结算、存取现金功能。

专门用途是指在百货、餐饮、饭店、娱乐行业以外的用途。

储值卡是发卡银行根据持卡人要求将其资金转至卡内储存，交易时直接从卡内扣款的预付钱包式借记卡。

联名/认同卡是商业银行与营利性机构/非营利性机构合作发行的银行卡附属产品，其所依附的银行卡品种必须是已经中国人民银行批准的品种，并应当遵守相应品种的业务章程或管理办法。发卡银行和联名单位应当为联名卡持卡人在联名单位用卡提供一定比例的折扣优惠或特殊服务；持卡人领用认同卡表示对认同单位事业的支持。

2. 银行卡账户及交易管理

（1）银行卡申领、注销和挂失

单位和个人申领银行卡，应按照规定填制申请表，连同有关资料一并送交发卡银行。发卡银行可根据申请人的资信程度，要求其提供担保。担保方式可以采用保证、抵押、质押。

个人申领银行卡（储值卡除外），应当向发卡银行提供公安部门规定的本人有效身份证件，经发卡银行审查合格后，为其开立记名账户；凡在中国境内金融机构开立基本存款账户的单位，应当凭中国人民银行核发的开户许可证申领单位卡；银行卡及其账户只限经发卡银行批准的持卡人本人使用，不得出租和转借。

单位人民币卡账户的资金一律从其基本存款账户转账存入，不得存取现金，不得将销货收入存入单位卡账户。单位外币卡账户的资金应从其单位的外汇账户转账存入，不得在境内存取外币现钞。个人人民币卡账户的资金以其持有的现金存入或以其工资性款项、属于个人的合法劳务报酬、投资回报等收入转账存入。个人外币卡账户的资金以其个人持有的外币现钞存入或从其外汇账户（含外钞账户）转账存入。该账户的转账及存款均按国家外汇管理局《个人外汇管理办法》办理。严禁将单位的款项转入个人卡账户存储。

持卡人在还清全部交易款项、透支本息和有关费用后，可申请办理销户。销户时，单位人民币卡账户的资金应当转入其基本存款账户，单位外币卡账户的资金应当转回相应的外汇账户，不得提取现金。

持卡人丧失银行卡，应立即持本人身份证件或其他有效证明，并按照规定提供有关情况，向发卡银行或代办银行申请挂失。发卡银行或代办银行审核后办理挂失手续。

（2）银行卡交易的基本规定

①单位人民币卡可办理商品交易和劳务供应款项的结算，但不得透支。单位卡不得存入和支取现金。

②发卡银行对贷记卡的取现应当每笔授权，每卡每日累计取现不得超过 2 000 元人民币。发卡银行应当对持卡人在自动柜员机（ATM）取款设定交易上限，每卡每日累计提款不得超过 5 000 元人民币。储值卡的面值或卡内市值不得超过 1 000 元人民币。

③发卡银行应当遵守下列信用卡业务风险控制指标：

同一持卡人单笔透支发生额个人卡不得超过 2 万元（含等值外币）、单位卡不得超过 5 万元（含等值外币）。同一账户月透支余额个人卡不得超过 5 万元（含等值外币），单位卡不得超过发卡银行对该单位综合授信额度的 3%。无综合授信额度可参照的单位，其月透支余额不得超过 10 万元（含等值外币）。外币卡的透支额度不得超过持卡人保证金（含储蓄存单质押金额）的 80%。

④准贷记卡的透支期限最长为 60 天，贷记卡的首月最低还款额不得低于其当月透支余额的 10%。

⑤发卡银行通过下列途径追偿透支款项和诈骗款项：扣减持卡人保证金、依法处理抵押物和质物，向保证人追索透支款项，通过司法机关的诉讼程序进行追偿。

3. 银行卡计息和收费

（1）银行卡计息。发卡银行对准贷记卡及借记卡（不含储值卡）账户内的存款，按照中国人民银行规定的同期同档次存款利率及计息办法计付利息。发卡银行对贷记卡账户的存款、储值卡（含IC卡的电子钱包）内的币值不计付利息。

贷记卡持卡人非现金交易享有以下优惠条件：

①免息还款期待遇。银行记账日至发卡银行规定的到期还款日之间为免息还款期。免息还款期最长为60天。持卡人在到期还款日前偿还所使用全部银行款项即可享受免息还款期待遇，无须支付非现金交易的利息。

②最低还款额待遇。持卡人在到期还款日前偿还所使用全部银行款项有困难的，可按照发卡银行规定的最低还款额还款。

计付利息具体有如下规定：

贷记卡持卡人选择最低还款额方式或超过发卡银行批准的信用额度用卡时，不再享受免息还款期待遇，应当支付未偿还部分自银行记账日起，按规定利率计算的透支利息。

贷记卡持卡人支取现金、准贷记卡透支，不享受免息还款期和最低还款额待遇，应当支付现金交易额或透支额自银行记账日起，按规定利率计算的透支利息。

发卡银行对贷记卡持卡人未偿还最低还款额和超信用额度用卡的行为，应当分别按最低还款额未还部分、超过信用额度部分的5%收取滞纳金和超限费。

贷记卡透支按月计收复利、准贷记卡透支按月计收单利，透支利率为日利率万分之五，并随中国人民银行的此项利率调整而调整。

（2）银行卡收费。商业银行办理银行卡收单业务应当按下列标准向商户收取结算手续费：宾馆、餐饮、娱乐、旅游等行业不得低于交易金额的2%，其他行业不得低于交易金额的1%。

持卡人在ATM跨行取款的费用由其本人承担，并执行如下收费标准：持卡人在其领卡城市之内取款，每笔收费不得超过2元人民币；持卡人在其领卡城市以外取款，每笔收费不得低于8元人民币。

第六节　法律责任

一、商业银行的法律责任

1. 商业银行有下列情形之一，对存款人或者其他客户造成财产损害的，应当承担支付迟延履行的利息以及其他民事责任：

（1）无故拖延、拒绝支付存款本金和利息的；

（2）违反票据承兑等结算业务规定，不予兑现，不予收付入账，压单、压票或者违反规定退票的；

（3）非法查询、冻结、扣划个人储蓄存款或者单位存款的；

（4）违反《商业银行法》规定对存款人或者其他客户造成损害的其他行为。

有前款规定情形的，由国务院银行业监督管理机构责令改正，有违法所得的，没收违法所得，违法所得五万元以上的，并处违法所得一倍以上五倍以下罚款；没有违法所得或者违法所得不足五万元的，处五万元以上五十万元以下罚款。

2. 商业银行有下列情形之一，由国务院银行业监督管理机构责令改正，有违法所得的，没收违法所得，违法所得五十万元以上的，并处违法所得一倍以上五倍以下罚款；没有违法所得或者违法所得不足五十万元的，处五十万元以上二百万元以下罚款；情节特别严重或者逾期不改正的，可以责令停业整顿或者吊销其经营许可证；构成犯罪的，依法追究刑事责任：

（1）未经批准设立分支机构的；

（2）未经批准分立、合并或者违反规定对变更事项不报批的；

（3）违反规定提高或者降低利率以及采用其他不正当手段，吸收存款，发放贷款的；

（4）出租、出借经营许可证的；

（5）未经批准买卖、代理买卖外汇的；

（6）未经批准买卖政府债券或者发行、买卖金融债券的；

（7）违反国家规定从事信托投资和证券经营业务、向非自用不动产投资或者向非银行金融机构和企业投资的；

（8）向关系人发放信用贷款或者发放担保贷款的条件优于其他借款人同类贷款的条件的。

3. 商业银行有下列情形之一，由国务院银行业监督管理机构责令改正，并处二十万元以上五十万元以下罚款；情节特别严重或者逾期不改正的，可以责令停业整顿或者吊销其经营许可证；构成犯罪的，依法追究刑事责任：

（1）拒绝或者阻碍国务院银行业监督管理机构检查监督的；

（2）提供虚假的或者隐瞒重要事实的财务会计报告、报表和统计报表的；

（3）未遵守资本充足率、存贷比例、资产流动性比例、同一借款人贷款比例和国务院银行业监督管理机构有关资产负债比例管理的其他规定的。

4. 商业银行有下列情形之一，由中国人民银行责令改正。有违法所得的，没收违法所得。违法所得五十万元以上的，并处违法所得一倍以上五倍以下罚款；没有违法所得或者违法所得不足五十万元的，处五十万元以上二百万元以下罚款；情节特别严重或者逾期不改正的，中国人民银行可以建议国务院银行业监督管理机构责令停业整顿或者吊销其经营许可证；构成犯罪的，依法追究刑事责任：

（1）未经批准办理结汇、售汇的；

（2）未经批准在银行间债券市场发行、买卖金融债券或者到境外借款的；

（3）违反规定同业拆借的。

5. 商业银行有下列情形之一，由中国人民银行责令改正，并处二十万元以上五十万元以下罚款；情节特别严重或者逾期不改正的，中国人民银行可以建议国务院银行业监督管理机构责令停业整顿或者吊销其经营许可证；构成犯罪的，依法追究刑事责任：

（1）拒绝或者阻碍中国人民银行检查监督的；

（2）提供虚假的或者隐瞒重要事实的财务会计报告、报表和统计报表的；

(3) 未按照中国人民银行规定的比例交存存款准备金的。

6. 商业银行不按照规定向国务院银行业监督管理机构报送有关文件、资料的，由国务院银行业监督管理机构责令改正，逾期不改正的，处十万元以上三十万元以下罚款。

商业银行不按照规定向中国人民银行报送有关文件、资料的，由中国人民银行责令改正，逾期不改正的，处十万元以上三十万元以下罚款。

二、商业银行工作人员的法律责任

1. 商业银行工作人员利用职务上的便利，索取、收受贿赂或者违反国家规定收受各种名义的回扣、手续费，构成犯罪的，依法追究刑事责任；尚不构成犯罪的，应当给予纪律处分。

有前款行为，发放贷款或者提供担保造成损失的，应当承担全部或者部分赔偿责任。

2. 商业银行工作人员利用职务上的便利，贪污、挪用、侵占本行或者客户资金，构成犯罪的，依法追究刑事责任；尚不构成犯罪的，应当给予纪律处分。

3. 商业银行工作人员违反本法规定玩忽职守造成损失的，应当给予纪律处分；构成犯罪的，依法追究刑事责任。

违反规定徇私向亲属、朋友发放贷款或者提供担保造成损失的，应当承担全部或者部分赔偿责任。

4. 商业银行工作人员泄露在任职期间知悉的国家秘密、商业秘密的，应当给予纪律处分；构成犯罪的，依法追究刑事责任。

5. 商业银行的工作人员对单位或者个人强令其发放贷款或者提供担保未予拒绝的，应当给予纪律处分；造成损失的，应当承担相应的赔偿责任。

三、其他主体的法律责任

1. 未经国务院银行业监督管理机构批准，擅自设立商业银行，或者非法吸收公众存款、变相吸收公众存款，构成犯罪的，依法追究刑事责任，并由国务院银行业监督管理机构予以取缔。伪造、变造、转让商业银行经营许可证，构成犯罪的，依法追究刑事责任。

2. 单位或者个人强令商业银行发放贷款或者提供担保的，应当对直接负责的主管人员和其他直接责任人员或者个人给予纪律处分；造成损失的，应当承担全部或者部分赔偿责任。

3. 借款人采取欺诈手段骗取贷款，构成犯罪的，依法追究刑事责任。

【本章小结】

本章对《商业银行法》及其相关法律法规的内容进行了具体的阐述，重点介绍了商业银行的经营原则、法定业务范围及商业银行的设立、变更、接管、终止，同时具体介绍了商业银行的存款法律制度、贷款法律制度及非票据结算法律制度的相关内容。

【复习思考题】

一、简答题

1. 商业银行的经营原则和法定业务。

二、论述题

1. 试述存款业务的规则。
2. 试述贷款业务的基本规则。

三、案例分析

1. 某市商业银行于2000年设立，注册资本为20亿元人民币。至2001年6月，该市商业银行的总资产（含所吸收的存款）为32亿元，总债务为68亿元。从2001年6月1日起，该银行在营业窗口贴出告示：由于现金周转困难，根据市政府的规定，从即日起，本行汇兑结算业务只进不出；客户每周只能提款一次，单位存款人每次只能支取3 000元，个人存款每次只能支取1 000元；本行一旦现金周转正常，即恢复正常支取。同年6月30日，为缓解该市商业银行银根短缺的压力，该银行所在地市政府又发出通知：凡本市公务员，应从即日起1个月内，每人自觉到本市商业银行一次性存入1 000元人民币。

问题：（1）该商业银行设立时的注册资本是否符合法定要求？（2）该市政府和该市商业银行违反了《商业银行法》的哪些规定？（3）对该市商业银行的上述情况，国务院银行业监督管理机构依法可以对其采取哪些措施？

2. 2000年5月8日，Y市B企业的财务人员持现金150万元和3份加盖了B企业财务印鉴的电汇凭证到开户银行Y市A银行办理汇兑业务。3份电汇凭证的付款人均为B企业，付款人账号栏为空；汇入行为X市C银行、D银行和E银行，收款人均为X市F企业、G企业和H企业；大写金额栏均为“现金伍拾万元整”。A银行前台业务人员认真审查了电汇凭证，认为B企业的财务人员应先向其银行结算账户缴存现金后才能办理电汇业务，并要求其重新填写签发电汇凭证，提醒其注意电汇凭证上应填写账号；大写金额栏不要填写“现金”字样。

要求：分析A银行工作人员的做法是否正确。

第四章

政策性银行和非银行金融机构法律制度

ZHENGCEXING YINHANG HE FEIYINHANG JINRONG JIGOU FALU ZHIDU

第一节　政策性银行法律制度

一、政策性银行的概念及主要职能

（一）政策性银行的概念及特征

政策性银行是指由政府创立、参股或担保、以贯彻国家产业政策和区域发展政策为目的、具有特殊的融资原则、不以盈利为目的的直接或间接性从事政策性金融活动的特殊金融机构。

政策性银行是国家干预、协调经济的产物，是为适应国家宏观经济调控政策，弥补市场失灵的需要而产生的，对于发展国民经济、实现社会稳定有着很重要的意义。20世纪30年代，美国、日本、法国等先后成立了本国的政策性银行。之后的几十年，世界各国为扶持基础产业，调节区域差距，促进本国企业开拓国际市场而纷纷成立自己的政策性银行。当今世界上许多国家都建立有政策性银行，其种类较为全面，并构成较为完整的政策性银行体系，如日本著名的二行九库体系，包括日本输出入银行、日本开发银行、日本国民金融公库、住宅金融公库等；美国设有美国进出口银行、联邦住房信贷银行体系等政策性银行。这些政策性银行在各国社会经济生活中发挥着独特而重要的作用，构成各国金融体系两翼中的一部分，同时各国均制定相应的法律规范予以调整。

作为一类特殊的银行，政策性银行具有以下特征：

1. 由政府创立。政策性银行多由政府创立、参股或保证，以政府为后盾。这使得政策性银行与政府之间有着密切的联系，政府对政策性银行有着实质上的控制权和影响力。

2. 业务范围的特定性。政策性银行有着自己特定的服务领域，不与商业银行展开竞争。其经营范围主要集中于关系国民经济健康、稳定、可持续发展和体现国家产业政策的农业、住房业、进出口贸易、公共工程建设、扶贫助困、中小企业等基础部门或领域，为其提供必要的资金支持。

3. 经营目的的非营利性。政策性银行是政府进行宏观调控、发展国民经济的专门性金融机构，因此，其与商业银行的根本区别就在于政策性银行不以盈利为目的，而以国家和社会公共利益的实现为其经营的出发点。政策性银行在发放资金上主要侧重于商业银行不愿投资的领域，这些领域普遍存在着投资数额大、周期长等特点，难以满足商业银行短期盈利的目的。因此，政策性银行对符合条件的组织提供中长期低利率信贷资金，以实现其执行政府决策的经营目的。

4. 融资方式的特殊性。政策性银行不能吸收公众存款，融资渠道和商业银行有着明显区别。由于政策性银行以政府投资为主，国家财政拨款是其主要的融资渠道；另外，中央银行的再贷款、再贴现和专项基金以及发行政策性金融债券等也是其重要的融资方式。这种融资方式可以避免政策性银行受利润诱惑，专注于政策性业务，进而支持、鼓励和推动更多的金融机构开展政策性融资活动。

5. 法律调整的单独性。在大多数国家，政策性银行均由单独的法律法规进行调整，如韩国的《产业银行法》、《住宅银行法》、《进出口银行法》；日本的《开发银行法》、《农林渔业金融公库法》；美国的《农业信贷法》、《全国住房建筑法》等。

（二）政策性银行的主要职能

2005 年 4 月 4 日，国务院发布《关于 2005 年深化经济体制改革的意见》，其中明确提到“研究政策性银行的职能和定位，择机出台政策性银行条例”。政策性银行的职能是发挥政策性银行作用的基础，政策性银行要在其职能体系下开展各项工作。

1. 引导性职能。由于政策性银行的地位和目的的特殊性，其在资金投放中具有引导其他金融机构投资方向的作用。政策性银行主要有选择性地支持一些投入大、周期长的行业。这些行业的发展体现了国家在特定时期的经济决策，但在起步阶段往往难以获得大量的商业性投资，因此需要政府的扶持。在这个问题上，政策性银行的作用表现得最为明显，其投资行为必然会降低商业投资风险，增强其他金融机构在这些项目上的投资热情和投资信心，进而引导它们转变投资方向，为这些行业的发展吸纳大量资金。当这些行业经过扶持进入全面发展阶段时，金融机构的投资已经变得成熟和充足，政策性银行就可以转而扶持其他行业的起步发展。

2. 补充性职能。补充性职能是指政策性银行的金融活动补充和完善以商业银行为主体的金融体系的职能，弥补商业银行金融活动的不足。政策性银行的特殊性意味着其在各行业的投资并不具备主体地位，主要作用是补充商业银行金融投资领域的缺陷。当公共工程建设、中小企业发展、新型技术领域以及扶贫济困等项目难以获得充足的商业性贷款时，政策性银行的投资就对商业银行营利性投资活动的缺陷进行弥补。

3. 服务性职能。政策性银行不以营利为目的，其经营活动主要体现政府的经济决策，除了能为有关行业提供资金支持外，还能利用其所拥有的高级金融人才和丰富的投资经验为企业和地方政府经济决策提供指导和帮助。

二、我国的政策性银行

1993 年 12 月 25 日，国务院发布《关于金融体制改革的决定》，提出“建立政策性金融与商业性金融分离，以国有商业银行为主体、多种金融机构并存的金融组织体系”。

组建政策性银行的目的是：实现政策性金融和商业性金融分离，以解决国有专业银行身兼二任的问题；割断政策性贷款与基础货币的直接联系，确保人民银行调控基础货币的主动权。

根据国务院《关于金融体制改革的决定》，我国先后组建了国家开发银行、中国农业发展银行和中国进出口银行三家政策性银行。

（一）国家开发银行

国家开发银行于 1994 年 3 月成立，直属国务院领导。成立以来，积极发挥政府和市场之间的桥梁纽带作用，引导社会资金投向，支持了长江三峡、国家石油储备基地、西电东送、南水北调、西气东输、京九铁路、北京奥运、秦山核电站等一大批国家重点工程和重点项目，在贯彻国家宏观经济政策、发挥宏观调控职能、支持经济发展和经济结构战略性调整，在关系国家经济发展命脉的基础设施建设、基础产业和支柱产业重大项目及配套工程建设中，发挥了长期融资领域主力银行的作用。

1. 国家开发银行的宗旨。国家开发银行主要通过开展中长期信贷与投资等金融业务，为国民经济重大中长期发展战略服务。贯彻国家宏观经济政策，筹集和引导社会资金，缓解社会发展的瓶颈制约和薄弱环节，致力于以融资推动市场建设和规划先行，支持国家基础设施，基础产业、支柱产业以及高新技术等领域的发展和国家重点项目：支持城镇化、中小企业、“三农”、教育、中低收入家庭住房、医疗卫生以及环境保护等瓶颈领域的发展；支持国家“走出去”战略，积极拓展国际合作业务。

2. 国家开发银行的资金来源。国家开发银行的资金来源首先是财政部拨付的 500 亿元的注册资本金和重点建设基金。从 1998 年 9 月起国家开发银行开始进行市场化筹资，到 2000 年即实现了完全市场化发债。通过全面市场化的筹资体制改革，国家开发银行把政府信用和市场力量连接起来，按照国家社会经济发展战略，动员和引导社会资金，支持国家重点建设项目。截至 2006 年 12 月 31 日，累计发行人民币金融债券 30 622 亿元，债券存量达到 18 617.7 亿元，人民币金融债券在银行间债券市场债券托管量占总托管量的约 20%，仅次于中央银行票据和国债，列第三位。此外国家开发银行也形成了以对外借款、境内外发行外币债券和外汇掉期为主的多元化的外汇筹资渠道。截至 2006 年底，境内外发行外币债券62.3亿美元。

3. 国家开发银行的主要业务

（1）融资业务：发行国债和金融债券，办理同业拆借，境外发行外币债券和办理国际银团信贷，其他融资业务。

（2）贷款业务：对基础设施、基础产业和支柱产业进行中长期贷款，办理间接银团贷款、联合贷款业务和资产管理业务，中小型企业融资的贷款业务，其他符合国家产业政策和发展规划的贷款业务。

（3）投资业务：基金投资业务，股权投资业务。

（4）中间业务：承销有信贷关系的企业债券，建设项目贷款的评审、咨询和担保业务，与贷款项目有关的本外币企业存款和结算业务，其他金融服务业务。

4. 国家开发银行的组织和管理。国家开发银行总部设在北京，目前在全国设有32家分行和4家代表处。

国家开发银行受国务院直接领导，下设行长1人，副行长和行长助理若干人，由国务院任命。行长是银行的法定代表人，负责全行工作；副行长协助行长工作并分管相应的部门工作。国家开发银行根据实际需要成立分支机构和办事机构。

国家开发银行在业务上接受中国人民银行和银监会的指导和监督，并设国家开发银行监事会，监督银行对国家政策的执行情况和经营状况。

（二）中国农业发展银行

中国农业发展银行是根据国务院《关于金融体制改革的决定》和《关于组建中国农业发展银行的通知》于1994年11月18日成立的国有农业政策性银行，直属国务院领导。中国农业发展银行自成立以来，在探索中前进，在改革中发展，走过了不平凡的历程。特别是近年来，中国农业发展银行以服从和服务于国家宏观调控为基本宗旨，全面落实国家各项强农惠农政策，把实现良好的社会效益作为最重要的价值追求，形成了以支持国家粮棉购销储业务为主体、以支持农业产业化经营和农业农村基础设施建设为“两翼”的业务发展格局，初步建立现代银行框架，经营业绩实现重大跨越，有效发挥了在农村金融中的骨干和支柱作用。

1. 中国农业发展银行的宗旨。按照国家的法律、法规和方针、政策，以国家信用为基础，筹集农业政策性信贷资金，承担国家规定的农业政策性金融业务，代理财政性支农资金的拨付，为农业和农村经济发展服务。

2. 中国农业发展银行的资金来源。（1）注册资金200亿元人民币，从中国农业银行资本金中拨付。（2）业务范围内开户企事业单位的存款。（3）发行金融债券。（4）财政支农资金。（5）向中国人民银行申请再贷款。（6）境外筹资。

3. 中国农业发展银行的主要业务。（1）办理粮食、棉花、油料收购、储备、调销贷款。（2）办理肉类、食糖、烟叶、羊毛、化肥等专项储备贷款。（3）办理粮食、棉花、油料加工企业和农、林、牧、副、渔业的产业化龙头企业贷款。（4）办理粮食、棉花、油料种子贷款。（5）办理粮食仓储设施及棉花企业技术设备改造贷款。（6）办理农业小企业贷款和农业科技贷款。（7）办理农业基础设施建设贷款。支持范围限于农村路网、电网、水网（包括饮水工程）、信息网（邮政、电信）建设，农村能源和环境设施建设。(8) 办理农业综合开发贷款。支持范围限于农田水利基本建设、农业技术服务体系和农村流通体系建设。(9) 办理农业生产资料贷款，支持范围限于农业生产资料的流通和销售环节。(10) 代理财政支农资金的拨付。(11) 办理业务范围内企事业单位的存款及协议存款、同业存款等业务。(12) 办理开户企事业单位结算。(13) 发行金融债券。(14) 资金交易业务。(15) 办理代理保险、代理资金结算、代收代付等中间业务。(16) 办理粮棉油政策性贷款企业进出口贸易项下的国际结算业务以及与国际业务相配套的外汇存款、外汇汇款、同业外汇拆借、代客外汇买卖和结汇、售汇业务。(17) 办理经国务院或中国银行业监督管理委员会批准的其他业务。

4. 中国农业发展银行的组织和管理。中国农业发展银行在机构设置上实行总行、分行、支行制，总行设在北京。按照合理分工、精简高效、协调制衡的原则，设立分支机构。截止到2008年12月31日，中国农业发展银行共有各级各类机构2 151个，其中省级分行30个、省级分行营业部30个。中国农业发展银行设行长1人，副行长若干人，由国务院任命。行长为法定代表人，负责全行工作；副行长协助行长工作并分管相应的部门工作。

中国农业发展银行在业务上接受中国人民银行和银监会的指导和监督，同时设立中国农业发展银行监事会，对银行的业务经营状况和国家农业产业政策执行情况等进行监督。

（三）中国进出口银行

中国进出口银行成立于1994年，直属国务院领导，是政府全资拥有的国家出口信用机构。中国进出口银行是我国外经贸支持体系的主要力量和金融体系的重要组成部分。经过十多年的发展，已成为我国机电产品、高新技术产品出口和对外承包工程及各类境外投资的政策性融资主渠道，外国政府贷款的主要转贷行和中国政府对外优惠贷款的承贷行。

1. 中国进出口银行的宗旨。贯彻执行国家产业政策、外经贸政策、金融政策和外交政策，为扩大我国机电产品、成套设备和高新技术产品出口，推动有比较优势的企业“走出去”开展对外承包工程和境外投资，促进对外关系发展和国际经贸合作，提供政策性金融支持。

2. 中国进出口银行的资金来源。中国进出口银行注册资金为33.8亿元人民币，由财政部核拨。此外，中国进出口银行还对金融机构发行金融债券，也可以在境外资本市场、货币市场筹集资金和开展同业拆借。

3. 中国进出口银行的主要业务：(1) 办理出口信贷（包括出口卖方信贷和出口买方信贷）。(2) 办理对外承包工程和境外投资类贷款。(3) 办理中国政府对外优惠贷款。(4) 转贷外国政府和金融机构提供的贷款。(5) 办理本行贷款项下的国际国内结算业务和企业存款业务。(6) 在境内外资本市场、货币市场筹集资金（不含发行股票）。(7) 办理国际银行间的贷款，组织或参加国际、国内银团贷款。(8) 从事人民币同业拆借和债券回购。(9) 从事自营外汇资金交易和经批准的代客外汇资金交易。(10) 办理与本行业务相关的资信调查、咨询、评估和见证业务。（11）经批准或受委托的其他业务。

4. 中国进出口银行的组织和管理。中国进出口银行设董事会，实行董事会领导下的行长负责制。董事会设董事长1名，副董事长2名，由国务院任命。行长为法定代表人，另设副行长若干人，协助行长工作。中国进出口银行总部在北京，目前在国内设有10余家营业性分支机构和代表处；在境外设有东南非代表处、巴黎代表处和圣彼得堡代表处。

中国进出口银行接受中国人民银行和银监会的指导和监督，同时设立中国进出口银行监事会，对银行的业务经营状况等进行监督。

三、我国政策性银行法律规范

（一）我国政策性银行法律规范的现状

我国政策性银行已经建立十余年并得到了迅速发展，为国家进行宏观调控，调整产业结构，发展对外贸易作出了巨大贡献。但是，在相关法律制度建设方面非常欠缺，尚无一部专门调整政策性银行的法律规范。目前政策性银行的运作规范仍然是以《中国人民银行法》、国务院《关于金融体制改革的决定》和一些行政法规、规章为主，而其中的大量条款已和政策性银行的发展现状相去甚远，显然已经不能适应政策性银行的发展变化，政策性银行的专门立法已迫在眉睫。

近几年来，国家有关部门高度关注新形势下国家开发银行、中国农业发展银行和中国进出口银行的战略定位及立法问题，这是一件意义重大而又影响深远的大事，也表明中国政策性金融即将迈入依法和健康有效运行的新阶段。2005年初，银监会主席刘明康表示，要尽快推动颁布实施国家开发银行条例和进出口银行条例，立法程序上是由中国人民银行和政策性银行共同起草政策性银行条例。

（二）我国政策性银行的立法

我们认为，政策性银行立法应立足于我国的实际国情，并广泛借鉴国外的成熟经验，在把握政策性银行发展趋势的前提下，对我国政策性银行立法进行准确定位。除此之外，三家政策性银行的多年经营为立法提供了较为丰富的实践经验；各政策性银行章程也在一定程序上为立法提供了前导经验；而其间所存在和显现出来的一系列亟待解决的问题以及必须消除的弊病，也从反面为立法提供了可供参考的资料。

由于三家政策性银行的目标宗旨等各有不同，所追求的国家经济政策各有侧重，因此政策性银行立法应该遵循“一行一法”的单独立法原则，即分别制定中国国家开发银行法、中国农业发展银行法和中国进出口银行法，对各政策性银行的定位、宗旨、性质、任务、资本构成与总量、资金来源与资金运用、业务种类与原则、赋税减免和其他优惠、内部权力结构、主要领导人的任免、董事会的组成与权力、与政府各相关实际部门的关系、外部监督等都应有相关的具体规定。

第二节 非银行金融机构法律制度

一、非银行金融机构概述

(一) 非银行金融机构的概念和特征

非银行金融机构是指银行以外的从事货币信用业务和金融服务业务的金融机构，是国家金融体系的重要组成部分。非银行金融机构在中国的发展是近二十年中国金融经济改革取得的显著成绩之一。非银行金融机构的特征如下：

1. 未冠以“银行”名称。非银行金融机构的名称不能冠以“银行”字样，只能是与本机构经营业务相对应的名称，如保险公司、证券公司、信用合作社等。

2. 从事的金融服务业范围较为单一。非银行金融机构从事的主营业务一般较为单一，大多数非银行金融机构不能吸收存款和发放贷款，其主要从事的经营活动受到相应法规的严格限制。

3. 由单独的法律法规调整。非银行金融机构一般由单独的法律规范调整，如《保险法》、《证券法》、《金融资产管理公司条例》、《城市信用合作社管理办法》等。

(二) 非银行金融机构的分类

1. 根据业务性质，非银行金融机构可分为合作性金融机构、保险公司、证券公司、信托投资公司、金融公司、财务公司、邮政储蓄等。

2. 根据活动区域，非银行金融机构可分为全国性非银行金融机构和地方性非银行金融机构。

(三) 非银行金融机构的设立和监管

1. 设立

(1) 设立原则：符合国民经济发展需要，符合金融发展的政策和方向，符合银行业、信托业、保险业、证券业分业经营、分业管理的原则，符合金融机构合理布局、公平竞争的原则，符合经济核算原则。

(2) 设立条件：①具有符合金融监管机构规定的最低限额以上的人民币货币资本或营运资金。经营外汇业务的，应具有符合规定的外币资本或营运资金。②法定代表人和董事长、副董事长、总经理、副总经理、主任、副主任必须符合金融监管机构规定的任职资格。同时其从业人员中应有百分之六十以上从事过金融业务工作或属于大中专院校金融专业毕业生。③具有符合金融监管机构规定条件的营业场所和完备的防盗、报警、通信、消防等设施。④金融监管机构要求具备的其他条件。

(3) 申请和审批：①申请筹建金融机构，应向金融监管机构提交筹建申请报告、筹建可行性报告、筹建方案、筹建人员名单及其简历等资料各三份。②金融监管机构对金融机构筹建申请的答复期为三个月。逾期未获批准的，申请人六个月内不得再次提出同样的申请。筹建申请经批准后方可筹建，筹建期限为六个月。筹建期内不得从事金融业务活动。③金融机构筹建就绪，应向金融监管机构提出开业申请，并提交开业申请报告，会计师事务所或有关单位出具的验资证明，资本金或营运资金入账原始凭证复印件，投资者的背景资料、资产负债表和会计报表，拟任法定代表人和主要负责人的名单及履历，从事过金融业务工作的人员占从业人员的比例，营业场所所有权或使用权的证明文件，章程等资料。④金融监管机构在收到申请开业文件之日起三十日内通知申请人是否批准其申请。经批准开业的金融机构，应持批准文件到工商行政管理部门办理登记注册手续，并领取金融机构法人许可证或金融机构营业许可证。经营外汇业务的按规定申领经营外汇业务许可证。

2. 监督和管理。非银行金融机构实行分类监管和统一监管相结合的原则，分别由中国银行业监督管理委员会、中国保险监督管理委员会和中国证券监督管理委员会行使监督管理权。

银监会设立非银行金融机构监管部（负责监管信托公司、财务公司和金融租赁公司等非银行金融机构）和合作金融机构监管部（负责监管农村商业银行、农村合作银行、农村信用社和新型农村金融机构），依法审核有关机构的设立、变更、终止及业务范围；拟订监管规章制度；会同有关部门提出存款类金融机构紧急风险处置意见和建议；监测资产负债比例、资产质量、业务活动、财务收支等经营管理、内部控制和风险情况；对违法违规行为进行查处；审查高级管理人员任职资格。

保监会负责对各保险公司的审批和监管：审批保险公司及其分支机构、保险集团公司、保险控股公司的设立；会同有关部门审批保险资产管理公司的设立；审批境外保险机构代表处的设立；审批保险代理公司、保险经纪公司、保险公估公司等保险中介机构及其分支机构的设立；审批境内保险机构和非保险机构在境外设立保险机构；审批保险机构的合并、分立、变更、解散，决定接管和指定接受；参与、组织保险公司的破产、清算等。

证监会负责对各证券公司和期货公司的审批和监管：监管证券期货经营机构、证券投资基金管理公司、证券登记清算公司、期货清算机构、证券期货投资咨询机构，与中国人民银行共同审批基金托管机构的资格并监管其基金托管业务，制定上述机构高级管理人员任职资格的管理办法并组织实施，负责证券期货从业人员的资格管理。研究和拟订证券期货市场的方针政策、发展规划，起草证券期货市场的有关法律法规；制定证券期货市场的有关规章。统一管理证券期货市场，按规定对证券期货监督机构实行垂直领导。监督股票、可转换债券、证券投资基金的发行、交易、托管和清算，批准企业债券的上市，监管上市国债和企业债券的交易。

二、我国城乡信用合作社及其联合社的法律规范

（一）城乡信用合作社的概念

城乡信用合作社是城市信用合作社（以下简称城市信用社）和农村信用合作社（以下简称农村信用社）的统称，是指依法设立的，以社员集体投资为基础的合作性金融机构。城乡信用合作社是我国非银行金融机构的重要组成部分。

城乡信用合作社本着自愿参加、社员集资、民主管理、自我服务、自我约束、自负

盈亏的原则开展经营活动。

（二）农村信用合作社及其联合社

1. 农村信用合作社的概念。农村信用合作社是中国金融体系的重要组成部分，也是目前最主要的合作金融组织形式，是指由农户、信用社职工、农村经济组织等入股组成，实行民主管理，主要为社员提供金融服务的合作金融机构。截至2010年末，全国农村合作金融机构（含农村信用社、农村商业银行和农村合作银行）共有法人机构2 954个，占全国银行业金融机构的78.5%；营业性网点75 856个，占全国的38.8%，上述机构绝大部分分布在县及县以下农村地区。

2. 我国农村信用合作社的历史沿革

（1）新中国成立初期到1958年“大跃进”前，是新中国农村信用合作社普遍建立和发展的时期，有信用互助组、农村信用社、农业生产合作社的信用部等形式。

（2）从1958年“大跃进”开始到1978年党的十一届三中全会前，是农村信用社历经波折的时期。

（3）1980年到1996年是农村信用社恢复和发展的时期。信用社归农业银行管理，实行两套编制，两本账簿。农村基层信用社入股组建县联社，信用社与县联社为两级法人体制。

（4）1996年至今。1996年信用社脱离农业银行，开始恢复合作金融性质。同年8月，国务院发布《关于农村金融体制改革的决定》，农村信用社正式脱离与农业银行的行政隶属关系，逐步改变为“农民自愿入股，社员民主管理，主要为社员服务”的合作金融组织，并由中国人民银行对其进行监督和管理。当前农村信用社正处于体制改革的关键时期。根据2003年国务院发布的《深化农村信用社改革试点方案》，信用社改革要重点解决好两个问题。第一，以法人为单位，改革信用社产权制度，明晰产权关系，完善法人治理结构，区别各类情况，确定不同的产权形式。深化信用社改革应遵循以下原则：一是按照市场经济规则，明晰产权关系，促进信用社法人治理结构的完善和经营机构转换，使信用社真正成为自主经营、自我约束、自我发展、自担风险的市场主体；二是按照为“三农”服务的经营方向，改进服务方式，完善服务功能，提高服务水平；三是按照因地制宜、分类指导原则，积极探索和分类实施股份制、股份合作制、合作制等各种产权制度，建立与各地经济发展、管理水平相适应的组织形式和运行机制；四是按照权责利相结合原则，充分发挥各方面积极性，明确信用社监督管理体制，落实对信用社的风险防范和处置责任。第二，改革信用社管理体制，将信用社的管理交由地方政府负责。按照“国家宏观调控、加强监管，省级政府依法管理、落实责任，信用社自我约束、自担风险”的监督管理体制，分别确定有关方面的监督管理责任。通过将农村信用社管理和风险责任移交省级政府，在管理体制上进行了积极探索。近几年来北京、上海、山东农村商业银行，天津农村合作银行等机构相继成立，全国绝大多数地方都建立了省级农村信用合作社。通过改革，农村信用社行业管理职责比较顺利地移交给省级政府，初步明确了地方政府的责任。

3. 农村信用社的设立条件。根据《中国银行业监督管理委员会合作金融机构行政许可事项实施办法》（以下简称《办法》），设立农村信用合作社，应当具备下列条件：

（1）有符合银监会规定的章程；

（2）以发起方式设立且发起人不少于500人；

（3）注册资本最低限额为100万元人民币，且为实缴资本；

（4）有符合任职资格条件的理事和高级管理人员；

（5）主任和副主任的人数不少于2名；

（6）80%以上的从业人员有1年以上金融工作的经历或具有金融及相关专业中专以上的学历；

（7）有健全的组织机构和管理制度；

（8）有符合要求的营业场所、安全防范措施和与业务有关的其他设施。

设立农村信用合作社，还应当符合以下审慎性条件：（1）有健全的风险管理体系，能有效控制关联交易风险；（2）有科学有效的人力资源管理制度，有较高素质的专业人才；（3）具备有效的资本约束和补充机制；（4）没有地方人民政府财政资金入股；（5）银监会规定的其他审慎性条件。

4. 农村信用社的业务范围。经金融监管机构批准，农村信用社可经营下列人民币业务：

（1）办理存款、贷款、票据贴现、国内结算业务；

（2）办理个人储蓄业务；

（3）代理其他银行金融业务；

（4）代理收付款项及受托代办保险业务；

（5）买卖政府债券；

（6）代理发行、代理兑付、承销政府债券；

（7）提供保险箱业务；

（8）由县联社统一办理资金融通调剂业务；

（9）办理经金融监管机构批准的其他业务。

5. 农村信用社的股权设置和组织机构

（1）股权设置。农村信用社的注册资本金是农村信用社社员缴纳的股本金和农村信用社公积金转增形成的资本总额。

农村信用社所有社员必须用货币资金入股，单个社员的最高持股比例不得超过该农村信用社股本金总额的2%。农村信用社不得印制股票，只发记名式股金证书，作为入股者所有权凭证和分红依据。股金证书应载明认缴股金数额及所享有的所有者权益份额。农村信用社社员持有的股本金，经向本社办理登记手续后可以转让。农村信用社社员经本社理事会同意后，可以退股。

（2）组织机构。农村信用社实行民主管理，其权力机构是社员代表大会。社员代表大会由本社社员代表组成。选举社员代表时每个社员一票。社员代表每届任期3年。社员代表大会由理事会召集，每年召开1次。理事会认为必要，可随时召开；经1/2以上的社员代表提议，或2/3以上监事提议，也可临时召开。

社员代表大会行使下列职权：制定或修改章程，选举或更换理事会、监事会成员，审议批准理事会、监事会工作报告，审议批准年度财务预算方案、决算方案、利润分配方案和弥补亏损方案，对农村信用社的分立、合并、解散和清盘事项作出决议，决定其他重大事项。其中章程的修改，农村信用社的分立、合并、解散和清盘，要经社员代表大会以全体代表的2/3以上多数通过；其他议案必须经社员代表大会以全体代表的1/2以上多数通过。

理事会是社员代表大会的常设执行机构，由5名以上（奇数）理事组成。理事均由社员担任，由社员代表大会选举和更换。理事会会议由理事长召集和主持。每半年召开1次，必要时可随时召开。

理事会行使下列职权：召集社员代表大会，并向社员代表大会报告工作；执行社员代表大会决议；选举和更换理事长、副理事长；审定农村信用社的发展规划、经营方针、年度业务经营计划；聘任和解聘农村信用社主任、副主任；审议农村信用社主任的工作报告；批准农村信用社的内部管理制度；批准农村信用社内部职能部门和分支机构的设置方案；拟订农村信用社年度财务预算方案、决算方案、利润分配方案和弥补亏损方案；拟订农村信用社合并、分立、解散等重大事项的计划和方案；章程规定和社员代表大会授予的其他职权。

理事会设理事长1人，主持理事会工作；副理事长1至2人，协助理事长工作。理事长、副理事长由县联社提名，由理事会选举产生。理事长、副理事长的选举和更换，要经理事会全体理事的2/3以上的多数通过，其他议案必须经理事会全体理事的1/2以上多数通过。

监事会是农村信用社的监督机构，由3名以上（奇数）监事组成。监事由社员代表大会选举或更换。每届任期同社员代表大会，行使职权到下届社员代表大会选出新的监事为止。监事应由社员代表、职工代表组成。理事、主任、副主任和财务负责人不得兼任监事。监事会会议由监事长召集和主持，每半年召开1次，必要时可随时召开。

监事会行使下列职权：派代表列席理事会会议，监督农村信用社执行国家法律、法规、政策，对理事会决议和主任的决定提出质询，监督农村信用社经营管理和财务管理，向社员代表大会报告工作，章程规定和社员代表大会授予的其他职权。

监事会设监事长1名，主持监事会工作。监事长的选举和更换要经监事会全体监事2/3以上多数通过，其他议案须经监事会全体监事的1/2以上多数通过。

信用社实行理事会领导下的主任负责制。设主任1人，为法定代表人，副主任1至2人。农村信用社规模较小的，其主任、副主任可由理事长、副理事长兼任。农村信用社主任由县联社推荐并进行考核，报经地（市）银监分局审核批准其任职资格后，由理事会予以聘任。

农村信用社的理事长、副理事长、主任、副主任及其他主要管理人员不得在党政机关任职，不得兼任其他企事业单位的高级管理人员，不得从事除本职工作以外的其他任何以营利为目的的经营活动。

6. 农村信用社省级联合社（以下简称省联社）。省联社是由所在省（自治区、直辖市）内的农村信用合作社市（地）联合社、县（市、区）联合社、县（市、区）农村信用合作联社、农村合作银行自愿入股组成，实行民主管理，主要履行行业自律管理和服务职能，具有独立企业法人资格的地方性金融机构。省联社不对公众办理存贷款金融业务。

（1）设立。根据《办法》，省联社应当具备下列条件：有符合银监会规定的章程；以发起方式设立；注册资本最低限额为500万元人民币，且为实缴资本；有符合任职资格条件的理事和高级管理人员；主任和副主任的人数不少于2名；80%以上的从业人员有1年以上金融工作的经历或具有金融及相关专业中专以上的学历；有健全的组织机构和管理制度；有符合要求的住所、消防设施和与业务有关的其他设施。

设立省联社，还应当符合以下审慎条件：有良好的公司治理结构；有科学有效的人力资源管理制度，有高素质的专业人才；具备有效的资本约束和补充机制；没有地方人民政府财政资金入股；银监会规定的其他审慎性条件。

设立省联社，申请人应当向省（自治区、直辖市）银监局提出申请，经审核同意后报银监会批准。经批准开业的省联社，由省（自治区、直辖市）银监局颁发金融许可证，并凭金融许可证向工商行政管理部门办理登记，领取营业执照。

（2）股权设置。农村信用合作社市（地）联合社、县（市、区）联合社、县（市、区）农村信用合作联社、农村合作银行和农村商业银行可向省联社入股，省联社不吸收其他法人和自然人入股。

省联社每股股金10元人民币。单个社员社出资比例不得超过省联社股本总额的10%，社员社入股金额不得超过其实收资本的30%。社员社必须以货币资金入股，股金必须一次募足。

省联社印发记名股权证书，以人民币标明面值，作为社员社所有权凭证和分红依据。省联社股权证书依法可以承继和转让。股份过户手续在年终决算之后、社员大会之前办理。

（3）组织机构。社员大会是省联社权力机构，由社员社代表组成。每个社员社的代表数量相同。社员社代表每届任期3年，可连选连任。

省联社设理事会。理事会是社员大会的执行和监督机构，由9至15名理事（奇数）组成。每个社员社担任理事的人数不得超过1人、省联社职工中担任理事的人数不得超过理事人数的20%。理事每届任期3年，可连选连任。

省联社高级管理层由主任和副主任组成。省联社设主任1名，副主任2至4名。主任、副主任的聘任由全体理事2/3以上通过。主任、副主任任期3年，期满后可以连任。主任不得由理事长兼任。

（4）基本职能。省联社履行下列职能：督促农村信用社贯彻执行国家金融方针政策，落实支农工作；制定行业自律管理制度并督促执行；指导农村信用社健全法人治理结构，完善内控制度；对农村信用社业务经营、财务活动、劳动用工和社会保障及内部管理等工作进行辅导和审计；督促农村信用社依法选举理事和监事，选举、聘用高级管理人员；指导防范和处置农村信用社的金融风险；指导、协调电子化建设；指导员工培训教育；协调有关方面关系，维护农村信用社的合法权益；组织农村信用社之间的资金调剂；参加资金市场，为农村信用社融通资金；办理或代理农村信用社的资金清算和结算业务；提供信息咨询服务；省联社章程规定的其他职能。

（三）城市信用合作社及其联合社

城市信用社是指依照《城市信用合作社管理办法》，在城市市区内由城市居民、个体工商户和中小企业法人出资设立的，主要为社员提供服务，具有独立企业法人资格的合作金融组织。

城市信用社实行社员民主管理、一人一票的原则。社员具有平等的表决权、选举权和被选举权。遵循自主经营、自负盈亏、互利互助、自我约束、自我积累的原则开展各项业务活动。

1. 设立。设立城市信用社，必须具备下列条件：（1）有50个以上的社员，其中企业法人社员不少于10个；（2）有符合规定的注册资本最低限额；（3）有符合规定的章程；（4）有具备任职专业知识和业务工作经验的理事长、主任及其他高级管理人员；（5）有健全的组织机构和管理制度；（6）有符合要求的营业场所、安全防范措施和与业务有关的其他设施。

城市信用社的注册资本最低限额为100万元人民币，由社员实际缴纳的股金总额构成。

2. 社员。城市信用社的社员为具备规定条件，并向城市信用社缴纳股金者。一家城市信用社的社员不得同时成为其他城市信用社的社员。国家公务员和金融机构的工作人员不得成为城市信用社的社员。

社员须用货币资金入股，不得以债权、实物资产、有价证券等折价入股。

城市信用社社员缴纳的股金最低限额为5 000元人民币。个人、个体工商户和企业法人社员所持股金最高限额分别不得超过城市信用社股金总额的2%、3%和5%。城市信用社成立后应当向社员签发社员证书。

3. 组织机构。

城市信用社由全体社员组成社员大会。社员大会是城市信用社的权力机构。

城市信用社设立理事会，其成员为5至11人。理事可由社员担任，也可由非社员担任，但非社员理事人数不得超过理事会成员的20%。理事任期3年，可连选连任。理事会对社员大会负责。理事会设理事长1人、副理事长1至2人。非社员理事不得担任理事长、副理事长。理事长为城市信用社的法定代表人。

城市信用社设立监事会，其成员为单数，但不得少于5人。监事会成员由社员代表、职工代表组成，职工代表出任的监事由职工民主推选产生。理事、主任、副主任及其他主要经营管理人员不得兼任监事。监事会应在监事中推选1名首席监事。

城市信用社实行理事会领导下的主任负责制。主任由理事会聘任或者解聘。

4. 业务范围：（1）吸收社员存款。（2）吸收中国人民银行规定限额以下的非社员的公众存款。（3）发放贷款。（4）办理结算业务。（5）办理票据贴现。（6）代收代付款项及受托代办保险业务。（7）办理经中国人民银行批准的其他业务。

5. 城市信用合作社联合社。城市信用合作社联合社（以下简称联社）是由市区内城市信用合作社出资组成的金融机构，是城市信用社的联合组织，为独立的企业法人。

联社设在地级城市，名称为“××市城市信用合作社联合社”，并具备以下条件：当地市区城市信用社机构数量8家以上；最低实收资本为80万元人民币，每家城市信用社出资金额不得超过10万元人民币；所有城市信用社必须与原行政挂靠单位实行人、财、物完全脱钩。

联社实行社员制。社员是指在联社章程上签名盖章、认缴出资，并以出资额对联社承担责任的城市信用社。凡设立联社的城市，市区内城市信用社必须参加联社，成为联社的社员。

联社实行民主管理，社员大会是联社权力机构，由社员派出的代表组成，每个社员可选派1名代表。社员不论出资多少，都只拥有1票表决权。社员大会每年召开1次，必要时可召开临时社员大会。

联社设理事会，理事会是社员大会闭会期间的执行机构，其成员由社员大会选举和罢免。理事会成员中非社员理事不得超过理事会成员的20%。

联社设监事会。监事会为联社的内部监督机构，监事会由联社社员代表、联社职工代表等组成。

联社可设1个营业部，营业部经营下列业务：办理城市集体企业、私营企业和个体工商户的存款、贷款和结算业务，组织管理城市信用社的联合贷款，组织城市信用社之间的资金调剂，办理城市信用社的结算业务，办理经批准的其他金融业务。

三、我国其他非银行金融机构的法律规范

（一）保险公司

根据《保险法》的规定，保险是指投保人根据合同约定，向保险人支付保险费，保险人对于合同约定的可能发生的事故因其发生所造成的财产损失承担赔偿保险金责任，或者当被保险人死亡、伤残、疾病或者达到合同约定的年龄、期限时承担给付保险金责任的商业保险行为。保险公司是专门经营各种保险业务的金融机构。

从1949年的中国人民保险公司到现今的100多家保险公司，我国的保险业经历了开创、停滞阶段到现在的繁荣壮大。1985年，国务院发布了《保险企业管理暂行条例》，使我国的保险业开始步入法制化的管理轨道。为了规范保险活动，保护当事人的合法权益，加强对保险业的监督管理，促进保险业的健康发展，1995年第八届全国人民代表大会常务委员会第十四次会议通过了《保险法》，就保险公司的组织形式、设立条件和程序、经营活动和监督管理等作出了明确规定。保险公司从事保险活动必须遵守法律法规，遵循自愿、诚实信用和公平竞争的原则。2009年2月28日十一届全国人大常委会第七次会议表决通过了修订后的《中华人民共和国保险法》，修订后的《保险法》自2009年10月1日起施行。新《保险法》对保险合同、保险业经营、保险业监管等方面做了不少重大的修改及内容上的完善。

1998年11月18日全国商业保险的主管部门——中国保险监督管理委员会（以下简

称保监会）成立。保监会根据国务院授权履行行政管理职能，依照法律、法规统一监督管理全国保险市场，维护保险业的合法、稳健运行。

（二）金融租赁公司

金融租赁也称为融资租赁，是指出租人根据承租人对出卖人、租赁物的选择，向出卖人购买租赁物件，提供给承租人使用，向承租人收取租金的交易。它以出租人保留租赁物的所有权和收取租金为条件，使承租人在租赁合同期内对租赁物取得占有、使用和受益的权利。

根据《金融租赁公司管理办法》，金融租赁公司是指经中国人民银行批准以经营融资租赁业务为主的非银行金融机构。金融租赁公司组织形式、组织机构适用《公司法》的规定，并在其名称中标明“金融租赁”字样。未经中国人民银行批准，其他公司名称中不得有“金融租赁”字样。金融租赁公司依法接受银监会的监督管理。

（三）企业集团财务公司

财务公司是指依据《公司法》和《企业集团财务公司管理办法》设立的，为企业集团成员单位技术改造、新产品开发及产品销售提供金融服务，以中长期金融业务为主的非银行金融机构。财务公司是独立的企业法人，应自主经营、自担风险、自负盈亏、自我约束。

企业集团的成员单位包括集团母公司，母公司控股51%以上的子公司，母公司、子公司单独或共同持股20%以上的公司，或持股不足20%但处于最大股东地位的公司。外资企业集团的成员单位还包括该外资企业集团的外方投资者在中国境内直接持股或与该外资企业集团共同持股20%以上的公司。

1996年中国人民银行颁布《企业集团财务公司暂行办法》，开始对财务公司进行规范化管理。2000年6月30日，中国人民银行根据财务公司的发展状况和实际问题，发布了《企业集团财务公司管理办法》，修订了《企业集团财务公司暂行办法》中的部分内容。对企业集团财务公司的设立条件和程序、业务范围和风险控制、监督管理和行业自律以及整顿、接管及终止等内容作了明确规定。

银监会负责对企业集团财务公司的监督管理。2005年银监会发布了《申请设立企业集团财务公司操作规程指引》及《企业集团财务公司分支机构设立操作规程》，目的是要合理设定新设财务公司的市场准入门槛，从市场准入政策方面积极引导企业集团设立财务公司，通过对财务公司进行管理，提高和促进企业集团资金的使用效率和风险管理。

（四）邮政金融

邮政金融业务是在综合利用邮政网点的基础设施、人员等资源的基础上，面向城乡居民提供的零售金融业务。邮政金融业务主要包括邮政储蓄业务、邮政汇兑业务和邮政代理业务。

2007年3月6日中国邮政储蓄银行有限责任公司正式成立，这是在改革邮政储蓄管理体制的基础上组建的商业银行。中国邮政储蓄银行承继原国家邮政局、中国邮政集团公司经营的邮政金融业务及因此而形成的资产和负债，并将继续从事原经营范围和业务许可文件批准（核准）的业务。自 1986 年 4 月恢复开办邮政储蓄以来，经过二十多年的发展，中国邮政储蓄银行逐步形成了以本外币储蓄存款为主体的负债业务，以国内、国际汇兑和转账业务、银行卡业务、代理保险及证券业务、代收代付、代理承销发行、兑付政府债券、代销开放式基金、提供个人存款证明服务及保管箱服务等多种形式的中间业务，以及以债券投资、大额协议存款、银团贷款、小额信贷等为主渠道的资产业务。

【本章小结】

政策性银行和非银行金融机构是构成一国金融机构体系的重要组成部分。建立政策性银行是为了实现政策性金融与商业性金融的分离。以城市信用合作社和农村信用合作社为代表的非银行金融机构也是我国金融机构的重要组成部分。本章着重介绍了以下四个问题：政策性银行的引导性、补充性、服务性三大职能，我国的政策性银行及其基本制度，非银行金融机构及其基本制度，城乡信用社及其联合社的法律制度。

【复习思考题】

一、简答题

1. 简述政策性银行的概念及特征。
2. 简述我国三家政策性银行的基本宗旨。
3. 简述非银行金融机构的概念和特征。
4. 简述城乡信用合作社的基本概念。
5. 简述我国邮政金融的业务范围。

二、论述题

1. 试述我国政策性银行的基本职能。
2. 试述非银行金融机构的监督管理。

三、案例分析

1. 国家开发银行某省分行为扩大信贷规模，促进融资，在全省范围内开展了吸收公众存款的业务，3 个月内共吸收公众存款约 1 亿元人民币，并以此发放商业性贷款 2 000 万元人民币，请问该分行的行为是否合法？为什么？

2. 某省 15 个农村信用合作社、县（市、区）联合社欲共同出资申请设立农村信用社省联合社，出资总额为 600 万元人民币，其中甲县信用社出资 80 万元人民币，乙县信用社拟以自己的办公楼作为出资（价值 50 万元人民币）。为尽快募得资金，还吸收了丙市商业银行的入股资金 45 万元人民币。此外，省联社章程还规定，社员社股金若不能一次缴纳，可在省联社成立后再行补缴。

问题：该农村信用社省联社的设立过程中有哪些错误？

第五章

货币管理法律制度

HUOBI GUANLI FALU ZHIDU

第一节　货币管理法概述

一、货币管理法的概念

所谓货币，是在商品交换过程中自发地从商品中分离出来，固定地充当一般等价物的特殊商品，经历了一般物品、金银贵金属和纸币等不同的形态。货币具有价值尺度、流通手段、支付手段、贮藏手段和世界货币五种职能。

货币管理法是调整货币发行、货币流通和货币管理活动中所发生的社会关系的法律规范的总称。

货币管理法的主要内容是确定一国货币的种类、地位、货币发行制度、流通制度和保护制度。货币发行制度包括货币发行原则、货币发行权限、发行机关、发行程序、发行规律和发行责任。货币流通制度规定现金货币和转账货币的使用与管理。货币保护制度规定违反货币发行制度和流通制度所应当承担的法律责任。通货管理法、外汇管理法、金银管理法构成一国货币管理法的体系。

二、我国的货币管理法

货币立法的目的在于加强国家对货币的管理，调节货币的流通，以保证货币的统一和币值的稳定。货币管理法是金融法的重要组成部分，各国大多将其内容规定在中央银行法或商业银行法中。

我国现行的货币立法包括法律、行政法规、行政规章三个层次：《中国人民银行法》

第三章，国务院发布的《金银管理条例》（1983 年 6 月 15 日起施行）、《人民币管理条例》（2000 年 5 月 1 日起施行）、《现金管理暂行条例》（1988 年 10 月 1 日起实施）、《外汇管理条例》（1997 年 1 月 14 日起实施），中国人民银行发布的《货币发行管理制度（试行）》（1998 年 7 月 1 日起实施）、《金银管理条例实施细则》（1983 年 12 月 18 日起实施）、《现金管理暂行条例实施细则》（1988 年 10 月 3 日起施行）。

第二节　人民币管理法律规范

一、人民币的法律地位

《中国人民银行法》第十六条规定：“中华人民共和国的法定货币是人民币。以人民币支付中华人民共和国境内的一切公共的和私人的债务，任何单位和个人不得拒收。”这一规定确立了人民币的法律地位，即中华人民共和国的法定货币。人民币法律地位的内涵有：

1. 人民币发行权属于国家。人民币由中国人民银行统一发行，任何单位和个人无权发行货币或发行变相货币。

2. 人民币是我国唯一法定货币。我国禁止发行除人民币以外的其他货币或变相货币，金银不得以货币的形式进行流通。同时，我国禁止外国货币在国内私自流通。

3. 人民币具有法定清偿能力。只要是用人民币支付我国境内的债务，任何单位和个人都必须接受，不得拒绝。

二、人民币发行的法律规定

（一）人民币发行的概念

广义的人民币发行是指中国人民银行代表国家发行、投放、回笼、调拨、销毁、保管及调节各地货币流通等业务活动的总称。狭义的人民币发行是指中国人民银行代表国家向流通领域中投放现金的行为。

人民币的发行权属于国家。国务院授权中国人民银行为人民币的唯一法定发行机关。

（二）人民币发行的原则

我国人民币发行应遵循以下三大原则：

1. 集中统一发行的原则。人民币的发行权集中在中国人民银行，由其统一发行。任何单位和个人不得印制、发售人民币或变相货币。只有贯彻“集中发行原则”，才能保证国家对货币流通在宏观上进行有效调节，保证市场上适当的货币流通量，从而保证币值的稳定。

2. 经济发行的原则。经济发行主要是指中国人民银行根据国民经济运行实际所需要的货币量，提出货币发行计划，以保证市场上的货币流通量与商品流通量相适应，从而保持币值和物价的稳定，保证经济的稳定和持续发展。

3. 计划发行的原则。货币的发行应根据国民经济和社会发展计划的要求有计划地发行。人民币计划发行有利于国家货币政策目标的实现。

（三）人民币的发行过程

1. 人民币发行库和人民币发行基金。发行库是中国人民银行为国家保管发行基金的金库，是办理货币发行的具体机构。我国发行库依次分为总库、分库、中心支库、支库四级。发行库由中国人民银行根据经济发展和业务需要决定设置。各级发行库主任均由同级人民银行行长兼任。

人民币发行基金是中国人民银行为国家保管的待发行的货币，是调节市场货币流通的准备基金。发行基金调拨实行“适当集中，合理摆布，灵活调拨”的方针。发行基金的调拨采取逐级负责的办法。任何单位和个人不得违反规定动用发行基金。

2. 人民币发行的渠道。中国人民银行不能将已经公告发行的人民币直接投放社会，而只能将其支付给金融机构，使人民币从“发行基金”转化为现实货币即现金，即各金融机构将人民币发行库的发行基金调入业务库，然后再将已经进入业务库的人民币现金通过一定方式支付给各单位和个人，人民币就此进入市场，也称为现金投放。业务库是各银行基层分支行的处、所为办理日常现金收付而设置的金库。业务库保管的货币是流通中的货币，处于周转状态。各金融机构依法将每日收回的现金放入业务库，当业务库的库存货币超过规定的限额时，超出部分要送交发行库保管，也叫货币回笼。概括地讲，人民币从发行库到业务库的过程叫出库，即发行；人民币从业务库到发行库的过程叫入库，即回笼。

三、人民币流通的法律规定

人民币流通法律制度主要包括现金流通、非现金流通、人民币的出入境管理。

（一）人民币的现金流通

人民币现金流通是指用现款直接进行收付的货币运作。我国《现金管理暂行条例》对现金结算作出了明确的规定。

中国人民银行是现金管理的主管机关，依法管理现金流通。对开户单位和个人存款户的现金活动进行监督和管理，如果有违法行为可行使处罚权。

开户单位可以在下列范围使用现金：（1）职工工资、津贴；（2）个人劳务报酬；（3）根据国家规定颁发给个人的科学技术、文化艺术、体育等各种奖金；（4）各种劳保、福利费用以及国家规定的对个人的其他支出；（5）向个人收购农副产品和其他物资的价款；（6）出差人员必须随身携带的差旅费；（7）结算起点以下的零星支出；（8）中国人民银行确定需要支付现金的其他支出。

一个开户单位只能开立一个基本存款账户，其日常现金收付业务只能在基本存款账户办理。一般存款账户只能办理转账结算和现金缴存，不得支付现金。对临时存款账户和专用存款账户确需支付现金的，只能在中国人民银行当地分支机构批准的可用现金范围内支取现金。

开户单位应当建立健全现金账目，逐笔记载现金支付。账目应当日清月结，账款相符。

开户单位支付现金，可以从本单位库存现金限额中支付或者从开户银行提取，不得从本单位的现金收入中直接支付（坐支）。因特殊情况需要坐支现金的，应当事先报经开户银行审查批准，由开户银行核定坐支范围和限额。坐支单位应当定期向开户银行报送坐支金额和使用情况。开立基本存款账户的开户单位，根据其行业特点和日常用现情况逐户核定库存现金现额，核定标准为开户单位三天至五天的日常零星开支所需的现金量。边远地区和交通不便地区的开户单位的库存现金限额，可以多于五天，但不得超过十五天的日常零星开支。经核定的库存现金限额，开户单位必须严格遵守。需要增加或者减少库存现金限额的，应当向开户银行提出申请，由开户银行核定。

（二）人民币的非现金流通

人民币的非现金流通是指通过银行转账结算，银行将款项从付方单位账户划转到收方单位账户的货币运作。转账结算凭证与现金具有同等支付职能。开户单位不得对现金结算给予比转账结算优惠的待遇，不得拒绝接受有效转账结算凭证。

开户单位之间的经济往来，除可以使用现金外，应通过开户银行办理转账结算。转账结算的起点为 5 000 元人民币，中国人民银行负责该起点的确定和调整。转账结算起点以下的支付也可以采取转账结算。开户单位购置国家规定的专项控制商品，价格在转账结算起点以下的，也必须采取转账结算，不得使用现金。保险机构、证券机构、金融期货经纪公司等机构对客户（不含个人）从事股票、债券、保险、期货等经营活动，必须采用转账结算。

（三）人民币的出入境管理

国家对货币出入境实行限额管理制度。中国公民出入境、外国人入出境，每人每次携带的人民币不得超出限额 2 万元。携带人民币出入境的，应当按照国家规定向海关如实申报。违反国家规定运输、携带、在邮件中夹带国家货币出入境的，由国家有关部门依法处理；情节严重的，依法追究其刑事责任。

四、人民币保护的法律规定

人民币是我国的法定货币。为了巩固人民币的法定地位，维护人民币的形象，我国《中国人民银行法》和《人民币管理条例》规定了人民币的保护制度。

人民币保护的法律制度主要包括：禁止损害人民币和妨碍人民币流通，禁止非法买卖流通人民币，禁止伪造、变造人民币和持有、使用、运输伪造、变造的人民币，禁止印制、发行人民币代币票券，禁止人民币样币流通，人民币出入境管理等。

对于违反人民币保护的法律制度，构成犯罪的，依法追究刑事责任。

第三节　外汇管理法律规范

一、外汇管理概述

（一）外汇的概念

外汇的概念有动态、静态之分。动态意义上的外汇是指将一国货币转换成另一国货币，以此清偿国际间的债权债务的行为。静态意义上的外汇是指以外币表示的用于国际结算的支付手段。

国际货币基金组织对外汇的概念作了如下解释：外汇是货币行政当局以银行存款、财政部库券、长短期政府证券等形式所持有的，在国际收支逆差时可以使用的债券。

《中华人民共和国外汇管理条例》（以下简称《外汇管理条例》）所称外汇，是指下列以外币表示的可以用做国际清偿的支付手段和资产：（1）外国货币，包括纸币、铸币；（2）外币支付凭证，包括票据、银行存款凭证、邮政储蓄凭证等；（3）外币有价证券，包括政府债券、公司债券、股票等；（4）特别提款权、欧洲货币单位；（5）其他外汇资产。

作为国际结算的支付手段，外汇是国际间经济交流不可或缺的工具。同时，外汇作为国家的储备资产，在国际收支发生逆差时，可以用来清偿债务。

（二）外汇管理的概念和类型

1. 外汇管理的概念。外汇管理又称外汇管制，是指一个国家的外汇管理机构依法对所辖境内的外汇收付、买卖、借贷、转移以及国际间结算、外汇汇率和外汇市场等实行的行政限制性措施。

《外汇管理条例》是我国外汇管理的基本法律依据，该条例对经常项目外汇、资本项目外汇、人民币汇率和外汇市场管理作了明确规定，并规定了相应的法律责任。

我国的外汇管理机关是国家外汇管理局及其分局、支局。根据《外汇管理条例》的规定，我国外汇管理的对象是境内机构、个人、驻华机构、来华人员的外汇收支或经营活动。

外汇管理的作用在于稳定汇率、平衡国际收支和保护国内市场、促进经济发展。

2. 外汇管理的类型。根据各国对外汇管理的严格程度不同，外汇管理分为三种类型：

（1）实行严格的外汇管理。这是指对经常项目外汇和资本项目外汇的收支都实行严格的管制。采用该类型外汇管理的国家通常经济比较落后，外汇资金短缺，希望通过集中分配达到合理利用外汇的目的。

（2）实行部分外汇管理。这是指对经常项目项下的外汇不实行或基本不实行外汇管制，但对资本项目项下的外汇则进行限制。实行该类外汇管理的国家一般经济比较发达。

（3）基本不实行外汇管理。这是指对经常项目和资本项目项下的外汇收支不进行直接的外汇管理，可采取一些间接或变相的限制性措施。

我国目前采用的外汇管理类型基本属于部分外汇管理。我国外汇管理体制的总目标是在经常项目可兑换的基础上，逐步推进资本项目可兑换，进而实现人民币的完全可兑换。

二、我国外汇管理的法律规定

（一）经常项目外汇管理

《外汇管理条例》第五条规定，国家对经常性国际支付和转移不予限制。这就明确了我国经常项目外汇管理的基本原则，即人民币经常项目可兑换。其含义是，任何单位和个人不得对经常性国际支付和转移进行限制，并不得实行歧视性货币安排或多重货币制度。

因适用主体不同，经常项目外汇管理分为对境内机构、对个人、对外国驻华机构与对外籍人员经常项目外汇的收支管理三部分。

1. 境内机构经常项目管理

根据《外汇管理条例》的规定，境内机构经常项目外汇管理包括以下内容：（1）境内机构的经常项目外汇收入必须调回境内，不得违反国家有关规定将外汇擅自存放在境外。这里所称的境内机构是指中华人民共和国境内的企业事业单位、国家机关、社会团体、部队等，包括外商投资企业。（2）境内机构的经常项目外汇收入，应当按照国务院关于结汇、售汇及付汇管理的规定卖给外汇指定银行，或者经批准在外汇指定银行开立外汇账户。这里所称的外汇指定银行是指经外汇管理机关批准经营结汇和售汇业务的银行。（3）境内机构的经常项目用汇，应当按照国务院关于结汇、售汇及付汇管理的规定，持有效凭证和商业单据向外汇指定银行购汇支付。

2. 个人外汇管理

（1）这里所称的个人是指中国公民和在中华人民共和国境内居住满 1 年的外国人。属于个人所有的外汇，可以自行持有，也可以存入银行或者卖给外汇指定银行。个人的外汇储蓄存款实行存款自愿、取款自由、存款有息、为储户保密的原则。（2）个人因私用汇，在规定限额以内购汇。超过规定限额的个人因私用汇，应当向外汇管理机关提出申请，外汇管理机关认为其申请属实的，可以购汇。个人携带外汇进出境，应当向海关办理申报手续；携带外汇出境，超过规定限额的，还应当向海关出具有效凭证。（3）个人移居境外后，其境内的资产产生的收益，可以持规定的证明材料和有效凭证向外汇指定银行购汇汇出或者携带出境。

3. 外国驻华外交机构和来华人员的人民币兑换

驻华机构及来华人员的合法人民币收入，需要汇出境外的，可以持有关证明材料和凭证到外汇指定银行兑付。

驻华机构和来华人员由境外汇入或者携带入境的外汇，可以自行保存，可以存入银行或者卖给外汇指定银行，也可以持有效凭证汇出或者携带出境。

这里的驻华机构是指外国驻华外交机构、领事机构、国际组织驻华代表机构、外国驻华商务机构和国外民间组织驻华业务机构等。

这里的来华人员是指驻华机构的常住人员、短期入境的外国人、应聘在境内机构工作的外国人以及外国留学生等。

（二）资本项目外汇管理

我国资本项目外汇管理的基本原则是严格限制。

1. 境内机构的资本项目外汇管理。（1）境内机构的资本项目外汇收入，除国务院另有规定外，应当调回境内，并应当按照国家有关规定在外汇指定银行开立外汇账户；卖给外汇指定银行的，须经外汇管理机关批准。（2）境内机构向境外投资，在向审批主管部门申请前，由外汇管理机关审查其外汇资金来源；经批准后，按照国务院关于境外投资外汇管理的规定办理有关资金汇出手续。

2. 境外借款管理。借用国外贷款，由国务院确定的政府部门、国务院外汇管理部门批准的金融机构和企业按照国家有关规定办理。外商投资企业借用国外贷款，应当报外汇管理机关备案。

3. 境外发行债券和对外提供担保管理。金融机构在境外发行外币债券，须经国务院外汇管理部门批准，并按照国家有关规定办理。境内机构提供对外担保，只能由符合国家规定条件的金融机构和企业办理，并须经外汇管理机关批准。

4. 外债登记。国家对外债实行登记制度。境内机构应当按照国务院关于外债统计监测的规定办理外债登记。国务院外汇管理部门负责全国的外债统计与监测，并定期公布外债情况。

（三）金融机构外汇业务

1. 金融机构经营外汇业务实行特许制。金融机构经营外汇业务须经外汇管理机关批准，领取经营外汇业务许可证。未经外汇管理机关批准，任何单位和个人不得经营外汇业务。经批准经营外汇业务的金融机构，经营外汇业务不得超出批准的范围。

2. 按规定开户与准备金。经营外汇业务的金融机构应当按照国家有关规定为客户开立外汇账户，办理有关外汇业务。金融机构经营外汇业务，应当按照国家有关规定缴存外汇存款准备金，遵守外汇资产负债比例管理的规定，并建立呆账准备金，同时应当接受外汇管理机关的检查、监督。

经营外汇业务的金融机构应当向外汇管理机关报送外汇资产负债表、损益表以及其他财务会计报表资料。

3. 外汇指定银行办理结汇业务所需人民币资金，应当使用自有资金。外汇指定银行的结算周转外汇，实行比例幅度管理，具体幅度由中国人民银行根据实际情况核定。

4. 金融机构终止经营外汇业务，应当向外汇管理机关提出申请。金融机构经批准终止经营外汇业务的，应当依法进行外汇债权、债务的清算，并缴销经营外汇业务许可证。

（四）人民币汇率和外汇市场

1. 人民币汇率实行以市场供求为基础的、单一的、有管理的浮动汇率制度。中国人民银行根据银行间外汇市场形成的价格，公布人民币对主要外币的汇率。外汇指定银行和经营外汇业务的其他金融机构，应当根据中国人民银行公布的汇率和规定的浮动范围，确定对客户的外汇买卖价格，办理外汇买卖业务。

2. 外汇市场交易应当遵循公开、公平、公正和诚实信用的原则。所谓公开，是指有关交易必要的市场信息公开。所谓公平，是指交易双方无论大小，地位平等，交易的内容公平。所谓公正，是指交易的规则公正。

3. 外汇市场交易的币种和形式由国务院外汇管理部门规定和调整。我国现阶段的外汇市场交易的币种是美元，有即期交易，也有远期交易。

4. 外汇指定银行和经营外汇业务的其他金融机构是银行间外汇市场的交易者。外汇指定银行和经营外汇业务的其他金融机构，应当根据中国人民银行公布的汇率和规定的浮动范围，确定对客户的外汇买卖价格，办理外汇买卖业务。

5. 国务院外汇管理部门依法监督管理全国的外汇市场。中国人民银行根据货币政策的要求和外汇市场的变化，依法对外汇市场进行调控。

第四节　金银管理法律规范

一、金银管理概述

（一）金银管理及类型

1. 金银管理的概念。金银管理是指国家授权有关政府机关对金银的收购、配售、经营以及进出国境进行的管理。

2. 金银管理的类型。依据国家对金银管理力度的大小，金银管理分为三种类型：（1）严格管理型。实行严格管理型的国家，允许居民在国内市场上买卖金银，但禁止金银出入国境。（2）部分管理型。该管理允许本国非居民按市场价格自由买卖金银，但对金银出入国境规定了许多限制措施。（3）自由放任型。该管理允许居民、非居民按市场价格自由买卖金银，金银也可以自由出入国境，不加任何限制。

（二）金银管理机关及金银管理范围

1. 国家金银管理机关。中国人民银行是我国金银的主管机关。中国人民银行按照统一管理、统购统配的原则，行使金银管理职权，统一管理和检查金银市场，保护公民个人持有合法所得的金银，禁止金银作为货币流通。

2. 金银管理的范围。根据《金银管理条例》的规定，国家管理以下几种金银和制品：（1）矿藏生产金银的冶炼副产金银。（2）金银条、块、锭、粉。（3）金银铸币。（4）金银制品和金基、银基合金制品。（5）化工产品中含的金银。（6）金银边角余料及废渣、废液、废料中含的金银。

（三）金银管理法的概念

金银管理法是调整有关国家对金银的收购、配售、经营、进出境管理过程中发生的社会关系的法律规范总称。

我国历来重视对金银的管理。1983 年 6 月 15 日，国务院发布《金银管理条例》；1983 年 12 月 18 日，中国人民银行发布《金银管理条例实施细则》；1984 年 2 月 1 日，中国人民银行、海关总署联合发布《对金银进出国境的管理办法》，共同确立了我国金银管理法律制度的基本内容。

2008 年 7 月 23 日，中国人民银行、海关总署再次联合发布公告（〔2008〕第 13 号），将黄金表壳、黄金表带纳入黄金及其制品进出口管理范围。以上法律及规范是目前我国对黄金管理的主要法律法规。

二、我国金银管理的法律规定

（一）金银收购

金银收购由中国人民银行统一办理。除经中国人民银行许可或委托以外，任何单位和个人不得收购金银。金银收购规则如下：

1. 从事金银生产（包括矿藏生产和冶炼副产）的厂矿企业、农村社队、部队和个人所采炼的金银，必须全部交售给中国人民银行，不得自行销售、交换和留用。

2. 国家鼓励经营单位和使用金银的单位，从伴生金银的矿种和含金银的废渣、废液、废料中回收金银。除经中国人民银行许可可以重新利用的以外，其余必须全部交售给中国人民银行。

3. 境内机构从国外进口的金银和矿产品中采炼的副产金银，除经中国人民银行允许留用的或者按照规定用于进料加工复出口的金银以外，一律交售给中国人民银行，不得自行销售、交换和留用。

4. 个人出售金银，必须卖给中国人民银行。

5. 一切出土无主金银，均为国家所有，任何单位和个人不得熔化、销毁或占有。

6. 公安、司法、海关、工商行政管理、税务等国家机关依法没收的金银，一律交售给中国人民银行，不得自行处理或者以其他实物顶替。

7. 受委托机构收购的金银，必须按原收购价格全部转售给中国人民银行。

（二）金银配售

金银配售是指中国人民银行依据金银配售计划向金银使用单位或由金银使用单位指定的加工单位出售金银。为加强对金银配售的管理，中国人民银行规定了以下规则：

1. 凡需用金银的单位，必须按照规定程序向中国人民银行提出申请使用金银的计划，由中国人民银行审批、供应。

2. 境内的外资企业、中外合资企业以及外商，订购金银制品或者加工其他含金银产品，要求在国内供应金银者，必须按照规定程序提出申请，由中国人民银行审批予以供应。

3. 使用金银的单位，必须建立使用制度，严格做到专项使用、结余交回。未经中国人民银行许可，不得把金银原料（包括半成品）转让或者移作他用。

4. 中国人民银行有权对使用金银的单位进行监督和检查。使用金银的单位应当向中国人民银行据实提供有关使用金银的情况和资料。

5. 文物部门不得将收购、收藏的金银用于出口或内销；如需组织出口或内销时，必须向中国人民银行申请，由中国人民银行审批供应。

（三）黄金经营规则

1. 黄金经营资格的审批。中国人民银行等发布的《关于规范黄金制品零售市场有关问题的通知》规定，经营黄金制品（包括 K 金制品）零售（专营、兼营）业务的单位，应经所在地人民银行分行、营业管理部，省会（首府）城市中心支行、深圳市中心支行核准，并领取经营黄金制品核准登记证。当地工商行政管理机关和税务部门凭人民银行核发的核准登记证办理营业执照、税务登记和消费税认定登记手续。

2. 黄金经营业务范围。根据《金银管理条例》及《金银管理条例实施细则》的规定，具备经营黄金资格的单位，可以在黄金制品、含黄金化工产品、含黄金“三废”三项范围内从事加工、销售等业务。黄金制品零售业实行定点管理，必须按照批准的金银业务范围从事经营，不得擅自改变经营范围，不得在经营中克扣、挪用和套购金银，不得采用承包、租赁、转让、试销、代销、传销等经营方式。黄金制品零售企业设立分支机构经营黄金制品零售业务，依据黄金制品零售业务核准制的规定办理。

（四）金银出入境管理

依据《对金银进出国境的管理办法》，中国人民银行和海关是金银出入境的管理机关。我国对金银进出境的管理包括两部分内容，即金银的入境管理和金银的出境管理，采取的是宽进严出的原则。

1. 金银的入境管理

（1）国家进口金银，一律由中国人民银行统一办理。从境外进口金银作产品原料，或是承接境外来料加工业务需要进口金银的，必须持有人民银行总行或其授权的有关分行的批件，海关凭此查验放行。

（2）任何人携带金银进入我国国境，数量不受限制，但必须向入境地的我国海关申报登记。

2. 金银的出境管理

（1）携带或者复带金银出境，中华人民共和国海关凭中国人民银行出具的证明或者原入境时的申报单登记数量查验放行；不能提供证明的或者超过原入境时申报登记数量的，不许出境。

（2）我国居民因短期离境，携带金银及制品的，必须向海关申报登记，注册回程时带回原物。

（3）携带在中华人民共和国境内供应旅游者购买的金银饰品（包括镶嵌饰品、工艺品、器皿等）出境，中华人民共和国海关凭国内经营金银制品的单位开具的特种发货票查验放行。无凭据的，不许出境。

（4）在中华人民共和国境内的中国人、外国侨民和无国籍人出境定居，每人携带金银的限额为：黄金饰品1市两（31.25克），白银饰品10市两（312.50克），银质器皿20市两（625克）。经中华人民共和国海关查验符合规定限额的放行。

（5）中华人民共和国境内的外资企业、中外合资企业，从国外进口金银作产品原料的，其数量不限；出口含金银量较高的产品，须经中国人民银行核准后放行。未经核准或者超过核准出口数量的，不许出境。

（五）金银管理的奖惩

1. 奖励。在金银管理中，对有下列事迹的单位或者个人，国家给予表彰或者适当的物质奖励：（1）认真执行国家金银政策法令，在金银回收或者管理工作中作出显著成绩的。（2）为保护国家金银与走私、投机倒把等违法犯罪行为坚决斗争，事迹突出的。（3）发现出土无主金银及时上报或者上交，对国家有贡献的。（4）将个人收藏的金银捐献给国家的。

2. 惩罚。违反《金银管理条例》的下列行为，根据情节轻重，分别由中国人民银行、工商行政管理机关和海关按照各自的职责权限给予以下处罚：

(1) 擅自收购、销售、交换和留用金银的，由中国人民银行或者工商行政管理机关予以强制收购或者贬值收购。情节严重的，工商行政管理机关可并处以罚款，或者单处以没收。

(2) 私自熔化、销毁、占有出土无主金银的，由中国人民银行追回实物或者由工商行政管理机关处以罚款。

(3) 擅自改变使用用途或者转让金银原材料的，由中国人民银行予以警告，或者追回已配售的金银。情节严重的，处以罚款直至停止供应。

(4) 未经批准私自经营的，或者擅自改变经营范围的，或者套购、挪用、克扣金银的，由工商行政管理机关处以罚款或者没收。情节严重的，可并处以吊销营业执照、责令停业。

(5) 将金银计价使用、私相买卖、借贷抵押的，由中国人民银行或者工商行政管理机关予以强制收购或者贬值收购。情节严重的，由工商行政管理机关处以罚款或者没收。

(6) 违反有关金银进出国境管理规定或者用各种方法偷运金银出境的，由海关依据本条例和国家海关法规处理。

违反《金银管理条例》规定，已构成犯罪行为的，由司法机关依法追究刑事责任。

【本章小结】

货币管理是一国金融市场管理的重要环节。人民币是我国的法定货币，本章主要介绍了人民币的货币管理法律制度，即人民币发行法律制度、人民币流通法律制度、人民币保护法律制度，并阐述了外汇管理法律制度和金银管理法律制度。

【复习思考题】

一、简答题

1. 简述人民币的法律地位。
2. 简述人民币发行的原则。
3. 简述外汇的种类。
4. 简述我国金银管理的范围。
5. 简述金银出入境管理的法律规定。
6. 简述金银收购与配售的法律规定。

二、论述题

1. 试述现金管理的主要内容。

2. 试述外汇管理制度的主要内容。

三、案例分析

2010 年 8 月到 9 月，国内 A 企业委托 B 实业有限公司南方分公司代理出口一批货物给德国 C 公司，出口创汇总货值 200 万德国马克，全部存放于境外德国 D 商业银行。同年 11 月，A 企业又委托 B 公司从德国进口生产设备，所需外汇 80 万德国马克从境外 D 银行中划拨。

问题：A 企业的行为是否违反了国家有关外汇管理的规定？依法应如何处罚？

第六章

金融担保法律制度

JINRONG DANBAO FALU ZHIDU

第一节　金融担保概述

一、金融担保的概念及功能

我国《商业银行法》第四条确定，商业银行以安全性、流动性、效益性为经营原则。其中，安全性原则是保障商业银行最大可能收回资产，使商业银行经营的资产与负债业务最大限度地减少风险，以达到经营的长期稳定；流动性原则是要求商业银行能够随时收回资金或付出资金，以满足客户支取存款或贷款的能力。只有保障资金的安全性和流动性，商业银行的债权才能得以实现，才能实现其效益性。因此，对银行等金融机构来说，其民事权利的最根本目的就是保障债权的实现。我国《担保法》所确定的担保是以确保债务的履行或清偿为目的的民商事行为，从银行等金融机构来看，只有担保制度才能确保债务的履行和清偿，以真正实现其经营原则。

为了规范担保制度，1995 年 10 月 1 日起，我国施行《中华人民共和国担保法》（以下简称《担保法》）；2000 年 9 月 9 日最高人民法院审判委员会又通过了《最高人民法院关于适用〈中华人民共和国担保法〉若干问题的解释》。2007 年 3 月 16 日公布《中华人民共和国物权法》。另外，1996 年 5 月 27 日，最高人民法院还发布了《最高人民法院关于审理融资租赁合同纠纷案件若干问题的规定》。在对外担保上，1996 年 9 月 25 日，中国人民银行发布了《境内机构对外担保管理办法》；1997 年 12 月 11 日，国家外汇管理局发布了《境内机构对外担保管理办法实施细则》。除此之外，在《民法通则》、《合同法》以及《公司法》等其他相关法律法规中，也有关于担保的规定。

（一）金融担保的概念

金融担保有广义和狭义之分，广义的金融担保既包括贷款担保，又包括其他金融活动中所涉及的担保行为，如票据保证。狭义的金融担保即指我国《担保法》中对金融合同的担保。在本书中，金融担保主要指的是狭义的金融担保。金融担保就是为了保证金融合同的履行，保障债权人实现债权，而以第三人的信用或特定财产保障债务人履行债务的行为。

（二）金融担保的功能

1. 促进金融机构资金融通，保证金融机构资金的流动性。资金融通是指以借款、发行债券和票据贴现等信用的形式相互调节资金余缺，加速资金周转。例如，企业向银行贷款就是最典型的资金融通。资金融通采取了担保措施，就可以强化信用作用，使资金融通活动得以顺利进行。资金融通的数量和回收率是市场经济运转是否正常的标志。如果被融通的资金数量大且回收率高，那就标志着经济走上了良性循环的道路，它必然会推动生产，促进繁荣。反之，如果“只融不通”、“有去无回”，那么，就会出现资金紧张，经济发展就会停滞。

2. 保障金融债权的实现。金融行为必然会产生金融债权，设定担保是为了保障债权的实现，维护债权人的合法权益，这是担保最基本的功能。一方面，担保能够促进债务人履行债务，债权人正常实现债权，使债权债务关系顺利完成；另一方面，担保为债权人提供了实现债权的有利救济途径和机会，从而能够起到维护金融活动安全、保障债权实现的作用。

3. 调整担保法律关系，确保各方当事人的利益。《担保法》的功能不仅在于保证债权的实现，它是调整担保法律关系的法律，既要保证债权人的利益，又要保护担保方的利益，以此维护当事人的合法权益。由于担保具有自愿性的特点，这就能够最大限度地发挥当事人自身以及愿意为之提供担保的第三人的力量，确保合同的实际履行，保障债权的实现。同时，担保又具有实践性的特点，对担保一般都要求有实际交付的措施，而不仅仅是单纯的承诺，这就使债务履行的可靠性大大增强了。由于担保调整担保法律关系，它至少在两个方面有利于维护当事人的合法权益：一方面，当债务不履行时，债权人可以通过非诉讼程序，直接依法采取担保措施，保护自己的合法权益，从而缓解债务危机；另一方面，当出现债务纠纷，债权人直接诉至人民法院寻求法律保护时，担保又为司法机关追究债务人的违约责任提供了必要条件，打下了物质执行基础，有效地解决了司法裁判执行难的问题，进而有效地维护了债权人的合法权益。

二、金融担保的种类

根据《担保法》的规定，担保种类有：（1）保证。（2）抵押。（3）质押。（4）留置。（5）定金。

在这五种担保种类中，第（1）种方式是人的担保，第（2）、第（3）和第（4）种方式的共性是用物或可转让的权利来保证债务的履行和转让，在民法上称为物的担保；被担保人对担保物或可转让的权利享有的权利，称为担保物权。所以，又可以将担保种类分为三个：人的担保、物的担保、定金担保。在金融活动中，担保活动主要运用于对贷款的担保。我国最主要的贷款形式是担保贷款。《商业银行法》第三十六条规定："商业银行贷款，借款人应当提供担保。商业银行应当对保证人的偿还能力，抵押物、质物的权属和价值以及实现抵押权、质权的可行性进行严格审查。"担保贷款是银行根据其与借款人的担保合同或担保合同条款取得担保物权，或者在得到保证人保证的基础上，与借款人建立借贷关系，向借款人发放的贷款。担保贷款包括保证贷款、抵押贷款和质押贷款。在后面的内容中，我们重点介绍与贷款担保联系最密切的三种担保形式：保证、抵押和质押。

三、反担保

反担保也是担保，它同担保的区别在发生的次序上。例如，合同双方都是债权债务人，一方要求另一方提供担保，另一方同意提供，同时又要求另一方反过来向他提供担保，这就是反担保。反担保有时是在受委托担保的人与债务人之间发生，如甲债务人向银行贷款，银行要求他提供担保，他委托××担保公司向银行作了保证，那么，如果他在债务清偿期届满时不能清偿债务，××担保公司就要承担责任了。所以，××担保公司为了不承担风险，可以反过来要求债务人向他提供担保，这就是反担保。因此，《担保法》第四条规定："第三人为债务人向债权人提供担保时，可以要求债务人提供反担保。"由于反担保也是担保，所以，该条又规定："反担保适用本法担保的规定。"

四、其他规定

1. 担保财产优先受偿权。担保物权人在债务人不履行到期债务或者发生当事人约定的实现担保物权的情形，依法享有就担保财产优先受偿的权利，但法律另有规定的除外。

2. 担保合同的订立。设立担保物权，应当依照本法和其他法律的规定订立担保合同。担保合同是主债权债务合同的从合同。主债权债务合同无效，担保合同无效，但法律另有规定的除外。担保合同被确认无效后，债务人、担保人、债权人有过错的，应当根据其过错各自承担相应的民事责任。

3. 担保物上的代位性。担保期间，担保财产毁损、灭失或者被征收等，担保物权人可以就获得的保险金、赔偿金或者补偿金等优先受偿。被担保债权的履行期未届满的，也可以提存该保险金、赔偿金或者补偿金等。

4. 未经担保人同意的债务的转移。第三人提供担保，未经其书面同意，债权人允许债务人转移全部或者部分债务的，担保人不再承担相应的担保责任。

5. 物的担保与人的担保的关系。被担保的债权既有物的担保又有人的担保的，债务人不履行到期债务或者发生当事人约定的实现担保物权的情形，债权人应当按照约定实现债权；没有约定或者约定不明确，债务人自己提供物的担保的，债权人应当先就该物的担保实现债权；第三人提供物的担保的，债权人可以就物的担保实现债权，也可以要求保证人承担保证责任。提供担保的第三人承担担保责任后，有权向债务人追偿。

第二节 保证

一、保证概述

（一）保证的概念

根据《担保法》第六条的规定，保证是指保证人和债权人约定，当债务人不履行债务时，保证人按照约定履行债务或者承担责任的行为。保证担保中的保证人必须是债权人和债务人以外的第三人，债务人不得为自己的债务作保证。例如，银行发放贷款时约定借款人提供有信用和资力的保证人，以保证人的一般财产作担保。为了确保债权，银行与保证人之间签订保证合同，约定借款人不履行债务时，由该保证人代为履行或承担责任。

（二）保证的基本特征

保证的担保方式就是保证人以自己的名义、资产向债权人作出保证，担保债务的履行。保证的目的在于担保债务的履行和债权的实现。保证具有以下法律特征：

1. 保证的从属性。保证的从属性具体表现在：（1）保证以被保证担保的债的成立为前提。如果被保证人无债的法律关系，保证就会因为无担保对象而失去了存在的意义。（2）保证的责任范围和强度不得超越被保证人之债务。（3）被保证担保之债务如果解除，保证担保责任也随之解除。

2. 保证的相对独立性。保证的相对独立性表现为：（1）保证的无效、被撤销或者解除，并不影响被其所担保的债的效力。例如，债权人免除保证人的责任，债务人的债务并不因此被免除。（2）如果保证所担保的债务被依法确认无效，保证也并不因此而丧失效力。

3. 保证的信用性。保证担保是保证人以自己的名义和资产进行担保。在现实生活中，保证人的经济实力往往体现了其履行能力和偿还能力，是保证人良好商业信誉的物质条件，是债权人是否信任的客观基础；否则，保证人的保证担保就会很难取得债权人的信任。由此可见，保证人的信用是保证成立并且取得债权人信任的关键。

二、银行贷款保证

银行贷款保证是指银行向借款人发放贷款时，和第三人订立保证合同，由第三人承诺在借款人不能偿还贷款时，由其按约定承担一般保证责任或者连带责任。

（一）保证人的资格

《担保法》第七条就保证人的资格作了规定，即具有代为清偿能力的法人、其他组织或者公民可以为保证人。

1. 具有代为清偿能力的法人。在这里一般多指企业法人，对于法律法规有特别限制规定的机关法人、事业单位和社会团体法人一般不具有代为清偿能力，不能作为保证人。

2. 具有代为清偿能力的其他组织。有些组织虽不是法人，但具有代为清偿能力，也可以作为保证人。例如，不具有法人资格的联营组织、私营企业等可以作为保证人。

3. 具有代为清偿能力的公民。公民作为保证人，应当是年满18岁或者虽然不满18岁但已满16岁并以自己的劳动收入为主要生活来源，并且具有足以承担保证责任的财产；对于无行为能力或者限制行为能力的人，即使具有代为清偿能力的财产，也不能作为保证人。根据我国《民法通则》的有关规定，公民可以是自然人，也可以是个体工商户、农村承包经营户、个人合伙等。

保证人的资格非常重要，我国《担保法》禁止下列主体作为保证人：

1. 国家机关不得为保证人，但经过国务院批准为使用外国政府或者国际经济组织贷款进行转贷的除外。由于这一类贷款一般为援助性的，或非商业性的，贷款期限长，利率低，宽限期长，所以我国政府指定财政部或中国人民银行提供担保，这种担保是国与国政府之间的关系，不是商务关系。

2. 学校、幼儿园、医院等以公益为目的的事业单位、社会团体不得为保证人。

3. 企业法人的分支机构、职能部门不得为保证人。企业法人的分支机构有法人书面授权的，可以在授权范围内提供保证。

同一债务有两个以上保证人的，保证人应当按照保证合同约定的保证份额，承担保证责任。没有约定保证份额的，保证人承担连带责任，保证人负有担保全部债权实现的义务。已经承担保证责任的保证人，有权向债务人追偿，或者要求承担连带责任的其他保证人清偿其应当承担的份额。

（二）保证合同

商业银行在保证贷款业务中与保证人应当订立书面保证合同。订立保证合同时，保证人与商业银行可以就单个贷款合同分别订立保证合同，也可以协议在最高债权额限度内就一定期间连续发生的贷款合同订立一个保证合同。

根据《担保法》的规定，保证合同应当包括以下内容：（1）被保证的主债权种类、数额。（2）债务人履行债务的期限。（3）保证的方式。（4）保证担保的范围。（5）保证期间。（6）双方认为需要约定的其他事项。

保证贷款业务涉及两个合同：贷款合同和保证合同。贷款合同是主合同，保证合同是从合同；贷款合同所产生的债是主债，保证合同所产生的债是从债。当贷款合同无效时，保证合同也无效；如果保证合同另有约定的，按照约定。保证合同被确认无效后，债权人、保证人、债务人有过错的，应当根据其过错各自承担相应的责任。

（三）保证方式

根据我国《担保法》第十六条的规定，担保方式有两种：一般保证和连带责任保证。保证方式由当事人在保证合同中约定。

1. 一般保证。当事人在保证合同中约定，债务人不能履行债务时，由保证人承担保证责任的，是一般保证。一般保证的最大特点在于它的补充性，也就是说，当主债务人不能履行债务时保证人负有代为履行的义务。正是这种补充性决定了一般保证的保证人享有先诉抗辩权，即一般保证的保证人在主合同纠纷未经审批或仲裁，并就债务人财产依法强制执行仍不能履行债务前，对债权人可以拒绝承担保证责任，这时对债权人来说，主债务人是第一顺序的债务人，而保证人则是第二顺序的债务人。但是，当有下列情形之一时，保证人不得行使先诉抗辩权：(1) 债务人住所变更，致使债权人要求其履行债务发生重大困难的。(2) 人民法院受理债务人破产案件，中止执行程序的。(3) 保证人以书面形式放弃前款规定的权利的。

2. 连带责任保证。当事人在保证合同中约定保证人与债务人对债务承担连带责任的，为连带责任保证。连带责任保证的债务人在主合同规定的债务履行期届满没有履行债务的，债权人可以要求债务人履行债务，也可以要求保证人在其保证范围内承担保证责任。也就是说，当债务人不履行债务时，是先要求债务人清偿，还是先要求保证人承担保证责任，债权人享有充分的自主权。对债权人来说，主债务人和保证人是同一顺序的债务人。由此可见，保证人在连带责任保证中所承担的保证责任要比在一般保证中承担的保证责任重得多。

（四）保证担保范围

保证人与债权人在保证合同中明确约定保证担保范围的，保证人在约定担保的范围内承担保证责任。当事人未约定保证担保范围的，依据《担保法》第二十一条的规定，“当事人对保证担保的范围没有约定或者约定不明确的，保证人应当对全部债务承担责任”。这里的全部债务包括：主债务及利息，违约金，损害赔偿金和实现债权的费用。

（五）保证期间

当事人可以在合同中约定保证期间。如果没有约定的，在连带责任保证的情况下，债权人有权自主债务履行期届满之日起六个月内要求保证人承担保证责任；在一般保证中，保证期间为主债务履行期届满之日起六个月。如果对保证期间约定不明的，保证期间为主债务履行期届满之日起两年。

（六）主合同变更对保证责任的影响

1. 债权转移对保证人保证责任的影响。在保证期间，债权人依法将主债权转让给第三人的，保证债权同时转让，保证人在原保证责任的范围内继续承担保证责任。

2. 债务转移对保证人保证责任的影响。由于保证人承担保证责任往往是基于对债务人的信任，因此在债务转让时，应当征得保证人的书面同意，这样才可以要求保证人继续承担保证责任。在保证期间，债权人许可债务人转让债务的，未经保证人书面同意转让的债务，保证人不再承担保证责任。

3. 合同内容变更对保证人保证责任的影响。债权人与债务人协议变更主合同的，应当取得保证人的书面同意。未经保证人书面同意的，保证人不再承担保证责任。保证合同另有约定的，按照约定。

（七）保证人的追偿权

保证人的追偿权是指保证人承担保证责任后，可以向主债务人请求偿还的权利。保证人向主债务人行使追偿权的诉讼时效期间为两年，从保证人承担保证责任完毕之日起计算。

在共同保证中，如果是按份共同保证，保证人只能就自己保证责任的份额向主债务人追偿；如果是连带共同保证，每一个保证人都有义务向债权人履行全部的保证责任，保证人履行保证责任后，有权向主债务人追偿，也有权按照各连带保证人内部约定的比例，就自己超出的份额向其他保证人追偿。

第三节 抵押

一、抵押概述

（一）抵押的概念

抵押是指债务人或者第三人向债权人提供一定的财产作为债权的担保，当债务人不履行债权时，债权人有权依法以该财产折价或者以拍卖、变卖该财产的价款优先受偿。享有这种权利的债权人为抵押权人，债务人或者第三人为抵押人，抵押人提供的担保财产为抵押物。由于抵押担保对债权人比较安全可靠，同时由于财产抵押后并不转移占有，不影响抵押人对抵押物的使用，因此，在经济活动中以财产抵押作为担保的越来越多，尤其是银行贷款，多数采用抵押贷款的方式。

（二）抵押的特征

1. 抵押不转移对财产的占有。抵押财产仍由债务人或者第三人自己占有，并不是由债务人或者第三人将财产交付债权人占有。这也是抵押与质押的根本区别。

2. 抵押的财产是指特定的、符合法律规定的财产。抵押的财产首先是特定的财产，这种特定的财产主要为不动产，如位于某市某地区的 1 200 亩的土地使用权，坐落在某花园的第 5 号楼房等。其次作为抵押的财产，应当符合《担保法》的规定，以不符合法律规定的财产抵押的，必然会导致抵押合同的无效。

（三）抵押与保证的区别

抵押与保证的区别有以下几点：（1）保证合同的主体是债权人和债务人以外的第三人，抵押权的担保主体既可以是债权人，也可以是第三人。（2）两者的权利性质不同，保证是债权，抵押是物权。（3）保证合同经当事人签字或盖章后就产生法律效力，抵押合同通常需登记后才发生法律效力。（4）保证只有一般债权的效力，而抵押权有优于其他债权优先得到清偿的效力。

二、银行贷款抵押

（一）贷款抵押的概念

贷款抵押是指商业银行在发放贷款时，要求以借款人或者第三人的财产作为担保，当债务人不履行债权时，银行有权依法以该财产折价或者以拍卖、变卖该财产的价款优先受偿，以保障银行贷款的债权得到最大限度的实现。

（二）抵押物的范围

1. 依法可以抵押的财产。抵押物是抵押人为担保债的履行而提供担保的财产。抵押物必须是能够转让的财产，只有能够转让才有可能用于实现担保的目的。因此，可以抵押的财产必须具备以下几个条件：第一，必须是抵押人有权处分的；第二，必须是法律允许转让的；第三，抵押人所担保的债权不得超出其抵押物的价值；第四，抵押物便于管理和实施。抵押物原则上是不动产，但有时也包括机器设备等一些动产。

按照《物权法》第一百八十条的规定，下列财产可以抵押：

（1）建筑物和其他土地附着物。比如，房屋、桥梁道路、大坝、林木等。

（2）建设用地使用权。

（3）以招标、拍卖、公开协商等方式取得的荒地等土地承包经营权。承包人既包括本集体经济组织的成员，也包括本集体经济组织以外的单位和个人。

（4）生产设备、原材料、半成品、产品。

（5）正在建造的建筑物、船舶、航空器。

（6）交通运输工具。包括飞机、轮船、火车、各种机动车辆等。

（7）法律、行政法规未禁止抵押的其他财产。

抵押人可以将上述所列财产一并抵押。

2. 不得抵押的财产。依据《担保法》第三十七条的规定，下列财产不得抵押：

（1）土地所有权。土地所有权属于国家和集体所有。法律没有规定处分国有土地所有权，集体土地所有权依法征用后成为国家所有。因此，土地所有权不得抵押。

（2）耕地、宅基地、自留地、自留山等集体所有的土地使用权。这样规定的主要原因有：一是为了保护耕地，保障农业发展；二是保证农民生活、生存的最基本物质条件；三是保障农民基本生活资料，保护农民的根本利益。

（3）学校、幼儿园、医院等以公益为目的的事业单位、社会团体的教育设施、医疗卫生设施和其他社会公益设施。

（4）所有权、使用权不明或者有争议的财产。设立担保的目的是为了保障债权的实现。如果允许所有权、使用权不明或者有争议的财产作为抵押物，抵押人在设定抵押时就没有处分权，抵押权人在行使抵押权时也无处分权，这样就会有悖于担保设立的目的。

（5）依法被查封、扣押、监管的财产。依法被查封、扣押、监管的财产是指被司法机关、行政机关依法查封、扣押的财产；依法被监管的财产是指被海关和其他执行机关监管的财产。依法被查封、扣押、监管的财产，是否合法尚待依法确定，更不得作为抵押物。

（6）依法不得抵押的其他财产。

（三）银行对抵押物的认定

抵押物的价值一般由银行和抵押人协商确定。在必要的时候，银行可以要求借款人委托有评估资格和能力的机构对抵押物的价值和使用价值或技术性能、状态等进行评估。

（四）抵押合同

在抵押贷款业务中，一般涉及两个合同：抵押合同和贷款合同。抵押合同从属于贷款合同，不具有独立性，是贷款合同的从合同，在效力上受到贷款合同的限制。当贷款合同无效或被撤销时，抵押合同当然无效。

1. 抵押合同的形式要件。抵押合同是抵押人和抵押权人经过协商达成一致意见，并且经过双方当事人签字或者盖章的书面协议。订立抵押合同应当采用书面形式，这是抵押合同成立的形式要件。抵押合同除采用书面形式外，有些还需向有关登记机关办理登记手续后才发生法律效力。

2. 抵押合同的内容。根据《担保法》的规定，抵押合同应包括以下内容：

（1）被担保的主债权的种类和数额；

（2）债务人履行债务的期限；

（3）抵押物的名称、数量、质量、状况、所在地、所有权权属或者使用权权属；

（4）抵押担保的范围；

（5）当事人认为需要约定的其他事项。

3. 绝押条款。抵押合同中不得订立绝押条款，即抵押权人和抵押人在合同中不得约定在债务履行期届满抵押权人未受清偿时，抵押物的所有权转移为债权人所有。这是为了保护抵押人的利益，避免借款人因急需贷款而被迫接受不公平的条件。

4. 抵押合同的登记与抵押合同的生效。抵押合同的生效时间与抵押登记具有直接关系。根据《担保法》第四十一条、第四十二条以及第四十三条的规定，抵押物的登记有两种情况：一种是强制登记或者法定登记，另一种是自愿登记。

（1）强制抵押登记的效力。强制抵押登记是指法律规定当事人必须到登记部门进行抵押物登记，抵押合同从登记之日起生效；未办理登记的，抵押合同不发生法律效力。设立抵押物登记的意义在于有利于抵押权人了解抵押物的产权状况以及抵押权的顺序，保护债权人的合法权益。根据《担保法》的规定，需要登记的抵押物有土地使用权、房屋或者乡（镇）、村企业的厂房等建筑物、林木、运输工具以及企业的设备和其他动产。

（2）自愿抵押登记的效力。自愿抵押登记是指法律没有强制要求当事人办理抵押物登记，当事人可以自愿办理抵押物登记；抵押合同自签订之日起生效。当事人未办理抵押物登记的，不得对抗第三人。

5. 对浮动抵押的规定。根据《物权法》的规定，经当事人书面协议，企业、个体工商户、农业生产经营者可以将现有的以及将有的生产设备、原材料、半成品、产品抵押，债务人不履行到期债务或者发生当事人约定的实现抵押权的情形，债权人有权就实现抵押权时的动产优先受偿。已办理的浮动抵押不得对抗正常经营活动中已支付合理价款并取得抵押财产的买受人。

对浮动抵押的动产，应当向抵押人住所地的工商行政管理部门办理登记。抵押权自抵押合同生效时设立；未经登记，不得对抗善意第三人。

（五）抵押的效力

1. 抵押担保的范围。抵押担保的范围包括主债权以及利息、违约金、损害赔偿金和实现债权的费用。此外，当事人可以在抵押合同中约定抵押担保的范围。当事人在抵押合同中约定抵押范围的，按照合同约定办理。

2. 抵押物孳息的规定。抵押物孳息是指抵押物所产生的收益，包括天然孳息和法定孳息。天然孳息是指依自然规律所产生的收益，如植物结的果实，母牛生下的小牛。法定孳息是指法律关系所产生的收益，如房屋出租的租金。债务人在债务履行期届满时没有履行债务的，债权人有权向人民法院申请扣押抵押物。人民法院依法扣押了抵押物的，抵押权人有权自扣押之日起收取由抵押物分离的天然孳息以及抵押人就抵押物可以收取的法定孳息。抵押权人应当将扣押抵押物的事实通知应当清偿法定孳息的义务人；没有通知的，抵押权的效力不及于该孳息。

3. 抵押权和租赁权的关系。在设定抵押前，抵押人已将抵押财产出租的，抵押人应当以书面的方式告知承租人，原租赁合同继续有效。

4. 抵押物的转让以及行使抵押权的限制。抵押权是一种他项权利，所有权人在行使其所有权，转让抵押物时，必然要受到限制。

（1）抵押人在抵押期内转让已办理抵押登记的抵押物所有权的，应当通知抵押权人，并应告知受让该抵押物的人该抵押物已设定抵押权的情况。

（2）抵押人在处分抵押物时，如其转让抵押物的价款明显低于抵押物应有的价值的，抵押权人可以要求抵押人提供相应的担保。

（3）抵押人合法转让抵押物所得的价款，应当向抵押权人提前清偿所担保的债权或者向抵押权人约定的第三人提存。超过的部分归抵押人所有，不足的部分由债务人清偿。

《担保法》第五十条对行使抵押权作了限制性规定。抵押权不得与债权分离而单独转让，即抵押权人不得把抵押权单独让与他人。抵押权也不得作为其他债权的担保，抵押权人不得以抵押权为他人的债务提供担保。

5. 抵押物价值减少后的处理方式。抵押人的行为足以使抵押物价值减少的，抵押权人有权要求抵押人停止其行为。抵押物价值减少时，抵押权人有权要求抵押人恢复抵押物的价值，或者提供与减少的价值相应的担保。如果抵押人对抵押物价值减少没有过错，抵押权人只能在抵押人因损害而得到的赔偿范围内要求提供担保。抵押物价值未减少的部分，仍作为债权的担保。

（六）最高额抵押

最高额抵押是指抵押人与抵押权人协议，在最高债权额限度内，以抵押物对一定期间连续发生的债权作担保。商业银行和抵押人既可以就单个贷款合同订立抵押合同，也可以协议在双方确定的最高担保债权额限度内，就一定期间内连续发生的贷款业务订立一个最高债权额抵押合同。在需要连续贷款的情况下，订立最高债权额抵押合同可以简化融通资金的程序，提高融通资金的速度。由于最高债权额抵押所担保的是最不稳定的债权，为了避免不必要的纠纷，《担保法》第六十一条规定："最高额抵押的主合同债权不得转让。"

（七）抵押权的实现

1. 抵押权实现的方式。在债权履行期届满抵押权人未受清偿时，双方可以依法达成协议，按照所达成的协议实现抵押权；未达成协议的，抵押权人可以向人民法院提起诉讼。抵押权人可以与抵押人协议以抵押物折价或者拍卖、变卖该抵押物所得的价款优先受偿。抵押物折价或者拍卖、变卖后，所得的价款超过债权数额的部分归抵押人所有，不足的部分由债务人负责清偿。

2. 清偿顺序。《担保法》第五十四条规定了同一财产向两个或两个以上债权人抵押的，拍卖、变卖抵押物所得价款清偿担保债权的顺序。抵押人所担保的债权不得超出其抵押物的价值。财产抵押后，该财产价值大于所担保债权的余额部分，可以再次抵押，但不能超过其余额部分。同一财产向两个以上债权人抵押的，拍卖、变卖抵押物所得的价款按照下列方法进行清偿：

（1）抵押合同登记生效时的清偿顺序。抵押合同已登记生效的，按照抵押权登记的先后顺序清偿；抵押权登记顺序相同的，按照债权比例清偿。

（2）抵押合同签订生效时的清偿顺序。抵押合同自签订之日起生效的，该抵押物已登记的，按照抵押合同登记生效时的清偿顺序办理。抵押合同没有登记的，按照合同生效的时间确定清偿顺序；顺序相同的，按照债权比例清偿。抵押物已登记的先于未登记的受偿。

3. 第三人的追偿权。为债务人设定抵押担保的人既可以是债务人自己，也可以是债务人以外的第三人。第三人为债务人抵押担保的，在抵押权人实现抵押权后，有权向债务人追偿，以实现自己的债权。

第四节　质押

一、质押概述

质押是指债务人或者第三人将出质的财产交债权人占有，以该财产作为债权的担保，债务人不履行债务时，债权人以该财产折价或者拍卖、变卖所得价款受偿。

抵押与质押的主要区别在于是否转移占有，抵押物不转移占有，而出质的财产要转移为债权人占有。《担保法》将质押分为动产质押和权利质押两种。

二、银行贷款质押

银行质押贷款是指商业银行在发放贷款时，依据《担保法》规定的质押方式，要求借款人或第三人以某种动产或权利作为质物，来担保贷款债权的实现。

在质押贷款法律关系中，商业银行是质权人，提供动产或权利凭证的借款人或者第三人为出质人，移交的动产或权利凭证称为质物。

在质押担保的情况下，出质人（借款人或第三人）要将动产或物权凭证交付给发放贷款的商业银行，由商业银行占有，在贷款未被清偿前，商业银行有权占有质物。如果借款人到期不清偿贷款，商业银行可以以质物折价或者拍卖、变卖质物的价款优先受偿。

（一）动产质押

1. 质押合同。商业银行和借款人或者第三人选择动产质押作为贷款的担保方式，应当以书面形式订立质押合同，质押合同自动产移交于银行占有时生效。质押合同应包括以下内容：

（1）被担保的主债权种类、数额；

（2）债务人履行债务的期限；

（3）质物的名称、数量、质量、状况；

（4）质押担保的范围；

（5）质物移交的时间；

（6）当事人认为需要约定的其他事项。

在质押合同中，同样不得包含绝押条款，即债务人或者第三人和商业银行在合同中不得约定在债务履行期届满商业银行未受清偿时，质物的所有权转移为商业银行所有。

2. 质押担保的范围。质押担保的范围是指在质押担保法律关系中出质人所承担质押担保责任的范围。出质人和质权人按照协商一致的原则可以约定质押担保的范围。当事人约定了质押担保范围的，按照其约定的范围办理。

当事人之间没有约定质押担保范围的，依据《担保法》的规定。质押担保的范围包括主债权及利息，违约金，损害赔偿金，质物保管费用和实现债权的范围。

3. 出质人、质权人的权利和义务

（1）出质人的权利和义务

出质人的权利包括：

第一，提存、返还质物的请求权。质权人不能妥善保管质物可能使其灭失或者毁损的，出质人可以要求质权人将质物提存，或者要求提前清偿债权而返还质物。

第二，代位求偿权。为债务人质押担保的第三人在质权实现后，有权向债务人追偿。

出质人的义务包括：

出质人提供的质物存在损坏或者价值明显减少的可能，足以危害质权人权利的，出质人有义务向质权人提供相应的担保，保障质权的完整性。.

（2）质权人的权利和义务

质权人的权利有：

第一，收取孳息的权利。质权人有权收取质物所生的孳息，但质押合同另有约定的，按照约定。质权人收取质物的孳息时，应当先冲抵收取孳息的费用。

第二，物上代位权。物上代位权的设立主要是为了保障质权人担保质权的实现。质权人与出质人订立质押合同并移交质物后，质物有损坏或者价值明显减少，足以危害质权人权利的，质权人可以要求出质人提供相应的担保。出质人不提供的，质权人可以拍卖或者变卖质物，并与出质人协议将拍卖或者变卖所得的价款用于提前清偿所担保的债权或者向出质人约定的第三人提存。

第三，优先受偿权。债务履行期届满质权人未受清偿的，可以与出质人协议以质物折价，也可以依法拍卖、变卖质物，就所得的价款优先清偿自己的质押担保债权。

质权人的义务有：

第一，保管质物的义务。质权人负有妥善保管质物的义务。因保管不善致使质物灭失或者毁损的，质权人应当承担民事责任。

第二，返还质物的义务。债务履行期届满债务人履行债务的，或者出质人提前清偿所担保的债权的，质权人应当返还质物。

（二）权利质押

1. 权利质押的概念和范围。权利质押是指以所有权以外的可让与的财产权作为质权的标的的担保方式。依据《担保法》第七十五条和《物权法》第二百二十三条的规定，下列权利可以出质：

（1）汇票、支票、本票；

（2）债券、存款单；

（3）仓单、提单；

（4）可以转让的基金份额、股权、股份；

（5）可以转让的注册商标专用权、专利权、著作权等知识产权中的财产权；

（6）应收账款；

（7）法律、行政法规规定可以出质的其他财产权利。

2. 权利质押合同的订立及其生效。以汇票、支票、本票、债券、存款单、仓单、提单出质的，应当在合同约定的期限内将权利凭证交付质权人。质押合同自权利凭证交付之日起生效。以基金份额、股权出质的，当事人应当订立书面合同。以基金份额、证券登记结算机构登记的股权出质的，质权自证券登记结算机构办理出质登记时设立；质押合同自登记之日起生效。以有限责任公司的股份出质的，适用《公司法》关于股份转让的规定，质押合同自股份出质记载于股东名册之日起生效。以依法可以转让的商标专用权、专利权、著作权中的财产权出质的，出质人与质权人应当订立书面合同，并向其管理部门办理出质登记。质押合同自登记之日起生效。以应收账款出质的，当事人应当订立书面合同。质权自信贷征信机构办理出质登记时设立。

3. 权利出质后的转让。以基金份额、股权出质的，基金份额、股权出质后，不得转让，但经出质人与质权人协商同意的除外。出质人转让基金份额、股权所得的价款，应当向质权人提前清偿债务或者提存；以注册商标专用权、专利权、著作权等知识产权中的财产权出质的，知识产权中的财产权出质后，出质人不得转让或者许可他人使用，但经出质人与质权人协商同意的除外。出质人转让或者许可他人使用出质的知识产权中的财产权所得的价款，应当向质权人提前清偿债务或者提存；以应收账款出质的，应收账款出质后，不得转让，但经出质人与质权人协商同意的除外。出质人转让应收账款所得的价款，应当向质权人提前清偿债务或者提存。

4. 有价证券质权的行使方法。《担保法》第七十七条规定，以载明兑现或者提货日期的汇票、支票、本票、债券、存款单、仓单、提单出质的，汇票、支票、本票、债券、存款单、仓单、提单兑现或者提货日期先于债务履行的，质权人可以在债务履行期届满前兑现或者提货，并与出质人协议将兑现的价款或者提取的货物用于提前清偿所担保的债权或者向与出质人约定的第三人提存。

第五节 对外担保

对外担保是指中国境内机构（担保人，境内外资金融机构除外）以保函、备用信用证、本票、汇票等形式出具对外保证，或者以《担保法》中规定的财产、动产或权利对外抵押或者质押，向中国境外机构或者境内的外资金融机构（债权人或者受益人）承诺，当债务人（被担保人）未按照合同约定偿付债务时，由担保人履行偿付义务。根据《境内机构对外担保管理办法》的规定，担保人提供对外担保，应当与债权人、被担保人订立书面合同，约定担保人、债权人、被担保人各方的权利和义务。《境内机构对外担保管理办法实施细则》第七条规定，书面合同可以是当事人之间单独订立的，包括当事人之间的具有担保性质的信函、传真、信用保险项下的保险合同、备用信用证等，也可以是主合同中的担保条款。对外担保合同是主债务合同的从合同，主债务合同无效，对外担保合同无效；对外担保合同另有约定的，按照约定。目前，商业银行为进出口贸易提供的担保主要有三种形式：信用证、银行保证书（保函）和票据保证与承兑。在此，我们仅介绍信用证和银行保函两种。

一、商业银行信用证业务

（一）信用证的概念

信用证是银行（开证行）应买方（进口商）的申请而向卖方（出口商）开立的保证付款的承诺。买方之所以要求银行作出付款担保，是因为他与卖方在买卖合同中达成了这样的协议。因此，从买卖实务的角度看，信用证是基于买卖合同而产生的，是国际贸易结算辅助服务支持体系之一。

（二）信用证的法律特征

1. 信用证的担保特征。信用证是开证银行应进口商的请求，开给出口商的一种在满足某种条件下保证付款的凭证。信用证实际上是开证银行的一种书面担保——担保信用证的特定收益人（出口商）一旦履行了信用证规定的义务后，即可获得由开证银行或付款银行给付的金额。所以，信用证首先表现为担保特征。

2. 信用证的合同特征。信用证最基本的关系是进口商与开证行，开证行与出口商，以及出口商与付款行之间的关系。显而易见，进口商与开证银行的关系是合同关系，因为进口商向开证行提供的开证申请书在法律上是一种要约，开证银行如果接受这种要约，则在开证申请书上作同意的意思表示，然后，依据开证申请书的要求开立出信用证。开证行与出口商也是合同关系，开证银行根据进口商申请书规定的内容，开立出以出口商为受益人的信用证，该信用证对于出口商来说，具有法律上要约的性质，出口商如果对该要约没有异议，接受了信用证正本即应视为出口商接受要约，表示信用证开始生效。出口商与付款行之间的关系同样也是合同关系，这是因为在信用证生效后，出口商应备齐信用证所规定的有关单据，在信用证规定的时间内向指定的付款银行索取货款。

（三）信用证的种类

信用证可以从不同的角度进行分类，这些分类直接关系到信用证本身的性质，也关系到信用证各方当事人所享有的权利和承担的义务。信用证的种类很多，常见的有：

1. 可撤销信用证和不可撤销信用证。可撤销信用证指开证行对所开信用证不必征得受益人同意有权随时修改或撤销的信用证。不可撤销信用证指信用证一经开出，在有效期内，非经信用证有关当事人同意，开证行不能片面修改或撤销的信用证。由于不可撤销信用证对受益人较有保障，所以在国际贸易结算中使用最多。

2. 跟单信用证和光票信用证。跟单信用证是指凭跟单汇票或仅凭单据付款的信用证。由于货运单据代表着货物的所有权，控制单据就意味着控制了货物，故国际贸易结算中使用的信用证绝大部分是跟单信用证。光票信用证是凭不附货运单据的汇票付款的信用证。

3. 保兑信用证和不保兑信用证。保兑信用证指开证行开出不可撤销的信用证以后，再由另一家银行加具保函，对符合信用证条款的单据履行付款。对信用证加具保兑的银行称为保兑行。保兑行一经保兑，就和开证行一样承担付款责任。所以，保兑信用证是一种双重保证的信用证，对出口方安全收汇是非常有利的。不保兑信用证是未经保兑的信用证，即一般的不可撤销信用证。

4. 议付信用证和直接信用证。议付信用证是指任何银行均可议付出口商所开汇票的信用证。议付信用证规定的付款人有三种：（1）开证银行自己付款。（2）进口商负责付款。（3）开证银行设有存款账户的其他国银行付款。直接信用证是规定受益人将其所签发的汇票直接向特定银行提示付款，开证银行直接付款的对象仅限于受益人的信用证。

5. 可转让信用证和不可转让信用证。可转让信用证指开证行授权通知行在受益人要求下，可将信用证的全部或一部分金额转让给一个或数个第二受益人，即受让人。这种信用证的第一受益人通常是中间商，而第二受益人则通常是实际供货人。可转让信用证必须注明“可转让”字样，否则，只能作为不可转让信用证使用。不可转让信用证指受益人不得将所持信用证的权利转让给任何人的信用证。

6. 循环信用证。当买卖合同的交易数量较大，需要在较长的一段时间内分期分批交货时，如分批开证，不仅要增加买方的开证费用，而且卖方不能获得收取全部货款的银行保证。对此种交易，可使用循环信用证。循环信用证指受益人在一定时间内使用完规定的金额后，可以重新恢复信用证原金额再度使用，直至达到规定的时间、次数或余额为止的信用证。

7. 对开信用证和对背信用证。在以一种出口货物交换另一种进口货物，货款需要逐笔平衡时，交易双方互相开立的信用证为对开信用证。当交易双方进行互有进出口和互有关联的对等交易时，可使用对开信用证，即双方都对其进口部分向对方开出信用证。对开信用证的特点是两张信用证互相联系、互相约束、互为条件。任何一张信用证的开证人和受益人分别为另一张信用证的受益人和开证人，任何一张信用证的开证行通常就是另一张信用证的通知行，两证的金额大致相等，两证往往同时生效。对开信用证多用于易货贸易、补偿贸易和来料加工、来件装配等业务。对背信用证指中间商收到进口方开来的信用证后，要求该证的通知行或其他银行，以原证为基础另开立一张内容近似的新证给供货人，这另开的新证称为对背信用证。

8. 预支信用证。预支信用证是开证行授权付款行，允许出口商在装货交单前支取全部或部分货款的信用证。这种信用证与其他信用证相反，是受益人收款在前而交单在后。等货运单据交到后，付款行再扣除预交货款本息。为引人注目，这种预交货款的条款常用红字打出，故习惯称为“红字条款信用证”。不过，现在信用证的预支条款并非都是用红字表示，但效力相同。

9. 备用信用证。备用信用证是代表开证行对受益人承担一项义务的凭证。备用信用证是一种特殊形式的信用证，实际上是银行保函性质的支付承诺：(1）支付债务人承担的负债。(2）债务人不履约时负责偿付。备用信用证是美国创造的，在债务人出现违约时使用。

（四）信用证当事人之间的法律关系

信用证的当事人一般有进口商（开证申请人）、出口商（受益人）和开证银行。实际上，在许多信用证中还涉及其他当事人，除了上面所列的当事人以外，还包括付款银行、通知银行、议付银行和保兑银行等。

1. 买方与开证银行的法律关系。买方一般是开证申请人。开证申请人向商业银行申请开立信用证，这是一种要约。银行接到申请书以后，对申请书的有关内容进行审查，同意后即开出信用证，合同即告成立，对买方和开证行都有法律约束力。开证行开出信用证以后，即承担根据受益人提交的正确单据付款的义务，不能以买方无力付款、未交押金或手续费、有欺诈行为、骗取开证行等为理由拒绝付款。

2. 开证银行与卖方的法律关系。开证银行与卖方之间虽然不像买方与开证银行之间存在正式的书面合同，但开证银行一旦把所开立的信用证通知卖方，在信用证中作了交单付款的承诺，实际上就是一种要约。如果卖方拒收，则卖方与开证银行之间不存在合同关系，卖方只对买方负在货物买卖合同中规定的相应责任。如果卖方向开证银行交单取款，就是以默示形式作出的承诺，这时，卖方与开证银行之间就存在了合同关系，开证银行有凭单付款的义务，卖方有交单取款的权利。

3. 通知银行与开证银行的法律关系。通知银行应开证银行的委托将信用证转交给信用证受益人的银行，通知银行与开证银行之间实质上就是一种代理关系。通知银行的权利义务依开证银行对其授权委托的内容而定。一般情况下，通知银行有义务在接到开证银行的有关指示后，迅速、正确地将信用证的内容通知给受益人，并证明信用证的真实性，但通知银行不受信用证的约束，对受益人不负信用证的责任。通知银行在履行通知义务后，有权向开证银行收取手续费。

4. 议付银行与开证银行的法律关系。议付银行是根据信用证开立银行的付款保证和邀请，并根据受益人的要求，按照信用证的规定对单据进行审核，经核实认为符合向受益人垫款，并向信用证规定的付款银行索回所垫付款项的银行。议付银行与开证银行之间是一种独立的法律关系，它可以拒绝开证银行的邀请，不做议付。如果进行了议付，则是根据信用证上开证银行所作的承诺。开证银行接到议付银行寄来的单据后，根据单据是否与信用证条款一致来付款，如果单证不符，可以拒绝付款，议付银行据此向卖方追索票款。

5. 保兑银行与开证银行的法律关系。保兑银行是接受开证银行的委托要求，对开证银行开出的信用证付款责任以本银行的名义实行保付的银行。保兑银行在信用证上加具保兑后，即对信用证独立负责，承担必须付款的责任，付款后保兑银行只能向开证银行追偿，无权向受益人索偿。保兑银行与开证银行对受益人负连带责任。

二、银行保函

（一）银行保函的概念

银行保函又称担保函或保证函，是指商业银行根据申请人的请求，为其向受益人担保某项义务而开立的书面担保凭证。

（二）银行对申请人的审查

作为担保人，商业银行在出具保函前，必须对申请人进行严格的审查，一般审查内容如下：（1）申请书内容是否清楚、准确、完整、有无遗漏。（2）申请书是否有法定代表人签字和单位的盖章。（3）申请担保的项目是否符合国家的有关规定和进口许可证制度。（4）合同的内容是否符合我国的政策和平等互利的原则。（5）申请人的资信情况是否良好。（6）申请人的外汇及担保是否落实。（7）反担保人的资信情况和偿还能力如何。（8）借款项目是否获得有关部门的批准。（9）项目的经济效益如何，借款人是否有偿还能力。（10）项目的国内各项配套条件是否落实。

（三）保函的种类

商业银行保函的种类很多，一般来说，根据其作用可分为信用保函和融资保函两大类。

1. 信用保函。信用保函是商业银行利用自己良好的银行信用代替商业信用，通过为申请人出具保函，促使商业活动得以顺利进行。信用保函包括以下几种：

（1）借款保函。借款保函是商业银行应借款人的要求向贷款人出具的书面保证文件，保证借款人按合同规定及时偿还所借本息和相应的费用。如借款人无力偿还借款本息，则商业银行将无条件履行付款责任。

（2）投标保函。投标保函是向招标机构提供的、保证递交标书的投标者是资信好、能够按投标价格交货的公司。如果中标的投标人对标价反悔，不肯签约或履约，担保银行就要在招标人要求下向其支付担保金额。如果投标人与中标人签了合同，投标保函即告失效。如果投标人未中标，招标机构应将保函退还担保银行注销。

（3）预付款保函。预付款保函有两种：一种是进出口贸易中的定金保函。在买卖双方签订合同之后交货之前，一般先要求进口方支付部分或全部货款，而进口商在支付该笔款项时，则要求出口商提供一份由银行出具的保函。一旦出口商不能履行合同，担保银行要偿还进口商预付的款项及利息。另一种是承包工程中的预付款保函。中标的项目签订合同后，发包人要向承包人支付工程预付款用于购买有关的物资。为了保证预付款及时用于实施项目，承包商必须向发包人提供由银行出具的预付款保函。如果承包人不履约或不按合同规定使用预付款，发包人便可凭此预付款保函向担保银行索赔，预付款保函在承包人收到预付款后才生效。

（4）履约保函和质量保函。履约保函是以进口商为受益人，保证在出口商不履行义务而对进口商造成损失时，补偿进口商的损失。履约保函的金额视进口商可能遭受的损失而定，履约保函的目的是为了保证准时交货，并保证货物符合买卖合同的规定。质量保函是商业银行对货物的技术标准进行担保，一般在交货后仍持续一段时间。

2. 融资保函。融资保函是指银行利用自己的信用为申请人取得一种资金融通的便利，避免其垫付资金的担保形式。主要有以下几种：

（1）延期付款保函。延期付款保函是在外汇紧缺的国家采用分期付款方式进口大型设备时，商业银行保证在陆续收到国外装船单据达到合同金额一定比例时，半年或一年后开始分若干次付款，连同相应利息一起支付的担保形式。

（2）海关保函。海关保函是指在国际承包工程中，承包方的商业银行向工程所在地国家的海关作出的，保证承包方在工程完毕后将施工器械撤回而使其免交押金的担保。如果承包方在工程完毕后不将施工器械运回，则工程所在地国家海关将按进口对待，补收关税，这笔关税将由担保银行负担。

（3）保释金保函。保释金保函是指为了保释因撞损海港码头设施或其他船只或因走私等触犯他国法律而被扣留的本国船、人，由船方向银行申请开给当地法院的保函。保证船方或运输公司按照法庭的判决赔偿货主的损失。法院接到上述保函后，即可视此为保释金，将被扣船只放行。

（4）补偿贸易保函。在补偿贸易中，设备进口方的商业银行向设备提供方作出的，保证如果进口方不能按期保质保量地提供产品，将由其赔偿全部应付款项的担保。

（四）保函的内容

由于保函涉及委托人、担保银行以及受益人之间的权利义务关系，当事人可对保函的内容进行约定，但必须明确、具体，应包括以下内容：（1）担保的种类。（2）委托人和受益人。委托人是申请开立保函的人，在进出口业务的各种担保中，出口商被银行视为委托人。受益人是收到保证函并凭此索偿的人，一般是外国进口商。（3）担保的范围，即要明确是全部担保还是部分担保，担保的具体事项是什么。（4）担保银行的责任，包括担保银行承担保证责任的条件、程序，赔偿后如何向委托人追偿等事项。（5）担保金额，即在担保范围内银行应付给受益人的金额。（6）担保期限，即保函的有效期。如果在担保的期限内受益人没有提出请求，担保银行的保证责任即告结束。

【本章小结】

金融担保是金融机构经营活动中的重要业务之一，它是以债务人或第三人一定的信用、财产为基础，保障债权实现的手段和方法，在现代金融业中发挥着重要的作用。本章介绍金融担保的概念、功能及种类，并对信用证和银行保函这两种金融担保方式进行重点阐述。

【复习思考题】

一、简答题

1. 简述一般保证的特点。
2. 简述强制抵押登记的效力。
3. 简述权利质押合同的生效。
4. 我国《担保法》对保证人的资格有哪些限制?
5. 简述银行保函的内容。
6. 简述抵押权的实现方式。

二、论述题

1. 试述在质押法律关系中质权人的权利。
2. 试述在信用证法律关系中，信用证的开证银行与买卖双方的法律关系。

三、案例分析

1. 1997 年 12 月，A 公司与某银行签订了 70 万元的借款合同，并与某银行签订了房地产抵押合同。抵押合同规定，借款期满 A 公司不能偿还债务时，将作为抵押物的 A 公司的一处房地产转归某银行所有。1998 年 12 月 18 日，贷款期满，A 公司未能清偿贷款，某银行遂提出将抵押物房地产的所有权和使用权转归自己。A 公司认为，当时房地产价格上涨，已超过贷款价值很多，不同意银行的要求。银行认为，双方基于平等自愿、协商一致达成的抵押协议，合法合同关系受法律保护，遂向法院起诉，要求取得抵押房产的所有权和地产的使用权。

问题:

(1) 该抵押合同是什么性质的抵押合同?

(2) 某银行是否有权按约定取得抵押房产的所有权和地产的使用权?

(3) 该抵押合同应如何处理?

2. 甲是乙企业的下属分公司，为丙公司向金融机构的贷款 5 000 万元提供保证。现丙公司在此贷款到期日未还，金融机构遂将甲及丙公司诉至法院。

问题：甲所出具的保证担保是否有效？为什么?

第七章 票据法律制度

PIAOJU FALU ZHIDU

第一节 票据法概述

一、票据概述

（一）票据的概念

票据一词有广义和狭义之分。广义的票据是指商业活动中的一切凭证，如提单、仓单、发票、汇票、本票、支票等。狭义的票据是指发票人依法签发的，约定自己或委托他人向持票人无条件支付一定金额的有价证券，包括汇票、本票和支票三种。我们一般所称的票据往往是指狭义的票据。

（二）票据的特征

1. 票据是有价证券。有价证券是代表一定财产权的证券，票据不但能证明价值，而且其本身具有价值，代表给付一定金额的货币。

2. 票据是设权证券。票据权利是以票据的作为和交付而创设的，没有票据就没有票据权利。

3. 票据是无因证券。票据权利、义务的产生以具备法定条件为前提，与设立票据的原因无关。

4. 票据是要式证券。票据必须依照法定方式制作，才能产生票据上的效力。

5. 票据是文义证券。票据权利、义务的内容决定于票据上记载的文字的意义。

6. 票据是提示证券。持票人行使票据权利必须向债务人出示票据。

7. 票据是金钱证券。票据给付的标的是金钱，而不是金钱以外的其他财产或权利。

8. 票据是返还证券。持票人在受领票据金额后，必须将票据交回债务人。

（三）票据的功能

1. 支付功能。票据代替现金起支付手段作用，可以节省通货，减少国家的货币发行量。作为结算工具，具有方便、安全和迅速的特点，可以克服结算在空间上的障碍。

2. 信用功能。票据是建立在信用基础上的书面支付凭证，由于《票据法》规定了对票据债务人抗辩的种种限制和对票据债权人的严密保护，票据成为一种可靠的信用工具，在商品交易中被广泛运用。

3. 流通功能。票据可以通过背书转让，其周转流通使用起到融通资金、抵消债务的作用。票据的流通性几乎与货币无异，因此，其可以代替货币流通，减少货币使用量。

二、票据法概述

（一）票据法的概念

票据法是调整因票据活动而产生的各种法律关系的法律规范的总称。新中国成立后，旧中国的票据法与其他旧法一起被全部废除。至1979年以前，我国票据的使用受到严格的限制：本票被完全取消；汇票仅限于国际贸易中使用；支票不许个人使用，单位以使用转账支票为主。1979年以后，随着商品经济的发展，特别是1984年10月20日党的十二届三中全会通过《中共中央关于经济体制改革的决定》以后，票据的作用逐渐受到重视，一些省市扩大了票据的使用范围，试办票据承兑、贴现、交换和结算业务。1988年9月，国务院发布《现金管理暂行条例》，允许银行发行本票和汇票。1988年12月，中国人民银行发布《银行结算办法》，规定全面推行银行汇票、商业汇票、银行本票、支票，并规定个体工商户和个人可以使用支票。1993年5月，中国人民银行又发布了《商业汇票办法》，从而使我国的票据立法渐入正轨。1995年5月10日，第八届全国人民代表大会常务委员会第十三次会议通过了《票据法》，自1996年1月1日起施行，并经2004年修订。该法是我国第一部票据大法，也是我国票据法律规范的主要渊源。为了保障票据法的贯彻实施，根据《票据法》的规定，中国人民银行1997年9月颁布了《支付结算办法》，自1997年12月1日起施行，并对《银行结算办法》进行了全面修改、完善。最高人民法院2000年2月通过了《关于审理票据纠纷案件若干问题的规定》，自同年11月21日起施行。《票据法》及其配套法规的颁布实施，有力地推动票据业务的广泛开展，有效地保障票据市场健康有序地发展。

（二）票据法的特点

由于票据法调整对象的特殊性，票据法具有以下特点：

1. 票据法具有较强的强制性。一般认为民商法属于私法的范畴，民商领域的许多法律均具有任意性和授权性。然而票据法的条文几乎都是强制性的，任意性和授权性的规定很少，且受到很大的限制。其强制性体现在：一是票据的种类，二是票据的文义。此二者均不可由当事人自由改变，而要严格遵守法律的规定，否则将导致票据无效的后果。

2. 票据法具有较强的技术性。票据法中的许多规定是技术性的，这是由票据的专业性较强这一特点决定的。票据制度与金融业务息息相关，不为一般人所熟知。为了确保当事人了解票据上记载的事项以及票据操作流程，保证票据制度的安全与有效，票据法对基本制度进行了详尽的规定，从而具有较强的技术性。

3. 票据法具有较高的国际统一性。作为一种在国际贸易中普遍使用的支付和结算工具，票据的流通和使用具有很高的国际性。为了使票据的使用和流通有一个共同的规则，客观上要求各国的票据法尽可能统一。因此，票据法虽然是国内法，但它又必须适应国际间交往的需要。

三、票据法律关系

（一）票据法律关系的概念和构成

票据法律关系简称票据关系，是指票据当事人在票据的签发和流通转让过程中，依据相应的票据法律规范所形成的票据上的权利义务关系。

1. 票据法律关系的主体，是指票据法律关系的参与者。票据法律关系的当事人必须通过实施票据行为，才能取得主体资格。票据法律关系的主体是特定的，一般包括出票人、收款人、付款人、持票人、承兑人、背书人、保证人、参加人（包括参加承兑人和参加付款人）。这些主体既可以是自然人、法人，也可以是非法人组织，还可能是国家。

2. 票据法律关系的客体，是指参加票据法律关系的当事人的权利义务所共同指向的对象。由于票据是一种金钱证券，票据法律关系的客体就表现为一定数额的货币。

3. 票据法律关系的内容，是指票据当事人因票据行为依法享有的票据权利和承担的票据义务，即票据权利和票据责任。

（二）非票据关系和票据基础关系

1. 非票据关系。非票据关系有广义和狭义之分。广义的非票据关系是指与票据和票据行为有密切关系，但不是基于票据行为而产生的债权债务关系，包括票据法上的非票据关系和票据基础关系。狭义的非票据关系仅指票据法上的非票据关系，亦即由票据法规定，与票据行为有联系但不是由票据行为本身所产生的法律关系。票据法上规定的非票据关系包括：（1）票据上的正当权利人对于因恶意或重大过失而取得票据的持票人行使票据返还请求权而发生的关系。（2）因时效或手续欠缺而丧失票据上权利的持票人对于出票人或承兑人行使利益偿还请求权而发生的关系。（3）票据付款人付款后向持票人行使交出票据请求权而发生的关系。（4）汇票收款人及收款人以外的持票人向出票人行使发给复本请求权而发生的关系。（5）汇票复本持票人向复本接受人行使交还复本请求权而发生的关系。（6）汇票誊本持票人向原本持有人行使交还原本请求权而发生的关系等。

2. 票据基础关系。或称民法上的非票据关系，是指民法上与票据有关但非基于票据行为产生的法律关系。这类关系不是票据法律关系的一种，而是作为产生票据法律关系的事实和前提条件存在于票据法律关系之外的一种关系。因其为产生票据法律关系的前提和基础，故称为票据基础关系。票据基础关系主要有以下三种：（1）票据原因关系，或称票据原因，是指当事人之间授受票据的原因。如因买卖、借贷、赠与等原因而签发或背书转让票据等。这种原因关系有的有对价，有的无对价，但在现实的票据签发、转让中，其原因关系一般以有对价为主。（2）票据资金关系，或称票据资金，是指存在于汇票（或支票）的出票人与付款人之间的基础关系。如存款、承诺、欠债等。出票人通常是票据的资金义务人。(3) 票据预约，是指当事人之间以授受票据为标的的约定。票据当事人之间先有原因关系的存在，然后签发票据，但在做成票据之前，一般还要就票据的种类、金额、到期日、付款地等事项进行约定。这种约定就是一种票据预约。

四、票据权利和票据责任

(一) 票据权利

1. 票据权利的概念。票据权利是指持票人向票据债务人请求支付票据金额的权利，包括付款请求权和追索权。

付款请求权是持票人向付款人或承兑人请求按照票据上记载的金额付款的权利，又称第一请求权。

追索权是持票人在不获承兑或不获付款时，向其前手，包括出票人、背书人或保证人请求偿还票据金额、利息或其他法定费用的权利。追索权一般是在持票人行使付款请求权不获实现后才行使的权利，所以又称第二请求权。

2. 票据权利的取得。票据权利是以持有票据为依据的，合法、有效地取得了票据即取得了票据权利。票据当事人取得票据的途径主要有：从出票人处取得；从持票人处受让取得，受让人可通过票据背书转让等方式取得票据，从而取得票据权利；依照其他法定方式取得，如税收、继承、赠与、企业合并等方式取得票据。持票人取得票据权利，还必须符合以下规定：(1) 票据的取得应当遵循诚实信用的原则，具有真实的交易关系和债权债务关系。(2) 票据的取得必须给付对价，即应当给付票据当事人认可的相对应的代价。因税收、继承、赠与可以无偿取得票据的，不受给付对价的限制，但是，所享有的票据权利不得优于其前手。(3) 取得票据的手段必须合法。以欺诈、偷盗或者胁迫等手段取得票据的，或者明知有前列情形，出于恶意取得票据的，不得享有票据权利，持票人因重大过失取得不符合票据法规定的票据的，也不得享有票据权利。

3. 票据权利的行使。持票人行使票据权利，应当按照法定程序在票据上签章，并出示票据。持票人对票据债务人行使票据权利，或者保全票据权利应当在票据当事人的营业场所和营业时间内进行，票据当事人无营业场所的，应当在其住所进行。

4. 票据权利的消灭。票据权利的消灭是指因发生一定的法律事实而使票据权利不复存在。票据权利可因履行、免除、抵消、时效届满等事由而消灭。我国《票据法》着重规定了票据权利因在一定期限内不行使而消灭的四种情况：(1) 持票人对票据的出票人和承兑人的权利，自票据到期日起二年。见票即付的汇票、本票，自出票日起二年。(2) 持票人对支票出票人的权利，自出票日起六个月。(3) 持票人对前手的追索权，自被拒绝承兑或者被拒绝付款之日起六个月。(4) 持票人对前手的再追索权，自清偿日或者被提起诉讼之日起三个月。

5. 票据的丧失及其补救。票据的丧失是指持票人非自愿地失去对票据的占有，包括绝对丧失和相对丧失。前者如烧毁，后者如遗失或被盗。持票人丧失票据后，就无法行使票据权利；在相对丧失的情况下，其他人则有可能行使票据权利。为此，票据法规定了票据丧失的三种补救措施：

（1）挂失止付。失票人将票据丧失的事实通知付款人，请求停止付款。挂失止付只是一种临时补救方法，是持票人丧失票据后，人民法院作出裁决之前，为保护票据权利，防止票款被冒领所能采取的措施。但未记载付款人或者无法确定付款人及其代理付款人的票据不适用挂失止付。

（2）公示催告。公示催告程序是指人民法院根据当事人的申请，以公示的方式催告不明的利害关系人，在法定期间申报权利，逾期无人申报，作出宣告票据无效的判决程序。公告催示期限届满，如无人申请权利及提示票据，法院即为除权判决宣告票据无效，申请人可以凭除权判决行使票据权利，而不必提示票据。

（3）提起诉讼。失票人应当在挂失止付后三日内或丧失票据后直接向人民法院提起民事诉讼，要求法院判定付款人向其支付票据金额。失票人在向法院起诉时，应提供有关书面证明，以证明其对票据的所有权。

（二）票据责任

票据责任是指票据债务人向持票人支付票据金额的义务。通常可将票据债务人分为第一票据债务人和第二票据债务人。第一债务人是指持票人向其行使付款请求权，以请求其付款的相对人，又称主债务人；第二债务人是指持票人得不到付款或承兑时，可向其行使追索权，以请求其偿还的人，故又称从债务人、偿还义务人。在通常情况下，持票人只有在向第一债务人行使付款请求权遭到拒绝后，才可向第二债务人请求偿还。

第二节　票据行为

一、票据行为的概念和特征

票据行为是引起票据权利义务关系发生的法律行为，包括出票、背书、承兑、保证四种。这些票据行为的记载事项、记载方式以及所引起的法律后果虽然各有不同，但基本特征是完全一致的，都具有要式性、无因性、文义性和独立性的特征。

1. 要式性。票据行为都是严格的要式行为，必须按照票据法规定的格式和内容制作成，才能发生效力，法律对每一种票据行为都规定了必要的方式。

2. 无因性。票据行为只要符合法律规定的形式要件，就发生效力，不受原因关系或资金关系的影响。原因关系或资金关系的有无及效力如何，都不影响票据行为的效力。

3. 文义性。票据行为的解释应按照票据上的文义进行，不能以票据上没有记载的内容来决定票据债务的内容。票据行为的文义性是要式性的具体表现，直接决定票据权利和票据义务的范围和最高限度。

4. 独立性。票据上有多个票据行为时，各个行为各自独立发生效力，其中一个行为无效并不影响其他行为的效力。

二、票据行为的种类

票据行为可以分为主票据行为和从票据行为两大类。主票据行为亦称基本票据行为，是指能够引起票据法律关系发生的行为。主票据行为仅指出票行为，它是指出票人签发票据并将其交付给收款人的票据行为。出票行为包括签发票据和交付票据两个行为。出票是创设票据权利的行为，是从票据行为有效成立的前提。从票据行为是指能够引起票据法律关系变更或消灭的行为，包括背书、承兑、保证等。这些行为要以票据已经出票为前提，要附属于主票据行为而存在，故又称附属票据行为。

三、票据行为的形式

票据必须统一使用中国人民银行规定的格式。票据凭证不能满足记载事项的需要，可以加附粘单，粘附于票据凭证上。粘单上的第一记载人应当在汇票和粘单的粘接处签章。票据上的签章为签名、盖章或者签名加盖章。法人和其他使用票据的单位在票据上的签章，为该法人或者该单位的盖章加其法定代表人或者其授权的代理人的签章。票据上的签名应当为该当事人的本名。

票据上的记载事项必须符合票据法的规定，票据金额以中文大写和数码同时记载，二者必须一致；二者不一致的，票据无效。票据金额、日期、收款人名称不得更改，更改的票据无效。对票据上的其他记载事项，原记载人可以更改，更改时应当由原记载人签章证明。票据在依法记载完成后，必须由出票人将票据交付给持票人，票据行为才完成。

四、票据行为的代理

票据行为是一种特殊的民事法律行为，票据行为代理人与民法中的代理有许多相同之处。但由于票据行为的特殊性，其代理行为具有以下特点：

1. 实行严格的显名主义。票据当事人可以委托其代理人在票据上签章，并应当在票据上表明其代理关系。

2. 无权代理和越权代理的行为不予追认。没有代理权而以代理人名义在票据上签章的，应当由签章人承担票据责任；代理人超越代理权限的，应当就其超越权限的部分承担票据责任。

五、票据的伪造和变造

（一）票据的伪造

票据的伪造是指假冒他人名义而为的票据行为，包括假冒出票人名义签发票据或假冒他人名义为其他票据行为，如假冒他人名义进行背书、承兑等行为。票据伪造会产生下列法律后果：

1. 伪造人不是以自己的名义进行票据行为，所以不承担票据上的责任，但因侵权而应承担民事责任和刑事责任。

2. 被伪造人没有在票据上亲自签章，不承担票据责任。

3. 票据上既有伪造的签名，又有真实的签名时，真实的签名依然有效，真实签名人仍应各负票据上的责任。这是由票据行为的独立性决定的。

（二）票据的变造

票据的变造是指没有变更权限的人，在有效票据上变更除签章以外的记载事项的行为，如变更票据金额、到期日等。票据变造会产生下列法律后果：

1. 变造前签章的人对原记载事项负责；变造后签章的人对变造之后的记载事项负责；不能辨别是在票据被变造之前或者之后签章的，视同在变造之前签章。

2. 变造人如未在票据上签章，不负票据法上的责任，但因侵权应承担民事责任、刑事责任。

六、票据的抗辩

票据的抗辩是指票据债务人根据票据法规定对票据债权人拒绝履行义务的行为。票据债务人可以对不履行约定义务的与自己有直接债权债务关系的持票人进行抗辩。为了保护持票人的权利，防止债务人滥用抗辩权，抗辩权的行使受到如下限制：

1. 票据债务人不得以自己与出票人之间的抗辩事由对抗持票人。

2. 票据债务人不得以自己与持票人的前手之间的抗辩事由对抗持票人，但持票人明知存在抗辩事由而取得票据的除外。

第三节　汇票、本票和支票

一、汇票

（一）汇票的概念和特点

汇票是出票人签发的，委托付款人在见票时或者在指定日期无条件支付确定的金额给收款人或者持票人的票据。与本票、支票相比，汇票具有以下特点：

1. 在当事人方面，汇票在出票时有出票人、付款人和收款人三个基本当事人，而本票的基本当事人只有出票人和收款人；支票的基本当事人虽然也有三个，但其付款人仅限于办理支票存款业务的银行或其他金融机构，而汇票的付款人则没有这一限制。

2. 在支付方式上，汇票是委付证券，而本票是一种自付证券。

3. 在承兑方面，承兑是汇票独有的法律行为。

4. 在付款日方面，汇票除有见票即付的情况外，还有定日付款、出票后定期付款和见票后定期付款等情况，而本票和支票一般为见票即付。

（二）汇票的分类

汇票依不同的标准可作不同的分类。

1. 依出票人的不同，可分为银行汇票和商业汇票。

银行汇票指汇款人将款项交存当地银行，由银行签发给汇款人持往异地办理转账结算或支取现金的票据。商业汇票指收款人或付款人签发，由承兑人承兑，并于到期日向收款人或被背书人支付款项的票据。

2. 依指定的付款期间的不同，可分为即期汇票和远期汇票。

即期汇票就是见票即付的汇票。远期汇票是指约定付款日期，持票人只能到约定日期才能提示付款的汇票，它分为定日付款、出票后定期付款和见票后定期付款三种。

3. 按有无记载收款人为标准，可分为记名汇票、指示汇票和无记名汇票。

记名汇票亦称抬头汇票，指出票人载明收款人姓名或名称的汇票。指示汇票是指出票人不仅注明收款人的姓名或名称，而且附加“或其指定人”字样的汇票。无记名汇票是指对收款人的姓名或名称不作任何记载，或只记载“来人”或“持票人”字样的汇票。

4. 按是否需要附有单据为标准，可分为光单汇票和跟单汇票。光单汇票是指不需要附具任何单据的汇票。此种汇票对当事人的信用要求较高，银行汇票一般多为光单汇票。跟单汇票是指必须附具与商务有关的单据，如提单、保险单等才能获得承兑的汇票。国际贸易中使用最多的是跟单信用证汇票。

（三）汇票的出票

1. 出票的概念

出票是指出票人签发票据并将其交付给收款人的票据行为，是创造票据的原始票据行为，包括开票、交付两个行为。开票是指出票人在原始票据上记载票据法规定的事项并签章。交付是指出票人将已作成的汇票交给他人。汇票的出票只有同时具备了这两个行为过程，才具有法律效力，票据权利才能为收款人享有。没有交付则出票人的出票行为没有完成，不发生出票行为的法律效力，出票人不承担票据责任；没有经交付而占有汇票的人是非法持有票据，也不享有票据权利。

2. 汇票的记载事项

（1）绝对应记载事项。汇票必须记载下列事项：表明“汇票”的字样，无条件支付的委托，确定的金额，付款人名称，收款人名称，出票日期，出票人签章。汇票未记载上述事项之一的，汇票无效。

（2）相对应记载事项。付款日期、付款地、出票地等事项属相对应记载事项，若未记载，汇票仍有效。汇票上未记载付款日期的，为见票即付；汇票上未记载付款地的，付款人的营业场所、住所或者经常居住地为付款地；汇票上未记载出票地的，出票人的营业场所、住所或者经常居住地为出票地。

3. 出票的效力

（1）对出票人效力。出票人签发汇票后，即承担保证该汇票承兑和付款的责任。出票人在汇票得不到承兑或者付款时，应当向持票人清偿票据法规定的金额和费用。

（2）对收款人的效力。使收款人享有票据上的权利，即付款请求权和追索权。

（3）对付款人的效力。出票行为并不必然对付款人发生约束力，出票行为仅只使付款人取得承兑地位，并未使付款成为其义务。只有当付款人承兑汇票后，付款人才负有付款的义务，成为汇票的主债务人。

（四）汇票的背书

1. 背书的概念

背书是指在票据背面或者粘单上记载有关事项并签章的票据行为。作背书转让的持票人为背书人，受让票据权利的人为被背书人。被背书人接受票据后可以再作背书，将票据再次转让给他人。背书的次数越多，票据的信用就越牢固。

2. 背书的记载事项

背书绝对应记载事项为被背书人名称、背书人签章。背书日期是相对应记载事项，背书未记载日期的，视为在汇票到期日前背书。背书的任意记载事项有“不得转让”、“委托收款”等，这些事项一旦记载，即产生汇票的效力。背书必须是单纯背书，禁止附条件背书和部分背书。背书时附有条件的，所附条件不具有汇票上的效力；将汇票金额的一部分转让的背书或者将汇票金额分别转让给二人以上的背书无效。

3. 背书的效力

（1）权利转移的效力。背书生效后，被背书人从背书人手中取得并享有票据权利。

（2）权利证明的效力。持票人以背书的连续证明其汇票权利。背书连续是指在票据转让中，转让汇票的背书人与受让汇票的被背书人在汇票上的签章依次前后衔接。

（3）权利担保效力。背书生效后，背书人即成为票据上的债务人，必须承担担保承兑和付款的责任。

（五）汇票的承兑

1. 承兑的概念

承兑是指汇票付款人承诺在汇票到期日支付汇票金额的票据行为。承兑是汇票所特有的一种制度，本票和支票都无承兑这一附属票据行为。

承兑是付款人的单方法律行为，汇票的付款人一旦承兑就成为汇票的第一债务人，就要按汇票的文义承担付款责任，不需要他人合意就发生票据行为的效力。因此，除无须承兑的汇票外，汇票的真正付款人应称为承兑人，其负有到期按汇票金额足额付款的义务。

2. 承兑的程序

四种到期日的汇票中，除见票即付的汇票无须承兑外，其他三种到期日的汇票均需承兑。承兑的程序包括两个步骤：持票人的提示承兑和付款人的承兑或拒绝承兑。

（1）提示承兑。提示承兑是指持票人向付款人出示汇票，并要求付款人承诺付款的行为。定日付款或者出票后定期付款的汇票，持票人应当在汇票到期日前向付款人提示承兑。见票后定期付款的汇票，持票人应当自出票日起一个月内向付款人揭示承兑。汇票未按照规定期限提示承兑的，持票人丧失对其前手的追索权。见票即付的汇票无须提示承兑。

（2）承兑或拒绝承兑。付款人应当自收到提示承兑的汇票之日起三日内承兑或者拒绝承兑。付款人承兑汇票的，应当在汇票正面记载“承兑”字样和承兑日期并签章；见票后定期付款的汇票，应当在承兑时记载付款日期。付款人承兑汇票，不得附有条件；承兑附有条件的，视为拒绝承兑。付款人收到持票人提示承兑的汇票时，应当向持票人签发收到汇票的回单，回单上应当记明汇票提示承兑日期并签章。

3. 承兑的效力

（1）对付款人的效力。付款人在承兑后应当承担到期付款的责任。汇票付款人在承兑之前仅为汇票一般债务人而不是汇票第一债务人，但一经承兑便成为汇票第一债务人，在票据权利因时效消灭之前，负绝对的付款责任。

(2) 对持票人的效力。付款人一经承兑，持票人的期待权就成为现实权。除因时效届满之外，在任何情况下持票人都不会丧失付款请求权。

(3) 对出票人和背书人的效力。付款人承兑之后，出票人和汇票上的所有背书人都免受期前追索。拒绝承兑是持票人行使期前追索的法定原因之一。

(六) 汇票的保证

1. 票据保证的概念。票据保证是指票据债务人以外的人为担保票据债务的履行，以负担同一内容的票据债务为目的的一种附属票据行为。票据法上的保证制度在于促进证券的流通，是补充特定债务人信用不足的一种制度，比民法上的保证有更强的效力。

2. 票据保证的记载事项。保证人必须在汇票或者粘单上记载下列事项：表明“保证”的字样，保证人名称和住所，被保证人的名称，保证日期，保证人签章。保证人在汇票或者粘单上未记载被保证人名称而已承兑的汇票，承兑人为被保证人；未承兑的汇票，出票人为被保证人。未记载保证日期的，出票日期为保证日期。保证不得附有条件，附有条件的，不影响对汇票的保证责任。

3. 票据保证的效力。保证人在汇票或者粘单上作出保证后，除被保证人的债务因汇票记载事项欠缺而无效的以外，应对合法取得汇票的持票人所享有的汇票权利承担保证责任。被保证的汇票由保证人和被保证人对持票人承担连带责任。汇票到期后得不到付款的，持票人有权向保证人请求付款，保证人应当足额付款。保证人清偿汇票债务后，可以行使持票人对被保证人及其前手的追索权。

(七) 汇票的付款

1. 付款的概念。付款是指汇票的付款人向持票人支付汇票金额以消灭票据关系的行为。付款有广义和狭义之分。广义的付款包括一切票据关系的债务人按照票据记载事项向票据债权人支付票据金额的行为。狭义的付款仅指汇票的承兑人或者票据付款人向票据关系的债权人即持票人的付款。我国票据法规定的付款是狭义的付款。

2. 付款的程序。付款的程序有两个基本方面，一是由持票人在规定期限内向付款人作付款提示；二是付款人在持票人作付款提示后，对票据的形式要件作必要的审查，然后决定是否予以现实的支付。

(1) 提示付款。持票人向付款人请求付款时，应当按照法定期限提示付款：见票即付的汇票，自出票日起一个月内向付款人提示付款；定日付款、出票后定期付款或者见票后定期付款的汇票，自到期日起十日内向承兑人提示付款。持票人未按照规定期限提示付款的，在作出说明后，承兑人或者付款人仍应当继续对持票人承担付款责任。通过委托收款银行或者通过票据交换系统向付款人提示付款的，视同持票人提示付款。

(2) 付款。持票人依照规定提示付款的，付款人必须在当日足额付款。付款人付款时，应按照票据法的规定履行审查义务：一方面要审查汇票的款式是否符合票据法的规定，另一方面要审查汇票上各项背书是否连续。持票人获得付款的，应当履行在票据上签收并将票据交还付款人的义务。持票人委托银行收款的，受委托的银行将代收的汇票金额转入持票人账户，视同签收。

3. 付款的效力。付款人依法足额付款后，全体汇票债务人的责任解除，包括付款责任和担保责任都被解除。

（八）汇票的追索权

1. 追索权的概念

追索权是指持票人在票据不获承兑或不获付款时，向其前手，包括出票人、背书人、承兑人和保证人请求偿还票据金额、利息及有关费用的一种票据权利。追索权是对付款请求权的一种补充，其目的是为了维护票据制度，增强票据信用。

2. 追索权的要件

（1）行使追索权的实质要件。一是有被拒绝付款和承兑的事实。汇票到期被拒绝付款和承兑的，持票人可以对背书人、出票人以及汇票的其他债务人行使追索权。二是有法定原因。汇票到期日前，有下列情形之一的，持票人也可以行使追索权：汇票被拒绝承兑的，承兑人或者付款人死亡、逃匿的，承兑人或者付款人被依法宣告破产的或者因违法被责令终止业务活动的。

（2）行使追索权的形式要件。主要包括两个方面：一是汇票的承兑提示与付款提示。不在规定期间内提示，丧失追索权。二是取得拒绝证书，包括拒绝证明和其他有关证明。持票人因承兑人或者付款人死亡、逃匿或者其他原因，不能取得拒绝证明的，可以依法取得其他有关证明。承兑人或者付款人被人民法院依法宣告破产的，人民法院的有关司法文书具有拒绝证明的效力。承兑人或者付款人因违法被责令终止业务活动的，有关行政主管部门的处罚决定具有拒绝证明的效力。持票人不能出示拒绝证明、退票理由书或者未按照规定期限提供其他合法证明的，丧失对其前手的追索权。但是，承兑人或者付款人仍应当对持票人承担责任。

3. 追索权行使的程序

（1）发出追索通知。持票人应自收到拒绝证明之日起三日内将拒绝事由书面通知其前手，其前手应当自接到追索通知之日起三日内通知其再前手。

（2）确定追索对象。持票人可以按照票据法的规定选择其前手中的一人或者数人、全体行使追索权。

（3）受领追索金额。追索金额包括票据金额、利息、做成拒绝证明及发出追索通知的费用。

4. 再追索权的行使

再追索权是指背书人等票据债务人，因被追索对持票人履行清偿义务后，取得汇票权利人的地位而对其前手行使追索权。汇票上有多个债务人，被追索人清偿债务后，与持票人享有同一权利，可以向自己的前手进行再追索，直到最后债务人为止。

5. 追索权的丧失

（1）因时效届满而消灭。超过法定时效未行使追索权的，持票人丧失对其前手的追索权。持票人对前手的追索权自被拒绝承兑或被拒绝付款之日起六个月，持票人对前手的再追索权自清偿日或被提起诉讼之日起三个月。

（2）未在法定期限内保全票据权利。追索人未在法定期限内保全票据权利的，丧失对其前手的追索权，其追索权也因此而归于消灭。如不在规定期间内提示承兑和提示付款的；持票人不能出示拒绝证明、退票理由书或者未按照规定期限提供其他合法证明的。

6. 追索权的效力

（1）对追索人的效力。追索人因行使追索受清偿后，其票据上的权利归于消灭，同时，追索人应将票据及拒绝证书交与被追索人，并向其出具已受领的收据。追索人因怠于履行退票事由通知义务而致使被追索人受到损害的，应承担相应的赔偿责任。

（2）对被追索人的效力。被追索人取得票据成为持票人后，具有合法持票人的地位，享有完整的票据权利。

二、本票

（一）本票的概念和特点

本票是出票人签发的，承诺自己在见票时无条件支付确定的金额给收款人或者持票人的票据。本票具有票据的共同特征，也有区别于汇票、支票的特点。

1. 本票是自付证券，是出票人自己承诺支付款项的票据；而汇票和支票是委付证券，是由出票人委托他人支付款项的票据。

2. 本票出票时当事人只有出票人和收款人，出票人即为付款人，所以本票无须记载付款人的名称。

3. 本票无须承兑，因为出票人始终是主债务人。

（二）本票的分类

本票可依不同的标准进行分类。

1. 以出票人为标准，可分为银行本票和商业本票。银行签发的本票称为银行本票。银行以外的企事业单位、团体等组织签发的本票为商业本票。

2. 以本票上是否记载本票的权利人为标准，可分为记名本票和无记名本票。

3. 以本票上记载的到期日的方式为标准，可分为即期本票和远期本票。

我国票据法规定了银行本票、即期本票和记名本票，而没有规定商业本票和远期本票，不允许签发无记名本票。

（三）本票的出票

1. 本票出票人的资格

本票出票人的资格由中国人民银行审定，出票人必须具有支付本票金额的可靠资金来源，并保证支付。

2. 本票的记载事项

本票必须记载下列事项：表明“本票”的字样，无条件支付的承诺，确定的金额，收款人名称，出票日期，出票人签章。本票未记载前述事项之一的，本票无效。

本票上记载付款地、出票地等事项的，应当清楚、明确。本票上未记载付款地的，出票人的营业场所为付款地；本票上未记载出票地的，出票人的营业场所为出票地。

（四）本票的付款

本票自出票日起，付款期限最长不得超过二个月。我国的银行本票限于见票即付，本票的出票人在持票人提示见票时，必须承担付款的责任。持票人须在规定的付款期限内提示请求付款，否则丧失对出票人以外的前手的追索权。

三、支票

（一）支票的概念和特点

支票是出票人签发的，委托办理支票存款业务的银行或者其他金融机构在见票时无条件支付确定的金额给收款人或者持票人的票据。支票与本票、汇票相比，具有以下特点：

1. 支票的付款人仅限于办理支票存款业务的银行或其他金融机构。汇票的付款人不限于金融机构。

2. 支票不必经过承兑。

3. 支票是委付证券，是一种支付命令。本票是自付证券，是一种支付承诺。

4. 支票必须见票即付。

（二）支票的分类

支票按照不同的标准，可作多种分类。

1. 以票据的支付方式为标准，可分为现金支票、转账支票和一般支票。现金支票是指出票人签发的委托银行等金融机构支付给收款人确定数额现金的支票，它不能用于转账。转账支票是指出票人签发给收款人用于转账结算的支票，它只能用于转账，不能支取现金。一般支票既可以支取现金，也可以转账，但用于转账时必须在支票正面予以注明。

2. 按支票上出票日期是否与实际出票日期一致为标准，支票可分为即期支票与远期支票。即期支票是指出票人所签发的支票出票日期与实际出票日期一致的支票。远期支票是指出票人在签发支票时，不记载实际出票日期，而是将尚未到来的日期填为出票日期的支票。

3. 按有无记载收款人为标准，可分为记名式支票、指定式支票和无记名式支票。记名式支票是支票上记载收款人名称的支票。指定式支票是指出票人除记载收款人外，附加记载指定人的支票。无记名式支票是指出票人不记载收款人的姓名或名称，或在收款人栏中记载“来人”或“持票人”字样的支票，故又称来人支票。

4. 按支票票面金额是否受限制为标准，可分为不限额支票和限额支票。限额支票是指出票人签发的每张票面金额不超过规定最高限额的支票。此种支票如超过最高限额，即使出票人存款余额足够支付，付款人仍可不予付款。不限额支票是票面金额没有事先规定最高限额的支票。

（三）支票的出票

1. 支票出票人的资格

（1）开立支票存款账户。支票出票人首先要在银行或其他金融机构开立一个存款账户，作为自己与金融机构之间资金关系的连接点。开立支票存款账户，申请人必须使用其本名，提交证明其身份的合法证件，预留其本名的签名式样和印鉴。

（2）存入足够付款的资金。开立支票存款账户和领用支票，应当有可靠的资信，并存入一定的资金。支票的出票人所签发的支票金额不得超过其付款时在付款人处实有的存款金额。

出票人所签发的支票金额超过其付款时在付款人处实有的存款金额的，为空头支票。法律禁止签发空头支票。

2. 支票的记载事项

支票必须记载下列事项：表明“支票”的字样，无条件支付的委托，确定的金额，付款人名称，出票日期，出票人签章。支票上未记载前述规定事项之一的，支票无效。

支票上未记载收款人名称的，经出票人授权，可以补记。支票上未记载付款地的，付款人的营业场所为付款地。支票上未记载出票地的，出票人的营业场所、住所或者经常居住地为出票地。

（四）支票的付款

支票限于见票即付，不得另行记载付款日期。另行记载付款日期的，该记载无效。支票的持票人应当自出票日起 10 日内提示付款；异地使用的支票，其提示付款的期限由中国人民银行另行规定。超过提示付款期限的，付款人可以不予付款；付款人不予付款的，出票人仍应当对持票人承担票据责任。

出票人必须按照签发的支票金额承担保证向该持票人付款的责任。出票人在付款人处的存款足以支付支票金额时，付款人应当在当日足额付款。付款人依法支付支票金额的，对出票人不再承担受委托付款的责任，对持票人不再承担付款的责任。但是，付款人恶意或者有重大过失付款的除外。

第四节 涉外票据的法律适用

一、涉外票据的概念

简而言之，涉外票据是指具有涉外因素的票据。按照《票据法》的规定，所谓涉外票据，是指出票、背书、承兑、保证、付款等行为中，既有发生在中华人民共和国境内又有发生在中华人民共和国境外的票据。

由于涉外票据具有涉外因素，涉及国际间票据法律适用的问题，因此，它与一般票据的法律适用有所不同。《票据法》基于这种不同性质，对涉外票据的法律适用问题，包括适用原则、票据当事人的行为能力、票据记载事项、票据丧失等行为的法律适用作了专章规定，以解决票据法的国际冲突。

二、涉外票据的法律适用

1. 涉外票据法律适用的原则

我国涉外票据法律适用的原则为：我国缔结或者参加的国际条约同我国《票据法》有不同规定的，适用国际条约的规定。但是，我国声明保留的条款除外。我国《票据法》和我国缔结或者参加的国际条约没有规定的，可以适用国际惯例。

2. 票据债务人行为能力的法律适用

关于票据债务人行为能力的法律适用，各国票据法规定有三种情况，即本国法主义、行为地主义和折中主义。我国《票据法》采取折中主义，规定票据债务人的民事行为能力，适用其本国法律；但其民事行为能力，依照其本国法律为无民事行为能力或者为限制民事行为能力，而依照行为地法律为完全民事行为能力的，适用行为地所在国的法律。

3. 其他具体规定

（1）出票行为的法律适用。汇票、本票出票时的记载项目，适用出票地所在国的法律。支票出票时的记载事项，适用出票地所在国法律，但经当事人协议，也可以适用付款地法律。

（2）附属票据行为的法律适用。票据的背书、承兑、付款和保证行为，适用行为地法律。

（3）票据追索权的行使期限，适用出票地法律。

（4）票据的提示期限、有关拒绝证明方式、出具拒绝证明的期限，适用付款地法律。

（5）票据丧失时，失票人请求保全票据权利的程序，适用付款地法律。

第五节　法律责任

一、票据欺诈行为的法律责任

有下列票据欺诈行为之一的，依法追究刑事责任。情节轻微，不构成犯罪的，依照国家有关规定给予行政处罚：（1）伪造、变造票据的；（2）故意使用伪造、变造的票据的；（3）签发空头支票或者故意签发与其预留的本名签名式样或者印鉴不符的支票，骗取财物的；（4）签发无可靠资金来源的汇票、本票，骗取资金的；（5）汇票、本票的出票人在出票时作虚假记载，骗取财物的；（6）冒用他人的票据，或者故意使用过期或者作废的票据，骗取财物的；（7）付款人同出票人、持票人恶意串通，实施前六项所列行为之一的。

二、金融机构工作人员违法行为的法律责任

金融机构工作人员在票据业务中玩忽职守，对违反票据法规定的票据予以承兑、付款或者保证的，给予处分；造成重大损失，构成犯罪的，依法追究刑事责任。给当事人造成损失的，由该金融机构和直接责任人员依法承担赔偿责任。

三、票据付款人违法行为的法律责任

票据的付款人对见票即付或者到期的票据，故意压票，拖延支付的，由金融行政管理部门处以罚款，对直接责任人员给予处分；给持票人造成损失的，依法承担赔偿责任。

四、其他违法行为的法律责任

依照票据法规定承担赔偿责任以外的其他违反规定的行为，给他人造成损失的，应当依法承担民事责任。

【本章小结】

票据法是调整票据活动产生的票据关系和非票据关系的法律规范的总称。支付结算包括票据结算方式和非票据结算方式。作为规范票据活动的票据法，具有强制性、技术性和国际性的重要特征。本章根据我国《票据法》的规定，阐述票据的基本理论，主要包括票据行为、票据权利和票据责任，并详细介绍汇票、本票和支票的规则。

【复习思考题】

一、简答题

1. 简述票据的概念及特征。
2. 什么是票据基础关系？
3. 简述票据行为的概念和特征。
4. 什么是票据权利？
5. 简述汇票的概念及特点。
6. 简述支票的概念及分类。

二、论述题

1. 试述汇票上各种票据行为的效力。
2. 试述汇票、本票、支票的区别。

三、案例分析

2008 年 6 月，某印染厂工作人员李某出差温州时，被王某盗走汇往苍南的银行承兑汇票一张，金额为 30 万元。王某盗取后，将 30 万元改为 80 万元，通过背书转让给不知情的乐清市某公司张某，张某持该票到银行承兑时，被银行工作人员发觉后拒付。

问题：（1）什么是票据？票据具有哪些特征？

（2）如何行使票据权利并对票据进行保护？

（3）本案应如何处理，请陈述理由。

第八章 证券法律制度

ZHENGQUAN FALU ZHIDU

第一节 证券法概述

一、证券和证券市场

（一）证券的概念与特征

1. 概念。证券有广义和狭义之分。从广义上看，证券是表示一定财产权凭证的统称。从狭义上看，仅指在证券交易所交易的证券，表明持有者对证券上代表的经济利益的权利。

证券作为一种信用凭证和资本工具是商品经济发展的产物，随股份公司的确立而产生。证券的产生源于社会化大生产对资本聚集的要求。各国法律对证券的规定有较大的差异，例如美国《1933 年证券法》关于“证券”的定义除了股票和债券外，还包括有限合伙的股份，公司成立之前关于证券的证明或签署的文件、投票委托证明、证券存放证明、担保证明、股份证明或参加任何利益分享协议的证明，甚至还包括各种证券衍生工具和能获得证券的权利，并将“投资合同”也包括在证券定义之中。

我国《证券法》第二条规定，该法所称证券包括股票、公司债券和国务院依法认定的证券。此处，证券指的是广义上的证券。

2. 特征

（1）证券是权利凭证。证券是代表一定财产权的法律凭证。作为财产权利凭证的证券，它是反映具有一定物质内容的财产关系的法律表现形式，直接涉及证券持有人的物质利益，是对特定财产的确认。当事人行使权利必须持有证券。

（2）证券是要式凭证。证券是一种要式凭证。证券作为一种特殊的财产凭证，其书面形式具有法定的格式要求，是一种规范化的书面凭证，主要指证券形式的统一性，包括券样、券面记载内容、证券的印制机构、印制程序等。

(3) 证券是占有凭证。证券与证券权利之间具有密切的法律联系，证券持有人行使证券权利必须占有证券，否则，将影响到其证券权利的行使，甚至使其丧失证券权利。

(4) 证券是流通凭证。证券权利是通过证券的转让来实现的。如果证券失去了流通性，不但证券权利不能实现，而且不利于整个国民经济的正常流转。证券流通性的目的就是实现证券的最大价值，促进财富积累。

(二) 证券的种类

依据不同标准，证券有多种分类。如依据证券权利的性质不同，证券可分为物权证券、债券证券和股权证券；依据证券的效力不同，证券可分为设权证券、证权证券；依据证券的作用不同，证券可分为货币证券与资本证券；依据证券持有人的记载要求不同，证券可分为记名证券、不记名证券、指示证券；依据证券是否上市，证券可分为上市证券与非上市证券等。最常见的证券是股票与公司债券。

1. 股票。股票是股份有限公司公开发行的、用以证明投资者的股东权益的凭证。股票是股份的表现形式，股东以其所持股份享有权利和承担义务。

股票按照不同的标准，可以进行不同的分类。(1) 以票面上是否记载股东名称，可以分为记名股票与无记名股票。(2) 以股东是否享有表决权，可以分为有表决权的股票与无表决权的股票。(3) 以股东承担风险程度和享有权利的不同，可分为普通股股票与优先股股票。普通股是指在公司经营管理和财产分配上享有普通权利的股票，其股东既可获取股息与红利，又可参与公司的经营管理，是发行量最大、最为重要的股票。目前在上海证券交易所和深圳证券交易所上市交易的股票都是普通股股票。优先股股票是公司在筹集资金时，给予投资者某些优先权的股票。优先股股票的股东可优先获取股息与红利及优先分配公司剩余资产，但不参与公司的经营管理。

2. 公司债券。公司债券是指公司依照法定程序发行的、约定在一定期限还本付息的有价证券，是公司为筹集资本而发行的债券。公司债券是债权凭证，债券持有人享有还本付息权，不参与公司的决策经营。债券有偿还期限和固定的利率，因为与公司的绩效没有直接联系，收益比较稳定，风险比股票小。

公司债券按照不同的标准，可以进行不同的分类。(1) 以是否在公司债券上记载公司债权人的姓名为标准，公司债券可分为记名公司债券和无记名公司债券。记名公司债券支取本息要凭印鉴领取，转让时必须背书并到债券发行公司登记；不记名公司债券的还本付息及流通转让仅以债券为凭，不须登记。(2) 以公司债券能否转换为股票为标准，公司债券可分为转换公司债券和非转换公司债券。(3) 以是否提供还本付息的担保为标准，公司债券可分为担保公司债券和无担保公司债券。

(三) 证券市场

1. 证券市场的构成。证券市场是证券发行与流通以及与此相适应的组织与管理方式的总称。在现代发达的市场经济中，证券市场是完整的市场体系的重要组成部分，它不仅反映和调节货币资金的运行，而且对整个经济的运行有重要的作用。证券市场是长期资金市场，它由证券发行市场和证券流通市场两部分组成。

（1）证券发行市场。在证券市场中，证券发行市场体现了证券由发行人流向投资者的市场关系。在证券发行人将证券发行和出售给应募者后，发行市场就消失了。发行市场的主体由证券发行人、应募者以及中间人构成。发行者有本国及外国的中央政府、地方政府、金融机构、公司等，应募者有国内外的不特定多数的投资家及规模巨大的团体投资者。连接发行者与投资者之间关系的为中间人，中间人在这一关系中最主要的作用是正确分析、评价证券的投资价值。

（2）证券流通市场。证券流通市场是买卖已发行证券的市场。在发行市场上发行的证券通过在流通市场上出售转让给第三者，从而使原始投资者收回投资。证券流通市场的核心职能是根据市场利率决定股息、利息等收入，形成虚拟资本价格，并保证按这一价格变换现金等。证券流通市场由经纪人、自营商、自营经纪人、其他投资者、证券交易所、场外交易市场、第三市场和第四市场等组成。证券交易所作为证券买卖的活动场所，给借贷资本提供实现投资的机会和场地，在证券流通市场居于中心地位。

2. 证券市场的作用

（1）聚集社会资金，调节资金流向。证券市场的首要功能是筹措资金，广泛吸收投资者的投资，尤其是吸收社会闲散资金。以证券方式融资，其结果是使社会资金流入经济效益好的企业，从而实现资金优化配置的目标。

（2）通过证券融资，满足企业对资金的长期需求。企业要发展，必须在一定的期限内长期地占有资金。企业通过信贷等手段取得的资金很难满足企业长期占有资金的需要，证券市场的出现，则从根本上解决了这一问题。

（3）传播经济信息，为投资决策提供依据。证券市场反馈的经济信息反映的是整个国民经济的运行情况。证券买卖双方通过在证券市场上买卖证券，互相交流经济信息，便于全面掌握市场行情，为投资决策提供依据。

（4）推动企业技术改进，提高经济效益。在证券市场中，各种证券并存，相互竞争，不理想的证券价格对那些经营管理不善、效益不佳的企业而言无疑是一支“觉醒剂”，能够促进其改善经营状况，搞好经营管理，提高经济效益。

3.《证券法》针对证券市场存在问题的法律调整。针对证券市场存在的问题，2005年修订的《证券法》对原有的有关条款作出修改、补充和完善，主要有以下几个方面：

（1）完善上市公司的监管制度，提高上市公司质量。如《证券法》第十一条规定了公开发行保荐人制度，增加上市公司控股股东或实际控制人、上市公司董事监事、高级管理人员诚信义务的规定和法律责任，建立发行申请文件的预披露制度等。

（2）加强对证券公司监管，防范和化解市场风险。近年来，证券公司风险不断暴露，主要是内控制度不严，大量挪用客户交易结算资金，严重损害投资者利益，影响了证券市场的稳定。《证券法》规定证券公司应当建立健全内部控制制度，明确证券公司高级管理人员任职资格管理制度，确立对证券公司主要股东、实际控制人的资格要求，补充和完善对证券公司的监管措施等。

（3）加强对投资者的保护力度，建立证券投资者保护基金制度。本次《证券法》修订的一个重要指导思想就是要加大对投资者特别是中小投资者权益的保护力度。由此

《证券法》第一百三十四条规定,“国家设立证券投资者保护基金。证券投资者保护基金由证券公司缴纳的资金及其他依法筹集的资金组成,其筹集、管理和使用的具体办法由国务院规定”。

(4) 完善证券发行、交易和登记结算制度,规范市场秩序。由于修订前的《证券法》没有界定证券的公开发行行为,致使一些企业采取变相公开发行股票的方式向社会公众募集资金,社会危害性很大。《证券法》增加了发行失败的规定,强化发行人的风险意识;改革证券账户开立制度;增加规范证券登记结算业务的要求,以此防范结算风险。

(5) 加强监督管理,强化法律责任。增加了监管机构的执法手段和权限,强化证券违法行为的法律责任。如法律责任从五个方面增加了相应的规定:一是明确规定证券发行与交易中的赔偿责任,二是追究控股股东或实际控制人的民事责任和行政责任,三是增加证券公司责任规定,四是加大上市公司、证券公司有关高级管理人员和直接责任人员的责任,五是规定了证券市场禁入制度。

二、证券法的概念和基本原则

(一) 证券法的概念

证券法也有广义与狭义之分。广义上的证券法是指一切与证券相关的法律规范,如《刑法》中关于证券犯罪的规定,《公司法》中关于高级管理人员任职资格的禁止性规定等。狭义的证券法是指颁布的单一、特定的证券法律规范。

1998 年 12 月 29 日第九届全国人民代表大会常务委员会第六次会议通过了我国第一部《证券法》。该法的实施对于规范证券发行和交易行为,保护投资者合法权益,维护社会经济秩序,促进社会主义市场经济发展,发挥了重要作用。随着经济和金融体制改革的不断深化和社会主义市场经济不断发展,证券市场发生了很大变化,在证券发行、交易和证券监管中出现许多新情况。2005 年 10 月 27 日第十届全国人民代表大会常务委员会第十八次会议修订,修订后的《证券法》共十二章,二百四十条,2006 年 1 月 1 日起实施。

(二) 证券法的调整对象

证券法的调整对象是证券发行与交易及对证券市场监管所产生的社会关系。具体而言,它包括三方面关系:

1. 证券发行关系。证券发行是证券发行人为了筹集资金将证券出售给投资者的行为。它包括发行人向相对人作出招募的意思表示,相对人购买公司股份,最后持有证券的全过程。证券发行为发行人提供了筹集资金的渠道,也为投资者提供了获取收益的机会。证券发行是证券交易的前提。证券发行主要包括以下内容:证券发行的条件与方式、证券发行的制度、证券发行的住处公开、证券的承销、证券的购买等。

2. 证券交易关系。证券交易是指已依法发行的证券的买卖、担保、赠与等行为。在证券市场上,最频繁、最活跃的是证券交易活动。证券法最主要的任务是规范证券交易活动,确定证券交易的基本规则。各国证券法均将证券交易行为作为规范的核心,这包括证券交易的方式、过程，证券的上市交易、场外交易，持续性信息公开和禁止的证券交易行为。

3. 证券管理关系。证券市场是一个国家资本市场的重要组成部分，它集中反映了一国国民经济的发展状况，各国都注重在立法上加强对证券发行与交易的监督管理。

证券监管关系主要表现为两方面的关系：一是国家证券监督管理机构对证券发行人、证券经营机构、证券投资者、证券交易所等证券市场参与者的活动监督管理关系；二是证券业协会自律管理关系。

（三）证券法的基本原则

1. 公平、公开、公正原则。公平原则是指证券活动当事人的法律地位完全平等，每一个合法的投资者有同等机会进入市场，按相同的规则进行交易。

公开原则就是指信息公开，证券的发行、交易必须由发行人向公众披露有关信息资料，以使投资者充分了解公司状况作出正确选择。

公正原则是指证券管理部门适用法律应一视同仁，平等保护当事人的利益。公正原则主要是对立法者、司法者和证券主管部门提出的要求。

2. 平等自愿、等价有偿、诚实信用原则。平等自愿是指当事人在地位平等的基础上，有权按照自己的意愿参与证券活动，选择交易对象和交易方式，任何人不得干涉和干预。

等价有偿是指从事证券活动的平等主体应按价值规律的要求进行等价交换。

诚实信用是指当事人要信守承诺，不欺不骗。内幕交易、操纵市场、虚假陈述、欺诈的行为都是违反诚实信用原则的。

3. 合法原则。合法原则是指证券的发行、交易活动，必须遵守法律、行政法规，禁止欺诈、内幕交易和操纵证券市场的行为。

4. 分业经营、分业管理原则。分业经营、分业管理原则是指证券业和银行业、信托业、保险业实行分业经营、分业管理，证券公司与银行、信托、保险业务机构分别设立。

第二节　证券发行

一、证券发行的条件

（一）证券发行的概念

广义的证券发行是指证券发行人按照法定条件和程序出售证券并由投资人认购的一种法律行为。它涉及证券募集行为、证券发行行为、证券承销行为和证券发行监管行为等，通常被认为是双方行为。狭义的证券发行仅指证券单方发行行为，是证券发行人制作并向投资者交付证券，转移证券权利的行为。我们所指的通常是狭义的证券发行，它有如下特征：

1. 证券发行以筹集资金为目的。公司的设立与生产经营离不开资金，公司发行证券的目的是吸收社会资金、扩张资本、改善资产负债情况。

2. 发行人须将证券交付给投资人，证券发行才生效。股票发行的对象是股东，债券发行的对象是债权人。交付证券是证券发行的生效要件。

3. 证券发行是要式行为，除须履行法定审核手续外，发行股票、债券的格式、条件均应符合法律的规定。

4. 证券发行销售的是民事权利，发行人发行证券的实质是向投资者销售记载于证券之上的民事权利。投资者购买股票后，享有对发行人的股权，包括受益权、知情权、重大事项决策权等。

（二）证券发行中的相关制度

1. 预披露制度。《公司法》、《证券法》、《企业债券管理条例》等法律法规均确定了证券发行的信息披露制度。如2005年10月修订的《公司法》第一百五十五条规定，发行公司债券的申请经国务院授权的部门核准后，应当公告公司债券募集办法。《证券法》第二十一条规定，发行人申请首次公开发行股票的，在提交申请文件后，应当按照国务院证券监督管理机构的规定预先披露有关申请文件。

2. 保荐人制度。《证券法》第十一条规定，发行人申请公开发行股票、可转换为股票的公司债券，依法采取承销方式的，或者公开发行法律、行政法规规定实行保荐制度的其他证券的，应当聘请具有保荐资格的机构担任保荐人。保荐人应当遵守业务规则和行业规范，诚实守信，勤勉尽责，对发行人的申请文件和信息披露资料进行审慎核查，督导发行人规范运作。

3. 审核制度。《证券法》所确定的股票发行核准主体是国务院证券监督管理机构设立的发行审核委员会。发行审核委员会由国务院证券监督管理机构的专业人员和所聘请的有关专家组成，以投票方式对股票发行申请进行表决，提出审核意见。《证券法》所确立的我国债券发行审批机构为国务院授权的部门，在实践中由国家计划委员会及中国人民银行负责审批。

（三）证券发行条件

1. 股票发行条件。根据《证券法》规定，公司公开发行新股，应当符合下列条件：（1）具备健全且运行良好的组织机构。（2）具有持续盈利能力，财务状况良好。（3）最近三年财务会计文件无虚假记载，无其他重大违法行为。（4）经国务院批准的国务院证券监督管理机构规定的其他条件。

上市公司非公开发行新股，应当符合经国务院批准的国务院证券监督管理机构规定的条件，并报国务院证券监督管理机构核准。

2. 债券发行条件。根据《证券法》规定，公开发行公司债券，应当符合下列条件：（1）股份有限公司的净资产不低于人民币三千万元，有限责任公司的净资产不低于人民币六千万元。（2）累计债券余额不超过公司净资产的百分之四十。（3）最近三年平均可分配利润足以支付公司债券一年的利息。（4）筹集的资金投向符合国家产业政策。（5）债券的利率不超过国务院限定的利率水平。（6）国务院规定的其他条件。

公开发行公司债券筹集的资金，必须用于核准的用途，不得用于弥补亏损和非生产性支出。上市公司发行可转换为股票的公司债券，除应当符合上述第（1）条规定的条件外，还应当符合《证券法》关于公开发行股票的条件，应当报国务院证券监督管理机构核准。

二、证券发行的程序

（一）股票发行的程序

根据《证券法》等有关规定，新股发行的程序是：

1. 新股发行的决议。股份有限公司发行新股是公司的增资行为，应当由股东大会作出决议，经出席股东大会的股东所持表决权的三分之二以上通过。

2. 新股发行的申请。股东大会作出发行新股的决议后，董事会应聘请会计师事务所、资产评估机构、律师事务所等专业机构，对公司的资信、财务状况进行评估，并就有关事项出具法律意见书。然后，公司向证券监督管理部门申请批准。

3. 公开有关新股发行的文件。公司取得发行新股的权利时，应当公告新股招股说明书和财务会计报表。

4. 办理认购事宜。

5. 登记和公告。

公司发行的新股募足后，应当向公司的登记机构办理登记事项，并在指定的报刊上进行公告。

（二）债券发行程序

根据《证券法》、《公司法》有关规定，公司债券发行的程序是：

1. 作出发行债券的决议。我国《公司法》第一百六十三条第一款规定，股份有限公司、有限责任公司发行公司债券，由董事会制订方案，股东会作出决议。

2. 公司债券的资信评估。债券的资信评估实际是对发行人的偿债能力进行评价。对公司债券进行资信评估是国际通行做法。我国现行企业的资信评估分为10级，即AAA、AA、A、BBB、BB、B、CCC、CC、C、D。

3. 发行债券的申请。发行公司债券，发行人必须向国务院授权的部门提交《公司法》规定的申请文件和国务院授权的部门规定的有关条件。

4. 债券发行的审批。依据《证券法》第二十四条规定，国务院证券监督管理机构或者国务院授权的部门应自受理证券发行申请文件之日起三个月内，对债券发行人的申请作出决定。不予核准的，应当说明理由。

5. 公告公司债券募集办法。发行公司债券的申请经批准后，公司应当在一定期限内依法公告公司债券的募集办法。

6. 公司债券的认购。公司债券募集办法公告后，即可募集公司债券。

7. 登记备案。公司债券发行结束后，公司应当在一定期限内向国务院授权的部门和政府主管机关登记备案。

第三节 证券交易

一、证券上市与证券交易

（一）证券上市

1. 证券上市概念及类型

证券上市是指已公开发行的证券依法在证券交易所挂牌交易的行为。证券一旦上市交易就成了上市证券，但并非所有的证券都能上市，证券上市必须符合法定的上市条件，且必须经证券主管机关批准。

证券上市使证券流通成为可能，从而进一步为公司拓宽筹资渠道，尤其是股票上市，进一步扩大了股东数量，使上市公司的股权分散，从而实现所有权与经营权的分离。可以说，没有证券上市，就没有今日的微软（Microsoft）、英特尔（Intel）等大型跨国公司。

在我国，证券上市主要指核准上市，是证券交易所根据证券发行人的申请，依照规定程序核准的上市方式。依照证券种类，证券上市分为股票上市、公司债券上市、证券投资基金上市。股票上市依照股票种类，具体分为股票境内上市和股票境外上市。股票境内上市又因为股票种类不同而有 A 股股票上市与 B 股股票上市之分。股票境外上市则因为上市地的不同而遵循不同的上市制度。公司债券上市，在我国分为公司债券上市、可转换公司债券上市以及证券公司债券上市等不同形式。

2. 股票上市的条件、程序

《证券法》第五十条规定了股票上市的条件：（1）股票经国务院证券监督管理机构核准已公开发行。（2）公司股本总额不少于人民币三千万元。（3）公开发行的股份达到公司股份总数的百分之二十五以上；公司股本总额超过人民币四亿元的，公开发行股份的比例为百分之十以上。（4）公司最近三年无重大违法行为，财务会计报告无虚假记载。

证券交易所可以规定高于前款规定的上市条件，并报国务院证券监督管理机构批准。股票上市的程序为：（1）申请股票上市交易，应当向证券交易所提出申请，由证券交易所依法审核同意。（2）双方签订上市协议。申请股票上市交易，应当向证券交易所报送上市报告书等有关文件。（3）股票上市交易申请经证券交易所审核同意后，签订上市协议的公司应当在规定的期限内公告股票上市的有关文件，并将该文件置备于指定场所供公众查阅。

3. 债券上市的条件、程序

《证券法》第五十七条规定了债券上市交易的条件：（1）公司债券的期限为一年以上；（2）公司债券实际发行额不少于人民币五千万元；（3）公司申请债券上市时仍符合法定的公司债券发行条件。

债券上市的程序为：（1）债券发行人提出上市申请，经交易所初审，交易所出具初审意见后报证监会核准；（2）企业债券上市前，发行人应与交易所签订上市协议；（3）在债券上市申请核准后，发行人和上市推荐人必须在债券上市交易前完成上市债券在交易所指定托管机构的托管工作，并将债券持有人名册核对无误后报送登记结算机构；（4）发行人应当在债券上市交易的五日前在证监会指定的信息披露报刊上公告债券上市公告书，并将上市公告书、核准文件及有关上市申请文件备置于指定场所供公众查阅，同时报送证监会及交易所各一式二份。

4. 证券的暂停上市与终止上市

证券的暂停上市是指因法定事由的出现，证券监督管理机构或证券交易所决定暂时停止该证券上市交易的行为。证券上市暂停分为股票的上市暂停和债券的上市暂停。

证券的终止上市是因发生法定事由，证券监督管理机构或证券交易所决定终止上市公司证券上市交易的行为。证券上市的终止与证券上市的暂停的重大区别是：证券上市的暂停在具备法定条件时，经核准可恢复证券上市交易；而证券上市的终止则不能恢复上市交易。

证券暂停上市、恢复上市与终止上市制度，是保证上市公司总体质量和发挥证券市场优胜劣汰功能的重要手段，也是各国证券市场普遍规定的制度。

（二）证券交易

证券交易依交易场所的不同，可分为场内交易与场外交易。在证券交易所交易即为场内交易，又称为上市交易。《证券法》规定，在证券交易所上市交易的证券必须通过集中竞价方式交易。上市证券交易的过程一般包括开户、委托、成交、清算交割和过户等阶段。

1. 开户。开户即证券投资者在规定的代理机构开立证券账户和资金账户的行为。开户是投资者进行证券交易的前提，它确立的是投资者与证券公司之间的委托合同关系。

2. 委托。委托是指投资人向证券公司发出的以某种价格购进或售出一定数量的某种证券的意思表示行为。证券公司接受其委托，则双方达成委托买卖证券合同。委托的方式有多种，分为当面委托、电话委托、传真委托、信函委托和电脑报单等几种形式。

3. 成交。成交是指证券公司在交易所通过组织集中竞价，就买卖或代理买卖证券的价格、数量达成一致，完成证券买卖合同的过程。双方达成一致的价格为成交价，一个交易日中最初的成交价为开盘价，最后的买卖价格称为收盘价。

4. 清算和交割。清算是证券交易双方对买卖证券的数量和金额进行结算的过程。我国证券交易所实行二级清算，首先是证券商和证券交易所的清算，然后是证券商和客户（委托人）的清算。办理清算交割的时间为营业日的上午休市前一小时，以每一营业日为一个清算期。交割是证券成交清算后交易人以证券净值取得收益的过程。交割方式按约定的交割时间不同，主要分为三种：（普通）规定日交割、当日交割、约定交割。目前，我国上海、深圳两地证券交易所的普通交割方式都实行成交后下一营业日交割的方式。

5. 过户。证券的过户是指证券权利按照合法的程序转移的行为。证券过户即意味着证券权利的转让。证券过户依证券交易双方的合同，可以在交割之后立即进行，也可以在约定日期进行。不管何种形式，证券过户均应在登记结算机构进行登记。

二、持续信息公开

证券上市后，上市公司应履行持续信息披露义务。上市后的信息披露是指上市公司或公司债券上市交易的公司按相关法律要求，公布定期报告和临时报告。定期报告包括年度报告和中期报告，临时报告主要是重大事件的公告。

1. 年度报告的信息披露。年度报告是上市公司在每一会计年度结束时，向证券监督管理机构和证券交易所提交的反映公司本年度的经营情况及证券信息的法律文件。

年度报告的内容包括：（1）公司概况；（2）公司财务会计报告和经营情况；（3）董事、监事、经理及有关高级管理人员简介及其持股情况；（4）已发行的股票、公司债券情况，包括持有公司股份最多的前十名股东的名单和持股数额；（5）公司的实际控制人；（6）国务院证券监管机构规定的其他事项。

2. 中期报告的信息披露。中期报告是上市公司在每一会计年度的上半年结束时，向证券监督管理机构和证券交易所提交的反映公司经营情况及证券信息的法律文件。

中期报告内容包括：（1）公司财务会计报告和经营情况；（2）涉及公司的重大诉讼事项；（3）已发行的股票、公司债券变动情况；（4）提交股东大会审议的重要事项；（5）国务院证券监督管理机构规定的其他事项。

3. 临时报告的信息披露。临时报告是指发生可能对上市公司股票交易价格产生较大影响的重大事件，投资者在尚未得知时，上市公司就有关该重大事件的情况向证券监督管理机构提交并予以公告的法律文件。

上述所称重大事件有：（1）公司的经营方针和经营范围的重大变化；（2）公司的重大投资行为和重大的购置财产的决定；（3）公司订立重要合同，可能对公司的资产、负债、权益和经营成果产生重要影响；（4）公司发生重大债务和未能清偿到期重大债务的违约情况；（5）公司发生重大亏损或者重大损失；（6）公司生产经营的外部条件发生的重大变化；（7）公司的董事、三分之一以上监事或者经理发生变动；（8）持有公司百分之五以上股份的股东或者实际控制人，其持有股份或者控制公司的情况发生较大变化；（9）公司减资、合并、分立、解散及申请破产的决定；（10）涉及公司的重大诉讼，股东大会、董事会决议被依法撤销或者宣告无效；（11）公司涉嫌犯罪被司法机关立案调查，公司董事、监事、高级管理人员涉嫌犯罪被司法机关采取强制措施；（12）国务院证券监督管理机构规定的其他事项。

三、限制和禁止的证券交易行为

1. 内幕交易行为。内幕交易行为指的是取得内幕信息的人员为获取利益（减少损失也是获得利益的表现），利用尚未公开的内幕信息进行的交易行为。

内幕信息有：（1）前面所列重大事件；（2）公司分配股利或者增资的计划；（3）公司股权结构的重大变化；（4）公司债务担保的重大变更；（5）公司营业用主要资产的抵押、出售或者报废一次超过该资产的百分之三十；（6）公司的董事、监事、高级管理人员的行为可能依法承担重大损害赔偿责任；（7）上市公司收购的有关方案；（8）国务院证券监督管理机构认定的对证券交易价格有显著影响的其他重要信息。

2. 虚假陈述行为。虚假陈述是指证券机构或其工作人员对证券发行、交易及其相关的活动事项作出不实、严重误导、有重大遗漏等任何形式的虚假陈述行为，从而使投资者在不了解事实真相的情况下作出证券投资决定。

《证券法》规定了虚假信息的禁止性范围，主要有两类：一是禁止国家工作人员、传播媒介从业人员和有关人员编造、传播虚假信息，扰乱证券市场；二是禁止证券交易所、证券公司、证券登记结算机构、证券服务机构及其从业人员，证券业协会、证券监督管理机构及其工作人员，在证券交易活动中作出虚假陈述或者信息误导。

3. 操纵市场行为。操纵市场的实质是不公平地利用自身的优势，包括资金、信息、地位等，人为影响证券市场价格，诱使他人买卖证券的行为。

《证券法》规定的操纵证券市场行为有：（1）单独或者通过合谋，集中资金优势、持股优势或者利用信息优势联合或者连续买卖，操纵证券交易价格或者证券交易量；（2）与他人串通，以事先约定的时间、价格和方式相互进行证券交易，影响证券交易价格或者证券交易量；（3）在自己实际控制的账户之间进行证券交易，影响证券交易价格或者证券交易量；（4）以其他手段操纵证券市场。

4. 欺诈客户行为。欺诈客户是指证券经营机构、证券登记机构和清算机构及证券发行人或者发行代理人等在证券发行、交易及相关活动中诱使投资者买卖证券以及其他违背客户真实意愿、损害客户利益的行为。

法律规定了禁止证券公司及其从业人员从事下列损害客户利益的欺诈行为：（1）违背客户的委托为其买卖证券；（2）不在规定时间内向客户提供交易的书面确认文件；（3）挪用客户所委托买卖的证券或者客户账户上的资金；（4）未经客户的委托，擅自为客户买卖证券，或者假借客户的名义买卖证券；（5）为谋取佣金收入，诱使客户进行不必要的证券买卖；（6）利用传播媒介或者通过其他方式提供、传播虚假或者误导投资者的信息；（7）其他违背客户真实意思表示，损害客户利益的行为。

四、上市公司收购

1. 概念。上市公司收购是指收购人通过在证券交易所的股份转让活动持有一个上市公司的股份达到一定比例、通过证券交易所股份转让活动以外的其他合法途径控制一个上市公司的股份达到一定程度，导致其获得或者可能获得对该公司的实际控制权的行为。股票是股份的表现形式，收购人以购买或者其他形式而持有上市公司一定数量的股票，形成对公司事务的管理和控制。投资者可以采取要约收购、协议收购及其他合法方式收购上市公司。

2. 要约收购。收购要约是收购人向上市公司股东发出的欲购买其所持有的上市公司股票的意思表示。要约收购的特征有：（1）要约人为特定的收购人，即持有上市公司股份30%的股东（包括通过协议、其他安排与他人共同持有的股份）。（2）收购要约是要式行为，事先以上市公司收购报告书形式报告证券监督机构和证券交易所。（3）收购要约具有法定有效期限，收购要约的期限不得少于三十日，并不得超过六十日。(4) 收购要约的变更、撤销要具备法定的条件。

要约收购的程序是：(1) 作出要约收购的决定。(2) 报送公司收购报告书。(3) 公告收购要约。(4) 目标公司股东的承诺。(5) 报告收购情况，收购行为结束后，收购人应当在十五日内将收购情况报告国务院证券监督管理机构和证券交易所，并予以公告。

3. 协议收购。协议收购是指收购人与被收购公司的股东以协议方式进行股份转让，以控制其公司的收购方式。协议收购具有下列特点：(1) 协议收购是收购人与被收购公司的股东意思表示一致的产物。(2) 协议收购的标的是非流通股票。我国非流通股票包括国家股、法人股、内部职工股三类，这些股票不能进入证券交易所以集中竞价的方式买卖，只能依法通过协议方式转让。(3) 协议收购具有公开性，当事人达成收购协议后，应当向证监会和证券交易所作出书面报告，并予以公告。

协议收购的程序是：(1) 订立收购协议。(2) 公告收购协议。(3) 收购协议的履行。《证券法》第九十五条规定，采取协议收购方式的，协议双方可以临时委托证券登记结算机构保管协议转让的股票，并将资金存放于指定的银行。(4) 报告收购情况。与要约收购相同，通过收购协议收购上市公司的行为结束后，收购人应当在十五日内将收购情况报告证监会和证券交易所，并予以公告。

第四节 证券机构

一、证券交易所

(一) 证券交易所的概念与特征

证券交易所是依据国家有关法律，经证券主管机关批准设立的证券集中竞价交易的场所。目前，我国的证券交易所有两个：上海证券交易所、深圳证券交易所。上海证券交易所是我国目前最大的证券交易中心，成立于1990年11月26日。深圳证券交易所是我国第二家证券交易所，于1991年7月正式营业。

证券交易所是证券交易的固定场所，提供证券交易所需的集中竞价服务，并有严格的交易规则。我国《证券法》规定，证券交易所是依法特许设立的为证券集中交易提供场所和设施，组织和监督证券交易，实行自律管理的法人。证券交易所依其章程、业务规则及其他管理制度自治。在证券交易所内进行证券交易，必须取得交易所的会员资格。

(二) 证券交易所组织机构与职能

1. 证券交易所组织机构

(1) 会员大会。我国《证券交易所管理办法》第十七条明确规定，会员大会为证券交易所的最高权力机构。《证券法》虽未提及会员大会地位，但在第一百零五条、第一百一十条中均确认证券交易所采取会员制形式。

（2）理事会。理事会是会员制证券交易所的必设机构。《证券法》第一百零六条规定，证券交易所设理事会。鉴于会员大会是证券交易所的最高权力机构，理事会成员应由会员大会选举产生。

（3）总经理。《证券法》第一百零七条规定证券交易所设总经理一人，由国务院证券监督管理机构任免。

2. 证券交易所职能

（1）制定证券交易及管理规则。证券交易所是证券竞价交易场所，只有制定、完善市场交易规则，才能维护证券市场秩序，推动交易最终实现。《证券法》第一百一十八条规定，证券交易所依照证券法律、行政法规制定上市规则、交易规则、会员管理规则和其他有关规则，并报国务院证券监督管理机构批准。

（2）保障交易场所交易公平及交易信息公开。《证券法》第一百一十三条规定："证券交易所应当为组织公平的集中交易提供保障，公布证券交易即时行情，并按交易日制作证券市场行情表，予以公布。"《证券法》还规定了证券交易所公开证券交易信息的义务，这是公开原则的重要体现。

（3）异常交易监控。《证券法》第一百一十五条规定："证券交易所对证券交易实行实时监控，并按照国务院证券监督管理机构的要求，对异常的交易情况提出报告。""证券交易所应当对上市公司及相关信息披露义务人披露信息进行监督，督促其依法及时、准确地披露信息。""证券交易所根据需要，可以对出现重大异常交易情况的证券账户限制交易，并报国务院证券监督管理机构备案。"

（4）技术性停牌和临时停市。《证券法》第一百一十四条规定："因突发性事件而影响证券交易的正常进行时，证券交易所可以采取技术性停牌的措施；因不可抗力的突发性事件或者为维护证券交易的正常秩序，证券交易所可以决定临时停市。证券交易所采取技术性停牌或者决定临时停市，必须及时报告国务院证券监督管理机构。"技术性停牌和临时停市一方面有利于保护投资者的利益，使投资者赢得时间对市场行情及其走向进行充分的分析和预测；另一方面也有利于证券发行人的及时调整和自我完善。

二、证券公司

（一）证券公司概念

证券公司是指依照《证券法》和《公司法》的有关规定，由证券监管机构批准设立的从事证券经营业务的有限责任公司或股份有限公司。证券有限责任公司是指股东以其出资额为限对证券公司承担责任，证券公司以其全部资产对公司债务承担责任的证券公司。证券股份有限公司是指证券公司的全部资本分为等额股份，股东以其所持股份为限对证券公司承担责任，证券公司以其全部资产对公司的债务承担责任的证券公司。

（二）证券公司的主要业务

《证券法》规定证券公司可以经营证券经纪，证券投资咨询，与证券交易、证券投资活动有关的财务顾问，证券承销与保荐，证券自营，证券资产管理和其他证券业务。从我国现阶段证券市场的发展状况来看，许多证券业务还没有开展起来，证券公司的主要业务范围为证券经纪、证券自营和证券承销业务。

1. 证券经纪业务。证券经纪业务是指证券公司接受客户（投资者）委托，代其买卖证券的法律行为。由于证券交易所交易厅内席位有限，一般投资者不能成为证券交易所的会员而从事场内交易，需要通过委托证券公司来完成。证券公司通过其下设的证券营业部来实施，这也是证券公司的一项主要业务。《证券法》规定证券公司办理经纪业务，不得接受客户的全权委托而决定证券买卖、选择证券种类、决定买卖数量或者买卖价格。

2. 证券自营业务。证券自营业务是指证券公司以自己的名义和用自己的资金买卖证券以达到获利目的的证券业务。证券自营业务包括在二级市场上买卖证券和在一级证券发行市场上购买证券后再到二级市场上卖出。

为规范证券公司自营业务，《证券法》第一百三十七条规定，证券公司的自营业务必须以自己的名义进行，不得假借他人名义或者以个人名义进行。证券公司的自营业务必须使用自有资金和依法筹集的资金。证券公司不得将其自营账户借给他人使用。

3. 证券承销业务。证券承销是证券公司代理发行人发行证券的行为。根据《证券法》规定，证券承销可以分为代销和包销两种方式。证券代销是指证券公司代发行人发售证券，在承销期结束时，将未售出的证券全部退还给发行人的承销方式。证券包销是指证券公司将发行人的证券按照协议全部购入或者在承销期结束时将售后剩余证券全部自行购入的承销方式。

在我国，向不特定对象发行的证券票面总值超过 5 000 万元人民币时，由承销团承销。承销团由两家以上证券公司组成，其中牵头组织承销团的证券公司称为主承销商，其他为参与承销商。

（三）证券公司的交易规则

1. 安全交易规则

（1）投资者保护基金制度。国家设立证券投资者保护基金。证券投资者保护基金由证券公司缴纳的资金及其他依法筹集的资金组成，加强对投资者的保护。

（2）风险控制指标的规定。国务院证券监督管理机构对证券公司的净资本，净资本与负债的比例，净资本与净资产的比例，净资本与自营、承销、资产管理等业务规模的比例，负债与净资产的比例，流动资产与流动负债的比例等风险控制指标作出规定。这些规定使证券公司的资产结构趋于科学化、合理化，以避免和减少证券公司经营的风险性，保护投资者的合法权益。

（3）交易风险准备金制度。为了保证证券经营机构的偿付能力，使受投资者能够获得足额的赔偿，规定证券公司从每年的税后利润中提取交易风险准备金，用于弥补证券交易的损失。

（4）最低资本额限制制度。法律规定证券公司设立时应符合最低的资本额，如果低于此限额，证券商即不得注册或不能获得营业许可。

2. 证券分业经营原则

为了规范证券公司自营业务活动，维护证券市场秩序，降低市场经营风险，保护投资者合法权益，明确规定了证券公司必须将其证券经纪业务、证券承销业务、证券自营业务和证券资产管理业务分开办理，不得混合操作。

3. 证券经纪禁止性规则

（1）禁止全权委托。证券公司办理经纪业务，不得接受客户的全权委托而决定证券买卖、选择证券种类、决定买卖数量或者买卖价格。

（2）禁止不当承诺。证券公司不得以任何方式对客户证券买卖的收益或者赔偿证券买卖的损失作出承诺。因为这不仅违反了证券市场风险自负的投资原则，而且也会增加证券公司的营业风险，不利于证券市场的稳定发展。

（3）禁止私下委托。证券公司及其从业人员不得未经过其依法设立的营业场所私下接受客户委托买卖证券。

三、证券登记结算机构

1. 概念。证券登记结算机构是为证券交易提供集中登记、存管与结算服务，不以营利为目的的法人。设立证券登记结算机构必须经国务院证券监督管理机构批准。要有不少于二亿元人民币的资金，有进行业务服务必需的场所和设施，有具有证券从业资格的人员等。

2. 证券登记结算机构的职能。《证券法》第一百五十七条规定了证券登记结算机构的职能，主要有：（1）证券账户、结算账户的设立；（2）证券的存管和过户；（3）证券持有人名册登记；（4）证券交易所上市证券交易的清算和交收；（5）受发行人的委托派发证券权益；（6）办理与上述业务有关的查询；（7）国务院证券监督管理机构批准的其他业务。

四、证券交易服务机构

1. 证券服务机构的范围和从业资格。《证券法》第一百六十九条概括了证券服务机构的范围，包括投资咨询机构、财务顾问机构、资信评级机构、资产评估机构、会计师事务所等，以上机构从事证券服务业务，必须经国务院证券监督管理机构和有关主管部门批准。

投资咨询机构、财务顾问机构、资信评级机构从事证券服务业务的人员，必须具备证券专业知识和从事证券业务或者证券服务业务二年以上经验。认定其证券从业资格的标准和管理办法，由国务院证券监督管理机构制定。

2. 证券服务机构及工作人员禁止性行为。《证券法》第一百七十一条规定了投资咨询机构及其从业人员从事证券服务业务的禁止性行为：（1）代理委托人从事证券投资；（2）与委托人约定分享证券投资收益或者分担证券投资损失；（3）买卖本咨询机构提供服务的上市公司股票；（4）利用传播媒介或者通过其他方式提供、传播虚假或者误导投资者的信息；（5）法律、行政法规禁止的其他行为。有前款所列行为之一，给投资者造成损失的，依法承担赔偿责任。

五、证券业协会

1. 性质。除政府集中统一监管外，证券业的行业自律也是整个证券市场监管制度的重要组成部分。《证券法》设专章对证券业协会的性质、成员、机构、章程、职责等作出了明确规定。证券业协会是证券业的自律性组织，是社会团体法人。证券公司应当加入证券业协会。证券业协会的权力机构为全体会员组成的会员大会。

2. 职责。证券业协会的职责主要有以下几项：(1) 教育和组织会员遵守证券法律、行政法规；(2) 依法维护会员的合法权益，向证券监督管理机构反映会员的建议和要求；(3) 收集整理证券信息，为会员提供服务；(4) 制定会员应遵守的规则，组织会员单位的从业人员的业务培训，开展会员间的业务交流；(5) 对会员之间、会员与客户之间发生的证券业务纠纷进行调解；(6) 组织会员就证券业的发展、运作及有关内容进行研究；(7) 监督、检查会员行为，对违反法律、行政法规或者协会章程的，按照规定给予纪律处分；(8) 证券业协会章程规定的其他职责。

六、证券监督管理机构

证监会是全国证券市场的最高监督机构，负责证券发行与交易的核准和监督，监督管理证券发行人、上市公司、证券交易所、证券公司、证券登记结算机构、证券投资基金管理机构、证券投资咨询机构、资信评估机构以及从事证券业务的律师事务所、会计师事务所、资产评估机构的证券业务活动。

第五节　法律责任

证券法律责任是证券法律关系主体因违反证券法律法规规定的义务，而应当承担的法律后果。根据证券违法行为的性质，证券法律责任可分为证券民事责任、证券刑事责任和证券行政责任。按照证券违法行为发生的阶段性标准，可分为违反发行规范的法律责任和违反交易规范的法律责任。按照行为主体标准又可分为证券公司、证券服务机构等各证券机构的法律责任。本节依据《证券法》的体系，分别列举违反证券发行、证券交易和证券机构的法律责任。

一、违反证券发行规范的法律责任

1. 擅自发行证券的责任。《证券法》第一百八十八条规定了擅自发行证券的责任，即未经法定机关核准，擅自公开或者变相公开发行证券的，应当承担的行政责任。(1) 责令停止发行，退还所募资金并加算银行同期存款利息，处以非法所募资金金额百分之一以上百分之五以下的罚款；(2) 依法予以取缔；(3) 对直接负责的主管人员和其他直接责任人员给予警告，并处以三万元以上三十万元以下的罚款。

2. 骗取发行核准的责任。发行人（包括发行人的控股股东、实际控制人）不符合发行条件，以欺骗手段骗取发行核准，要承担的责任有两类：一是对尚未发行证券的或已经发行证券的，分别处以三十万元以上六十万元以下或处以非法所募资金金额百分之一以上百分之五以下的罚款；二是对直接负责的主管人员和其他直接责任人员处以三万元以上三十万元以下的罚款。发行人承担的也是行政责任。

3. 违反承销业务规定的责任。一类是证券公司承销或者代理买卖擅自公开发行的证券的责任；一类是进行虚假的或者误导投资者的广告或者其他宣传推介活动，以不正当竞争手段招揽承销业务，其他违反证券承销业务规定的行为应承担的责任。

承担责任的形式主要有：（1）责令停止承销、代理买卖或责令改正，给予警告，没收违法所得，并处罚款。（2）对直接负责的主管人员和其他直接责任人员给予警告、罚款、撤销任职资格或者证券从业资格。给其他证券承销机构或者投资者造成损失的，依法承担民事赔偿责任。

4. 其他责任。法律还规定了擅自改变募集资金用途的责任，并增加了发行失败的责任等，这里不再列举。

二、违反证券交易规范的法律责任

1. 违反内幕交易规则的责任。违反内幕交易规则的责任是证券交易内幕信息的知情人或者非法获取内幕信息的人，在涉及证券的发行、交易或者其他对证券的价格有重大影响的信息公开前，买卖该证券，或者泄露该信息，或者建议他人买卖该证券的，应当承担的责任。主要有：（1）责令依法处理非法持有的证券，没收违法所得。（2）并处罚款。（3）单位从事内幕交易的，还应当对直接负责的主管人员和其他直接责任人员处以警告，并处罚款。（4）证券监督管理机构工作人员进行内幕交易的，从重处罚。

2. 证券欺诈责任。《证券法》第二百条规定，证券交易所、证券公司、证券登记结算机构、证券服务机构的从业人员或者证券业协会的工作人员，故意提供虚假资料，隐匿、伪造、篡改或者毁损交易记录，诱骗投资者买卖证券的，撤销证券从业资格，并处以三万元以上十万元以下的罚款；属于国家工作人员的，还应当依法给予行政处分。

3. 操纵证券市场责任。《证券法》规定操纵证券市场要承担的是行政责任，包括责令依法处理非法持有的证券，没收违法所得，并处罚款；对直接负责的主管人员和其他直接责任人员给予警告、罚款等。

4. 虚假陈述、传播误导等相关责任。《证券法》第二百零六条规定了编造、传播虚假信息的责任。规定违反本法相关制度，扰乱证券市场的，由证券监督管理机构责令改正，没收违法所得，并处以违法所得一倍以上五倍以下的罚款；没有违法所得或者违法所得不足三万元的，处以三万元以上二十万元以下的罚款。第二百零七条规定了虚假陈述、信息误导的责任。在证券交易活动中作出虚假陈述或者信息误导的，责令改正，处三万元以上二十万元以下的罚款；属于国家工作人员的，还应当依法给予行政处分。

5. 其他责任。其他责任主要是指违反证券上市制度、违反持续信息公开制度、违反上市公司收购制度相关规定应承担的法律责任。

如《证券法》第一百九十二条规定的保荐人出具有虚假记载、误导性陈述或者重大遗漏的保荐书，或者不履行其他法定职责的，即保荐人的责任；第一百九十三条规定，发行人、上市公司或者其他信息披露义务人未按照规定披露信息，或者所披露的信息有虚假记载、误导性陈述或者重大遗漏的，即违法信息披露的责任；第二百一十三条规定的违反秩序收购的责任；第二百一十四条规定的收购人或者收购人的控股股东利用上市公司收购损害被收购公司及其股东的合法权益的，即利用上市公司收购造成损失的责任；其他违反证券交易规则的责任等。

三、证券机构的法律责任

（一）证券公司的法律责任

证券公司作为法律责任的主体，违反《证券法》规定的行为主要有：（1）假借他人名义或者以个人名义从事证券自营业务的。（2）违背客户的委托买卖证券、办理交易事项，或者违背客户真实意思表示，办理交易以外的其他事项的。（3）挪用客户的资金或者证券，或者未经客户的委托，擅自为客户买卖证券的。（4）办理经纪业务，接受客户的全权委托买卖证券的，或者证券公司对客户买卖证券的收益或者赔偿证券买卖的损失作出承诺的。（5）证券公司及其从业人员违反规定，私下接受客户委托买卖证券的。（6）擅自设立、收购、撤销分支机构，或者合并、分立、停业、解散、破产，或者在境外设立、收购、参股证券经营机构的。（7）证券公司对其证券经纪业务、证券承销业务、证券自营业务、证券资产管理业务，不依法分开办理，混合操作的。（8）拒不向证券监督管理机构报送或者提供经营管理信息和资料，或者报送、提供的经营管理信息和资料有虚假记载、误导性陈述或者重大遗漏的。（9）其他违反《证券法》规定的行为。

《证券法》规定的证券公司承担法律责任的形式主要有：（1）责令改正，没收违法所得。（2）并处罚款。（3）情节严重的，责令关闭或者撤销相关业务许可。（4）对直接负责的主管人员和其他直接责任人员给予警告，撤销任职资格或者证券从业资格，并处罚款。（5）造成损失的依法承担民事赔偿责任。（6）其他形式。

（二）证券交易所的法律责任

《证券法》第二百二十九条规定，证券交易所对不符合法定条件的证券上市申请予以审核同意的，给予警告，没收业务收入，并处以业务收入一倍以上五倍以下的罚款。对直接负责的主管人员和其他直接责任人员给予警告，并处以三万元以上三十万元以下的罚款。

（三）其他证券机构的法律责任

《证券法》第二百二十三条规定，证券服务机构未勤勉尽责，所制作、出具的文件有虚假记载、误导性陈述或者重大遗漏的，要承担制作、出具文件失实的责任。《证券法》第二百二十五条规定，上市公司、证券公司、证券交易所、证券登记结算机构、证券服务机构负有保存文件和资料的责任。第二百二十七条、第二百二十八条分别规定了国务院证券监督管理机构或者国务院授权的部门不依法履行职责的责任，证券监督管理机构的工作人员和发行审核委员会的组成人员滥用职权、玩忽职守的责任。

（四）其他规定

1. 刑事责任。《证券法》第二百三十一条规定，构成犯罪的，依法追究刑事责任。

一般来说，构成刑事责任的前提是违法数额巨大、行为后果严重和有其他严重情节。承担的责任形式主要是处五年以下有期徒刑、拘役、罚金等。

2. 民事责任。《证券法》第二百三十二条规定，违法应当承担民事赔偿责任和缴纳罚款、罚金，其财产不足以同时支付时，先承担民事赔偿责任。

3. 证券市场禁入责任。即在一定期限内直至终身不得从事证券业务或者不得担任上市公司董事、监事、高级管理人员的制度。《证券法》第二百三十三条规定，违反法律、行政法规或者国务院证券监督管理机构的有关规定，情节严重的，国务院证券监督管理机构可以对有关责任人员采取证券市场禁入的措施。

【本章小结】

证券市场是直接融通资金的金融市场，证券法是调整证券发行和证券交易以及相关行为的法律规范的总称，是金融法律体系的重要组成部分。证券法具有规范证券发行和证券交易行为，保护投资者利益，维护社会经济秩序和社会公共利益的功能。本章着重从《证券法》角度，具体阐述证券发行、证券交易和证券管理等规范性业务活动，违反证券发行和交易规范的法律责任及证券机构的法律责任等有关问题。

【复习思考题】

一、简答题

1. 证券法的基本原则有哪些？
2. 内幕信息有哪些？
3. 简述《证券法》对保荐人制度的主要规定。

二、论述题

1. 试述违反证券交易规范的法律责任。
2. 《证券法》针对证券市场存在问题的法律调整主要表现在哪些方面？
3. 试述我国信息披露制度。
4. 试述股票的上市条件和程序。

三、案例分析

1. 甲、乙两公司均为上市公司，甲公司单独设立证券投资部，集中大量货币资金与某证券公司联合，利用公司年度报告和中期报告前的时间差，大量购入本公司股票；后利用发行债券的资金，委托其关联企业代为收购乙公司发行在外的普通股。因未以甲公司名义收购，故未上报国务院证券监督管理机构，也未对外公告，截至案发已累计收购乙公司40%的股份。

问题：甲公司上述行为有哪些违法之处？

2. 某证券公司业务部申报员见股市连日走低，股价持续下跌，便利用职务之便，背着某共同基金股票持有人，擅自填写委托单，申报将该共同基金股票账户内的1 000股

“凤凰”股票卖出。成交交割后，又将17万元的股票价款转入其女友的资金账户，欲待该股价继续下跌后，再购进补回，用以归还共同基金的股票。随后，共同基金股票股价上扬，节节攀升，业务部申报员未能如愿。当被害人委托卖出时发现股票缺失，遂案发。

问题：(1) 该证券公司业务部申报员的行为违反了《证券法》的哪些规定？

(2) 客户的损失应由谁来承担？

第九章

证券投资基金法律制度

ZHENGQUAN TOUZI JIJIN
FALU ZHIDU

第一节 证券投资基金法概述

一、证券投资基金的概念和特征

（一）证券投资基金的概念

证券投资基金是指通过发行基金单位集中投资者的资金，由基金托管人托管，由基金管理人管理和运用资金，从事股票、债券等金融工具投资，以获得投资升值和资本增值为目的，从而共享利益、共担风险的一种集合证券投资方式。在我国，基金托管人必须由合格的商业银行担任，基金管理人必须由专业的基金管理公司担任。基金投资人享受证券投资基金的收益，也承担亏损的风险。

1868 年英国组建了海外和殖民地政府信托，由政府出面组成投资公司，集中众多中小型投资者的资金，由具有专门知识的理财人代为投资。这是世界上最早的证券投资基金形式。1921 年 4 月，美国组建了第一个有现代意义的投资基金即美国国际证券信托基金。几十年来，投资基金在世界各个国家发展迅速，已成为当今国际金融投资市场最有效的形式之一。

为了规范证券投资基金活动，保护投资人及相关当事人的合法权益，促进证券投资基金和证券市场的健康发展，2003 年 10 月 28 日第十届全国人民代表大会常务委员会第五次会议通过了《中华人民共和国证券投资基金法》，共 12 章 103 条，自 2004 年 6 月 1 日起施行。主要规范在中华人民共和国境内，通过公开发售基金份额募集证券投资基金，由基金管理人管理，基金托管人托管，为基金份额持有人的利益，以资产组合方式进行证券投资的活动。

（二）证券投资基金的特征

1. 具有专业化特点。证券投资基金是由专业投资管理人运作、管理并专门投资于证券市场的基金。一般拥有大量的专业投资研究人员和强大的信息网络，能够更好地对证券市场进行全方位的动态跟踪与分析。证券投资基金通过汇集众多中小投资基金，形成雄厚的资金实力，可以同时把投资者的资金分散投资于各种股票，使某些股票跌价造成的损失可以用其他股票涨价的盈利来弥补，分散了投资风险，使投资人得到了实惠。可以说将资金交给基金管理人管理，使中小投资者也能享受到专业化的投资管理服务。

2. 具有间接性特点。证券投资基金是一种间接的证券投资方式，投资者是通过购买基金而间接投资于证券市场的。与直接购买股票相比，投资者与上市公司没有任何直接关系，不参与公司事务决策及公司经营管理，只是由专业投资管理人运作，投资者间接享有收益。

3. 具有组合性特点。证券投资基金通过汇集众多中小投资基金，形成雄厚的资金实力，可以同时把投资者的资金分散投资于各种股票，避免了中小投资者由于资金量小而无法购买大量股票分散投资风险的缺陷。也就是说，证券投资基金通过汇集众多中小投资者的小额资金，形成雄厚的资金实力，因而可以同时把投资者资金组合投资于各种股票，分散投资风险。

4. 具有独立性特点。基金管理人只是负责基金的投资操作，本身并不经手基金财产的保管，基金财产的保管由独立于基金管理人的基金托管人负责。基金保管与基金运作相互独立、相互制约、相互监督，可以最大限度地保护投资者的利益。

（三）证券投资基金的分类

构成基金的要素很多，依据不同的标准有不同的分类。这里主要介绍两类。

根据投资对象不同，投资基金可分为股票基金、债券基金、货币市场基金、期货基金、期权基金、指数基金和认股权证基金等。其中股票基金、债券基金最为常见。

股票基金是指以股票为投资对象的投资基金。股票基金的主要功能是将大众投资者的小额投资集中为大额资金，投资于不同的股票组合，是股票市场的主要机构投资者。作为一种投资工具，股票基金在股市中占有重要地位。股票基金具有以下几个特点：（1）投资对象具有多样性。（2）从投资对象来看，股票基金具有择优性，因而流动性强、变现性高。（3）股票基金的风险相对比股票投资的风险低得多，因而收益较稳定。（4）股票基金还具有在国际市场上融资的功能和特点。

债券基金是指以债券为投资对象的投资基金。债券基金通过集中众多投资者的资金，对债券进行组合投资，寻求较为稳定的收益。债券是随着债券市场的发展而逐步发展成为证券投资基金重要种类的，其规模仅次于股票基金。相对于股票基金，债券基金有以下特点：（1）风险低，收益也低。（2）管理费用较低。（3）债券利息固定，收益较为稳定。（4）注重当期收益。

根据基金单位是否可增加、赎回，证券投资基金可分为封闭式基金和开放式基金。

封闭式基金有明确的存续期限（中国规定不得少于5年），在此期限内已发行的基金单位一般不能被赎回。因此，在正常情况下，基金规模是固定不变的。封闭式基金因在交易所上市，其买卖价格受市场供求关系影响较大。当市场供小于求时，基金单位买卖价格可能高于每份基金单位资产净值，这时投资者拥有的基金资产就会增加；当市场供大于求时，基金价格则可能低于每份基金单位资产净值。

开放式基金的买卖价格是以基金单位的资产净值为基础计算的，可直接反映基金单位资产净值的高低。开放式基金所发行的基金单位是可赎回的，而且投资者在基金的存续期间内也可随意申购基金单位，因此，基金的资金总额每日均不断变化。这是封闭式基金与开放式基金的根本差别。

二、证券投资基金法律关系

证券投资基金法律关系是指依据《证券投资基金法》规定，证券投资基金当事人在基金资金募集、基金投资运作以及基金利益分配等相关证券基金活动中所形成的权利与义务关系。证券投资基金法律关系是由证券投资基金当事人即基金投资者、基金管理人和托管人，当事人在证券基金活动中享有的权利和承担的义务，基金财产三部分构成。

（一）证券投资基金当事人

1. 基金投资者。基金投资者是指参与基金投资，持有基金份额的当事人。购买了基金份额，便成为基金份额持有人和基金资产的最终拥有人，享有由基金资产投资产生的各种权利，也要承担相应的义务。

基金份额持有人的权利和义务通常是由基金合同来规定的，虽然投资者不直接参与签订基金合同，但其投资于基金，购买基金份额，即等于承认基金合同，并认可合同规定的持有人的权利和义务。例如，《证券投资基金法》对基金份额持有人的权利作了如下的规定：（1）分享基金财产收益；（2）参与分配清算后的剩余基金财产；（3）依法转让或者申请赎回其持有的基金份额；（4）按照规定要求召开基金份额持有人大会；（5）对基金份额持有人大会审议事项行使表决权；（6）查阅或者复制公开披露的基金信息资料；（7）对基金管理人、基金托管人、基金份额发售机构损害其合法权益的行为依法提起诉讼；（8）基金合同约定的其他权利。

2. 基金管理人。基金管理人是指具体对基金财产进行投资运作的机构，凭借专门的知识与经验，运作、管理基金资产，根据法律、法规及基金章程或基金合同的规定，按照合理的投资决策进行投资，促使基金资产不断增值，并使基金持有人获取尽可能多的收益的组织。基金管理人可以获取报酬，可以代表基金出席上市公司的股东大会，行使股东权利，履行股东义务。

基金管理人是基金资产的管理者和运用者，基金收益的好坏取决于基金管理人管理运用基金资产的水平，因此，必须对基金管理人的任职资格作出严格限定，以保护投资者的利益。

根据《证券投资基金法》规定，在我国，基金管理人由依法设立的基金管理公司担任。设立基金管理公司，应当具备下列条件，并经国务院证券监督管理机构批准：（1）有符合本法和《中华人民共和国公司法》规定的章程；（2）注册资本不低于一亿元人民币，且必须为实缴货币资本；（3）主要股东具有从事证券经营、证券投资咨询、信托资产管理或者其他金融资产管理的较好的经营业绩和良好的社会信誉，最近三年没有违法记录，注册资本不低于三亿元人民币；（4）取得基金从业资格的人员达到法定人数；（5）有符合要求的营业场所、安全防范设施和与基金管理业务有关的其他设施；（6）有完善的内部稽核监控制度和风险控制制度；（7）法律、行政法规规定的和经国务院批准的国务院证券监督管理机构规定的其他条件。

3. 基金托管人。基金托管人是指依据基金合同承担基金资产保管，并对基金管理人的投资活动进行监督的当事人。各国法律都规定，不论是何种类型基金，都要设立或指定基金保管公司，以充分保障基金投资者的合法权益。依据我国法律规定，基金托管人由依法设立并取得基金托管资格的商业银行担任。

基金主要投资于证券市场，为保证基金资产的独立性和安全性，法律规定基金托管人应为基金开设独立的银行存款账户，并负责账户管理。由于基金托管人在基金运作中扮演着非常重要的角色，在我国，根据《证券投资基金法》的规定，基金托管人必须经国务院证券监督管理机构和国务院银行业监督管理机构批准，并具备下列条件：（1）净资产和资本充足率符合有关规定；（2）设有专门的基金托管部门；（3）取得基金从业资格的专职人员达到法定人数；（4）有安全保管基金财产的条件；（5）有安全高效的清算、交割系统；（6）有符合要求的营业场所、安全防范设施和与基金托管业务有关的其他设施；（7）有完善的内部稽核监控制度和风险控制制度；（8）法律、行政法规规定的和经国务院批准的国务院证券监督管理机构、国务院银行业监督管理机构规定的其他条件。

在我国，基金托管人主要有以下职责：（1）安全保管基金财产；（2）按照规定开设基金财产的资金账户和证券账户；（3）对所托管的不同基金财产分别设置账户，确保基金财产的完整与独立；（4）保存基金托管业务活动的记录、账册、报表和其他相关资料；（5）按照基金合同的约定，根据基金管理人的投资指令，及时办理清算、交割事宜；（6）办理与基金托管业务活动有关的信息披露事项；（7）对基金财务会计报告、中期和年度基金报告出具意见；（8）复核、审查基金管理人计算的基金资产净值和基金份额申购、赎回价格；（9）按照规定召集基金份额持有人大会；（10）按照规定监督基金管理人的投资运作；（11）国务院证券监督管理机构规定的其他职责。

为了明确各自的职责，保证基金资产的安全，法律还规定，基金管理人和基金托管人应签订基金托管协议，明确包括基金资产的保管、基金的管理和运作以及相互监督等事宜；在实际运作中，双方应诚实勤勉，严格遵守基金托管协议有关条款；基金托管人必须将其托管的基金资产与托管人的自有资产严格分开，对不同基金分别设置账户，实行分账管理。

（二）基金财产

基金财产是基金管理人通过设立募集的资金和管理运作基金而取得和形成的财产。基金财产是构成基金法律关系的基本要素之一，它通常表现为货币形式，有时表现为其他证券。

1. 基金财产范围

（1）设立募集的资金，即基金管理公司在设立基金时所募集的资金。从《证券投资基金法》第四十四条的内容来看，没有具体规定基金成立的最低限额。该条规定：基金募集期限届满，封闭式基金募集的基金份额总额达到核准规模的百分之八十以上，开放式基金募集的基金份额总额超过核准的最低募集份额总额，并且基金份额持有人人数符合国务院证券监督管理机构规定的，基金管理人应当自募集期限届满之日起十日内聘请法定验资机构验资，自收到验资报告之日起十日内，向国务院证券监督管理机构提交验资报告，办理备案手续，并予以公告。

（2）投资所得的收益。即基金管理人、基金托管人因基金财产的管理、运用或者其他情形而取得的财产和收益。它具体包括收益、利息和孳息等积极财产，也包括债务等消极财产。

对于不同类型的基金，由于投资目标和投资策略的不同，取得收益的来源和方式也不一样。一是利息收入，即以现金形式存在或将部分基金财产存于商业银行获取的利息收入。二是持有股票收入，即持有公司发行的股票取得的收入。三是炒作资本收入，即基金财产通过投资股票所得的价差收入，它是基金最主要的收益形式，收益多少决定于经济发展状况、证券市场行情和基金管理人的操作水平。四是资本增值等。

2. 基金财产的独立性

法律规定基金财产独立于基金管理人、基金托管人，要严格区分基金财产与基金管理人、基金托管人的自有财产，保护基金及其份额持有人的合法权益。这有利于基金的独立、公正运作，使之免受外界干扰，以获取最大收益。

为体现基金财产的独立性，法律一般都规定：（1）基金财产独立于基金管理人、基金托管人的自有财产，不得归入基金管理人、基金托管人的自有财产。基金管理人、基金托管人因依法解散、被依法撤销或者被依法宣告破产等原因进行清算的，基金财产不属于其清算财产。（2）基金财产债权独立于管理人、托管人的固有财产债权，基金的债权不得与基金管理人、基金托管人的固有财产债务抵消，不同基金财产的债权债务不得相互抵消。（3）非因基金本身承担的债务，债权人不得对基金财产主张强制执行。（4）基金托管人对其托管的不同基金财产应当分别独立设置账户，确保基金的完整与独立。

第二节 证券投资基金的募集、交易与运作

基金的募集是基金投资的开始；基金交易保证了基金投资的延续；基金运作提供了安全、有效的日常管理，包括基金投资管理、基金会计核算、基金注册登记和基金收益、费用及收益分配。

一、证券投资基金的募集

（一）概念

基金募集即根据法律规定，由设立基金的机构提出基金募集方案，并按相关程序向

监管机关提出募集申请，经批准后即进行的基金募集活动。募集是基金的起点，资金募集决定着基金的设立与否，决定着基金的正常经营，也决定着基金的投资收益。

依据基金运作方式的不同，基金募集又分为封闭式基金的募集和开放式基金的募集。封闭式基金的募集又称封闭式基金的发售，是指基金管理公司根据有关规定向国务院证券监督管理机构提交募集文件，发售基金份额，募集基金的行为。开放式基金的募集是指基金管理公司根据有关规定，向国务院证券监督管理机构提交募集文件，首次发售基金份额，募集基金的行为。

（二）基金募集程序

封闭式基金和开放式基金的募集一般都经过四个步骤。

1. 申请。在我国，基金管理人进行证券基金募集，必须依据《证券投资基金法》的有关规定，向国务院证券监督管理机构提交相关文件。申请募集封闭式基金应提交的主要文件包括申请报告、基金合同草案、基金托管协议草案、招募说明书草案等。

申请开放式基金应提交的申请募集文件项目与封闭式基金基本相同，但开放式基金在一些文件的具体内容上与封闭式基金有所不同。如在开放式基金的基金合同草案中应包含最低募集份额总额，而封闭式基金的基金合同中应包括封闭式基金份额总额和基金合同期限。

2. 核准。根据《证券投资基金法》的要求，国务院证券监督管理机构应当自受理基金募集申请之日起六个月内作出核准或者不予核准的决定。两类基金的募集申请都需经国务院证券管理机构核准后，方可发售其基金份额。

3. 发售。不论是开放式基金份额的发售，还是封闭式基金份额的发售，基金管理人都应当自收到核准文件之日起六个月内进行基金份额的发售。基金的募集不得超过国务院证券监督管理机构核准的基金募集期限。基金的募集期限自基金份额发售之日起计算。一般来说，基金的募集期限在三个月内。基金份额的发售由基金管理人负责办理。基金管理人应当在基金份额发售的三日前公布招募说明书、基金合同及其他有关文件。

封闭式基金份额的发售一般由证券公司组成的承销团来代理。对于开放式基金份额发售，基金管理人可以委托商业银行、证券公司等经认定的其他机构代理基金份额的发售。

4. 备案与公告。根据《证券投资基金法》，基金募集期限届满，封闭式基金募集的基金份额总额达到核准规模的百分之八十以上，开放式基金募集的基金份额总额超过核准的最低募集份额总额，并且基金份额持有人人数符合国务院证券监督管理机构规定的，基金管理人应当自募集期限届满之日起十日内聘请法定验资机构验资，自收到验资报告之日起十日内，向国务院证券监督管理机构提交验资报告，办理基金备案手续，并予以公告。

二、证券投资基金的交易

（一）证券投资基金上市交易程序

开放式基金的基金份额的申购、赎回和登记，由基金管理人负责办理；基金管理人可以委托经国务院证券监督管理机构认定的其他机构代为办理。

封闭式基金的基金份额，经基金管理人申请，可以在证券交易所上市交易。基金份额上市交易规则由证券交易所制定，报国务院证券监督管理机构核准。因此，证券投资基金上市交易程序主要分三步：一是提出申请；二是经国务院证券监督管理机构核准，国务院证券监督管理机构可以授权证券交易所依据法定条件和程序核准基金份额的上市交易；三是经批准后由证券交易所安排上市交易。

（二）证券投资基金上市交易条件

基金份额上市交易应当符合下列条件：（1）基金的募集符合《证券投资基金法》规定。（2）基金合同期限为五年以上。（3）基金募集金额不低于二亿元人民币。（4）基金份额持有人不少于一千人。（5）基金份额上市交易规则规定的其他条件。

三、证券投资基金的运作

证券投资基金的运作指的是在基金成立后，基金管理人对基金财产进行的日常管理、运作。它包括投资管理、基金会计核算、基金注册登记和基金收益、费用及收益分配。

（一）投资管理

投资管理是基金管理公司运用基金资产，将基金资产配置于股票、债券等各类资产并进行证券选择的过程，是基金管理人实现基金财产增值、获取基金财产收益的核心过程。

（二）基金会计核算

1. 基金会计核算。进行基金会计核算是反映基金经营状况的必要手段。通过基金会计核算可以得出基金资产净值，反映基金经营业绩，为投资者买卖基金提供计价依据。

基金的会计核算是以不同基金为会计主体进行的，反映不同基金在一定时期的经营业绩和资产负债状况。要准确做好基金会计核算，就需要对基金的资产价值按照一定的标准进行估算，因此基金估值是基金会计核算的主要内容。

2. 基金资产估值。当前，我国的基金可投资于上市流通的股票（配售的新股暂不能流通）、政府债券、金融债券和可转换债券等金融工具，基金的大部分资产存在于较活跃的市场，其市场价格较容易得到。我国《证券投资基金会计核算办法》对基金资产的估值原则作出下列规定：

（1）任何上市流通的有价证券以其估值日在证券交易所挂牌的市价（平均价或收盘价）估值；估值日无交易的，以最近交易日的市价估值。

（2）未上市的股票分以下两种情况处理：配股和增发新股，按估值日在证券交易所挂牌的同一股票的收盘价估值；首次公开发行的股票，按成本估值。

（3）配股权证：从配股除权日起至配股确认日止，按市价高于配股价的差额估值；如果市价低于配股价，按配股价估值。

（4）如有确凿证据表明按上述方法进行估值不能客观反映其公允价值，基金管理公司应根据具体情况与基金托管人商定后按最能反映公允价值的价格估值。

（5）如有新增事项，按国家最新规定估值。

（三）基金注册登记

根据我国《开放式证券投资基金试点办法》，基金注册登记是指由注册登记机构保存基金持有人档案及基金份额等账户资料，计算并分发红利，准备并邮寄持有人对账单等一系列活动。

各国基金注册登记制度都存在着差异。我国基金注册登记制度有两种：一是封闭式证券投资基金注册登记制度，二是开放式证券投资基金注册登记制度。我国封闭式证券投资基金在证券交易所进行公开交易，所有封闭式基金的注册登记业务由证券登记结算公司进行，投资者的账户档案及基金的份额信息由证券登记结算公司统一集中管理。开放式基金的注册登记业务可以由基金管理人办理，也可以委托商业银行或登记结算公司办理。

根据我国有关法规规定，注册登记机构的职责主要有：（1）按照法律法规和基金契约规定的条款办理基金的注册登记业务。（2）保存基金持有人名册及相关的申购、赎回等业务记录15年以上。（3）对基金持有人的基金账户信息负有保密义务，因违反该保密义务给投资者或基金带来的损失，须承担相应的赔偿责任，但司法强制检查等情形除外。（4）按基金契约及招募说明书、公开说明书规定为投资人办理非交易过户业务，提供其他必要的服务。（5）法律法规规定的其他义务。

（四）基金收益、费用及分配

1. 基金收益。通常基金收益主要表现为银行利息收益、持有股票收益和资本炒作收益三种形式。银行利息收益是指在基金运作时，预留一部分资产存放在银行，定期从商业银行取得一定的利息收入。持有股票收益是指证券投资基金通过在市场购入、持有各公司发行的股票（普通股、优先股）而从公司取得的一种收益，包括发放的现金和配送的股票。资本炒作收益是指基金管理人利用投资基金在证券市场上炒作证券，即在资本供应充裕、证券价格较低时购入证券，而在证券需求旺盛、价格上涨时卖出证券，从而获得价差。

2. 基金的费用。基金的费用大体上有销售与服务费用、管理费用和交易费用三种。

销售与服务费用是指基金公司通过基金销售收取的费用和为基金服务支出的费用，包括前收费用、后收费用，12b－1费用、赎回费用、转换费用、再投资费用等。管理费用是指支付给基金管理人的报酬、基金托管人为基金提供托管服务而向基金或基金公司收取的费用及投资者服务费、会计费、审计费、律师费、贷款利息、董事费等其他费用。交易费用指基金进行证券交易支付给证券经纪商的代理费。一般来说，基金投资周转率越高，交易越频繁，交易费用率就越高。

3. 基金收益分配。基金收益分配通常有两种方式：一是现金分配，这是基金收益分配的最普遍形式；二是基金单位分配，即将应分配的净收益折为等额的新的基金单位送给投资者，即我们常说的“送股”。

第三节　证券投资基金的信息披露与监督管理

一、证券投资基金的信息披露

（一）基金信息披露的概念

基金信息披露是指依据《证券投资基金法》有关规定，在基金募集、交易、运作等一系列环节中，基金信息披露义务人向社会公众进行信息披露，并保证所披露信息的真实性、准确性和完整性。建立基金信息披露制度，一方面有利于提高证券市场的效率，防范证券市场信息披露无序状况，克服可能存在的管理人道德风险问题；另一方面可以增加资本市场的透明度，有利于投资者的价值判断，作出理性投资选择。

（二）基金信息披露的内容

1. 基金募集信息披露。基金募集信息披露是指在基金募集过程中，基金管理人向社会公众公开披露有关信息。在基金募集信息披露中，基金招募说明书是较为重要的一个文件。基金招募说明书是基金管理人为发售基金份额而依法制作的，供投资者了解管理人基本情况，说明基金募集有关事宜，指导投资者认购基金份额的规范性文件。其编制原则是，基金管理人应将所有对投资者作出投资判断有重大影响的信息予以充分披露，以便投资者更好地作出投资决策。

根据《证券投资基金法》规定，基金招募说明书应当包括下列内容：（1）基金募集申请的核准文件名称和核准日期；（2）基金管理人、基金托管人的基本情况；（3）基金合同和基金托管协议的内容摘要；（4）基金份额的发售日期、价格、费用和期限；（5）基金份额的发售方式、发售机构及登记机构名称；（6）出具法律意见书的律师事务所和审计基金财产的会计师事务所的名称和住所；（7）基金管理人、基金托管人报酬及其他有关费用的提取、支付方式与比例；（8）风险警示内容；（9）国务院证券监督管理机构规定的其他内容。

2. 基金运作信息披露。基金运作信息披露主要是指在基金合同生效后至基金合同终止前，基金信息披露义务人依法定期披露基金的上市交易、投资运作及经营业绩等信息。主要文件包括基金份额上市交易公告书和定期报告。

（1）上市公告书。凡是根据有关法律法规发售基金份额并申请在证券交易所上市交易的基金，基金管理人均应编制并披露基金份额上市交易公告书。目前披露上市交易公告书的基金品种主要有封闭式基金、上市型开放式基金（LOF）和交易型开放式指数基金（ETF）。

（2）定期报告。根据《证券投资基金信息披露管理办法》，定期报告包括基金年度报告、基金半年度报告和基金季度报告。

基金年度报告。基金管理人应当在每年结束之日起九十日内，编制完成基金年度报告，并将年度报告正文登载于网站上，将年度报告摘要登载在指定报刊上。基金年度报告的财务会计报告应当经过审计。

基金半年度报告。基金管理人应当在上半年结束之日起六十日内，编制完成基金半年度报告，并将半年度报告正文登载于网站上，将半年度报告摘要登载在指定报刊上。

基金季度报告。基金管理人应当在每个季度结束之日起十五个工作日内，编制完成基金季度报告，并将季度报告登载在指定报刊和网站上。

基金合同生效不足两个月的，基金管理人可以不编制当期季度报告、半年度报告或者年度报告。基金定期报告应当在公开披露的第二个工作日，分别报中国证监会和基金管理人主要办公场所所在地中国证监会派出机构备案。报备应当采用电子文本和书面报告两种方式。

3. 基金临时信息披露。基金临时信息披露主要是指在基金存续期间，当足以影响到投资者决策和足以影响到证券市场价格变动的重大事件出现时，基金信息披露义务人依法对外披露的临时报告。

基金发生重大事件，有关信息披露义务人应当于重大事件发生起两日内编制临时报告书，予以公告，并在公开披露日分别报中国证监会和基金管理人主要办公场所所在地中国证监会派出机构备案。这里说的重大事件包括下列情况：(1) 基金份额持有人大会的召开。(2) 提前终止基金合同。(3) 基金扩募。(4) 延长基金合同期限。(5) 转换基金运作方式。(6) 更换基金管理人、基金托管人。(7) 基金管理人、基金托管人的法定名称、住所发生变更。(8) 基金管理人股东及其出资比例发生变更。(9) 基金募集期延长。(10) 基金管理人的董事长、总经理及其他高级管理人员、基金经理和基金托管人基金托管部门负责人发生变动。(11) 基金管理人的董事在一年内变更超过百分之五十。(12) 基金管理人、基金托管人基金托管部门的主要业务人员在一年内变动超过百分之三十。(13) 涉及基金管理人、基金财产、基金托管业务的诉讼。(14) 基金管理人、基金托管人受到监管部门的调查。(15) 基金管理人及其董事、总经理及其他高级管理人员、基金经理受到严重行政处罚，基金托管人及其基金托管部门负责人受到严重行政处罚。(16) 重大关联交易事项。(17) 基金收益分配事项。(18) 管理费、托管费等费用计提标准、计提方式和费率发生变更。(19) 基金份额净值计价错误达基金份额净值百分之零点五。(20) 基金改聘会计师事务所。(21) 变更基金份额发售机构。(22) 基金更换注册登记机构。(23) 开放式基金开始办理申购、赎回。(24) 开放式基金申购、赎回费率及其收费方式发生变更。(25) 开放式基金发生巨额赎回并延期支付。(26) 开放式基金连续发生巨额赎回并暂停接受赎回申请。(27) 开放式基金暂停接受申购、赎回申请后重新接受申购、赎回。(28) 中国证监会规定的其他事项。

二、证券投资基金的监督管理

证券投资基金监管是指监管部门依法对基金市场参与者的行为进行的监督与管理。基金监管对于维护证券市场的良好秩序、提高证券市场的效率、保护基金持有人利益均具有重大意义，是证券市场监管体系中不可缺少的组成部分。

1. 证券投资基金的监督管理体系。证券投资基金监管体系可分为基金从业机构的内部监管体系和监管机构的外部监管体系。

内部监管体系包括：（1）内部自我控制体系。其目的在于合理评价和控制风险。在基金管理业务中，管理投资风险的技术和防范操作风险的制度共同构成了内部控制制度的基本框架。（2）公司治理结构。基金管理公司属于专业投资管理机构，其治理结构中不但要综合考虑股东、董事会、管理层之间的权利义务制衡机制，还要建立相关的机制来保护利益相关人的权益。通过完善治理结构，可在基金管理公司内部形成基金监管的第一道防线。

外部监管体系包括：（1）独立中介机构的监督。（2）信息披露和媒体监督。（3）行业自律监管。（4）国务院证券监督管理机构的监管，它是基金监管的最后一道防线，也是整个基金监管体系的核心。

2. 证券业协会的自律性管理。证券业协会是具有独立法人地位、由经营证券业务的金融机构自愿组成的行业性自律组织。2002 年 12 月 4 日，中国证券业协会证券投资基金业委员会（以下简称基金业委员会）成立，承接了原基金公会的职能和任务，在中国证券业协会的领导下开展工作。《证券投资基金法》第十条规定：基金管理人、基金托管人和基金份额发售机构，可以成立同业协会，加强行业自律，协调行业关系，提供行业服务，促进行业发展。

3. 证券交易所的监督管理。证券交易所的监管主要包括两个方面：一是对基金上市的监管。主要体现在证券交易所制定详细的交易规则，对基金上市行为进行规范。二是对基金投资行为的监管。根据国务院证券监督管理机构的有关规定，证券交易所应当在规定时间内向国务院证券监督管理机构报送基金交易行为月度监控报告。当单一基金或基金管理公司管理的不同基金出现异常交易行为时，证券交易所可视情况进行处理，包括提示、警告、公开谴责等；对异常交易程度和性质的认定有争议的，书面报告国务院证券监督管理机构。

4. 证券监督管理机构的监督管理。国务院证券监督管理机构的监管是整个基金监管体系的核心。我国《证券投资基金法》规定，国务院证券监督管理机构在监管基金活动中，依法履行下列职责：（1）依法制定有关证券投资基金活动监督管理的规章、规则，并依法行使审批或者核准权；（2）办理基金备案；（3）对基金管理人、基金托管人及其他机构从事证券投资基金活动进行监督管理，对违法行为进行查处，并予以公告；（4）制定基金从业人员的资格标准和行为准则，并监督实施；（5）监督检查基金信息的披露情况；（6）指导和监督基金同业协会的活动；（7）法律、行政法规规定的其他职责。

根据《证券投资基金法》对证券投资基金活动的监管主要包括对基金管理公司的监管、对基金托管人的监管以及对证券投资基金的监管等。

5. 对基金管理公司的监管。对基金管理公司的监管主要包括市场准入监管和日常持续监管。

市场准入监管主要指对相关资格的审核与批准，包括：（1）对基金管理公司设立的审核。（2）对基金管理公司重大事项变更的审核，如变更股东、注册资本或者股东出资比例，变更名称、住所，修改章程等。（3）对基金管理公司分支机构设立的审核等。

基金管理公司日常监管的主要内容是：（1）基金公司的治理监管，如监督基金管理公司股东会、董事会、监事会的职责规定是否明确、合法、有效等。（2）内部控制监管。基金管理公司的内部控制对防范和化解风险、保护基金资产的安全、保障持有人利益有着十分重要的作用，是日常监管的重点。

6. 对证券托管人的监管。中国证监会对基金托管人的监管可分为市场准入监管和日常持续监管两个方面。市场准入监管包括确立托管人托管资格，要求在资产质量、人员配备、办公硬件及系统软件、风险控制等方面符合《证券投资基金法》及《基金托管资格管理办法》等法律法规的规定；规定基金托管人批准资格，即由中国证监会、中国银监会核准。日常持续监管主要是对基金托管机构高级管理人员从业资格的监管和对托管人托管业务的日常监管。

7. 对证券投资基金的监管

（1）对证券投资基金设立的监管。包括对基金设立申报材料是否齐备的审查，对基金设立申报材料是否合法的审查，对基金设立申报材料进行评议以及国务院证券监督管理机构核准或者不予核准的决定。

（2）对证券投资基金销售的监管。我国对证券投资基金销售的监管主要包括销售人资格和销售行为监管两个方面。按照《证券投资基金法》规定，商业银行、证券公司等机构可以接受基金管理人的委托，办理开放式基金单位的认购、申购和赎回业务，但其资格要经国务院证券监督管理机构认定核准。此外，基金管理公司、基金代销机构中向投资人提供基金投资咨询服务的工作人员应当具备基金从业资格。

《证券投资基金法》体现了对禁止性销售行为的监管，如不得有虚假记载、误导性陈述和重大遗漏，不得对证券投资业绩进行预测，不得诋毁其他基金管理人、基金托管人或者基金份额发售机构，不得有国务院证券监督管理机构规定的其他行为。

（3）对证券投资基金信息披露的监管。目前对基金信息披露进行监管的部门主要是国务院证券监督管理机构和证券交易所，但各自的分工和权限有所不同。国务院证券监督管理机构主要依法制定基金信息披露的相关规章，对基金设立信息披露文件进行审核，指导、督促交易所的监管等；证券交易所则主要负责监管上市基金的持续信息披露。

（4）对证券投资基金投资与交易行为的日常监管。监管部门对证券投资基金投资和交易行为的日常监管主要是指对基金投资的比例、投资禁止行为等进行监管。《证券投资基金法》规定，对证券投资基金投资与交易违法违规行为，监管部门可视情节严重程度给予不同程度的处理。

8. 对高级管理人员资格的监管。基金高级管理人员的监管由市场准入监管、任职期间监管、违规处理以及市场退出等环节组成。根据中国证监会制定的《基金从业人员资格管理暂行规定》，高级管理人员是指基金管理公司、基金托管部总经理、副总经理以及国务院证券监督管理机构认定的其他人员。

加强对基金高级管理人员的监督管理，有利于规范基金管理公司的运作，防范基金管理公司的经营风险；有利于提高基金高级管理人员的执业素质，保护基金份额持有人利益；也有利于实现信息资源的集中共享。

【本章小结】

证券投资基金是一种实行组合投资、专业管理、利益共享、风险共担的集合投资方式。与直接投资股票、债券不同，证券投资基金是一种间接投资工具。基金投资者、基金管理人和托管人是基金运作中的当事人。本章着重介绍什么是证券投资基金，证券投资基金法律关系，证券投资基金的募集、交易、运作，证券投资基金的信息披露与监管等内容。

【复习思考题】

一、简答题

1. 证券投资基金的特点是什么？
2. 投资基金持有人有哪些权利和义务？
3. 基金管理人、基金托管人必须具备的条件有哪些？
4. 法律对基金财产的独立性有什么规定？

二、论述题

1. 试述证券投资基金法律关系的内容。
2. 证券投资基金的监督管理包括哪些方面？
3. 试述我国的基金注册登记制度。

第十章

信托法律制度

XINTUO FALU ZHIDU

第一节　信托法概述

一、信托的概念和分类

（一）信托的概念

信托是源于英美法系的一项制度，后逐步为大陆法系的日本、韩国、德国等国家接纳和认可。由于英美法系国家和大陆法系国家之间历史结构与社会文化差异很大，因此难以给信托下一个统一的准确概念。我国《信托法》是从法律行为角度给信托下定义的。《信托法》第二条规定，信托是指委托人基于对受托人的信任，将其财产权委托给受托人，由受托人按委托人的意愿以自己的名义，为受益人的利益或者特定目的，进行管理或者处分的行为。信托在实践中是因为财产权人缺少理财经验或者管理时间，将其财产或者权利交给第三人代为管理和处分的一种特殊代理活动。

（二）信托的分类

由于信托具有高度灵活性和广泛的适用性，其种类和品种繁多，这里只介绍几种主要的分类。

1. 私益信托和公益信托。以收益对象和信托目的不同，信托可分为私益信托和公益信托。私益信托是指委托人为自己、亲属、朋友或者其他特定个人的利益而设立的信托。在私益信托中，委托人既可以为自己设立信托（自益信托），也可以为他人设立信托（他益信托）；委托人既可以为一人设立信托，也可以为多数人设立信托。私益信托是信托业务中的主要部分。公益信托是指委托人以学术、科技、慈善、宗教或者其他社会公共利益事业而设立之信托。公益信托是一种特殊的信托，其设立的主要目的是社会的公共利益。公益信托的财产及收益，不得用于非公益目的。公益信托只能是他益信托。

2. 自益信托和他益信托。按照委托人与受托人的关系，信托可分为自益信托和他益信托。自益信托是指委托人以自己为唯一受益人而设立的信托。自益信托的委托人和受益人为同一人，自益信托只能是私益信托。他益信托是指委托人以他人为受益人而设立的信托。他益信托可以是私益信托，也可以是公益信托。

3. 意定信托和法定信托。以信托关系建立的法律依据不同，信托可分为意定信托和法定信托。意定信托也称为设定信托，是指依委托人意思表示而设立的信托。意定信托可以是自益信托和他益信托。法定信托是指依法律直接规定而设立的信托。

4. 生前信托和死后信托。以信托发生法律效力是在委托人生前还是在死后，信托可分为生前信托和死后信托。生前信托是指委托人在生前设立并发生法律效力的信托。生前信托通常采取信托合同的方式，生前信托可以是自益信托，也可以是他益信托。死后信托也称为遗嘱信托，是指委托人以遗嘱方式设立，并在委托人去世后发生法律效力的信托。死后信托只能是他益信托。委托人设立的死后信托，除了要遵守《信托法》规定外，还应当符合《继承法》对有效遗嘱的规定。

5. 营业信托和非营业信托。以受托人是否以承受信托为营业作为标准，信托可分为营业信托和非营业信托。这一分类只适用于私益信托。营业信托也称为商事信托，是指受托人为从事信托营业的具有法人资格的机构，以营利为目的而设立的信托。营业信托属于商法范围内的信托业务。非营业信托也称为民事信托，是指不以营利为目的，由非信托营业机构从事的信托。非营业信托属于民法范围内的信托。

6. 金钱信托和非金钱信托。依据信托财产的性质不同，信托可分为金钱信托和非金钱信托。金钱信托也称为资金信托，是指以金钱为信托财产的信托。非金钱信托是指以金钱以外的财产为信托财产的信托，主要有动产、不动产、金钱债权、知识产权等财产及财产权利的信托。

7. 可撤销信托和不可撤销信托。依据信托合同中是否保留了委托人的撤销权，信托可分为可撤销信托和不可撤销信托。可撤销信托是指委托人在信托合同中保留了随时可以终止信托合同并取回信托财产的权利的信托。不可撤销信托是指除了信托合同所记载的条款外，不得由委托人终止的信托。

二、信托法的概念和基本原则

（一）信托法的概念

任何部门法都是以一定的社会关系作为调整对象的，信托法也不例外。所谓信托法，是指调整信托关系的法律规范的总称。信托关系是指信托关系当事人之间的权利和义务关系，包括委托人和受托人之间的委托关系，受托人和受益人之间的利益转移关系，还包括国家金融监督机构对信托活动及信托机构的监督管理关系。同其他所有部门法一样，信托法也有狭义和广义之分。狭义的信托法也称为形式意义的信托法，是指国家立法机关制定的信托法典。如 1922 年颁布的《日本信托法》、1961 年颁布的《韩国信托法》以及我国 2001 年 4 月颁布的《信托法》。广义的信托法除了狭义信托法之外，还包括行政机关、司法机关制定的信托规章和信托司法解释，如中国人民银行于 2001 年 1 月 10 日颁布并于 2002 年 6 月 5 日予以修订的《信托投资公司管理办法》，2002 年 6 月 26 日颁布的《信托投资公司资金信托管理办法》等。本书所指为广义信托法。

（二）信托法的基本原则

信托法的基本原则是贯穿于信托法全部的对各项信托制度起着统率作用的基本准则。信托法的基本原则有：

1. 意思自治原则。信托作为一种民事法律行为，理应以意思自治为基本原则。意思自治原则在信托中主要体现为：首先，就委托人而言，委托人既享有设立信托的自由，又享有确定信托目的的自由。其次，就受托人而言，享有是否接受信托的自由；在接受信托后，对信托财产的管理和处分享有广泛的自由裁量权。

2. 信托财产所有权与利益相分离的原则。信托设立以后，委托人转移给受托人的财产为信托财产。信托财产所有权的法律性质极为特殊，表现为所有权和利益相分离、权利主体和利益主体相分离。一方面，受托人享有信托财产的所有权，其可以像真正财产所有权人那样管理和处分财产，并可以与第三人从事各种交易活动。另一方面，受托人的这种所有权又不同于大陆法系民法上的所有权，表现为受托人不能为自己的利益而使用信托财产，更不能将行使信托财产所有权所产生的收益归自己。相反，受托人必须妥善地管理和处分信托财产，并将信托财产的利益交给受益人。

3. 信托财产独立性原则。信托财产的独立性是指信托一旦有效设立，信托财产即从信托当事人的自有财产中分离出来而成为一项独立的财产。信托财产的独立性主要体现在以下几个方面：

（1）就委托人而言，委托人一旦在自己的财产上设立信托，即丧失对该财产的所有权，从而使信托财产完全独立于委托人的固有财产。委托人对信托财产的管理和处分只享有监督权，不享有直接支配权。如果委托人死亡，信托财产不属于委托人可供继承的财产，不应由委托人的继承人来继承；如果委托人破产，信托财产也不能列入破产财产中，破产债权人只能分配委托人在信托财产之外的其他财产。

（2）就受托人而言，受托人因信托的设立而取得信托财产的所有权，并基于此所有权而享有广泛、自由的管理和处分权。但由于其对信托财产不能享有因行使所有权而带来的信托利益，所以，受托人在管理和处分信托财产时，必须使其承受的各种信托财产独立于其固有财产。并应当对各种信托财产分别管理、分别造册，使信托财产与受托人的自有财产相分离，与受托人管理的其他财产相分离。在信托法律关系存续期间，受托人仅能用信托财产清偿从事信托行为所产生的债务，不得用信托财产清偿与信托无关的债务；如果受托人死亡的，信托财产不属于受托人可供继承的财产，不应由受托人的继承人来继承；如果受托人破产，信托财产也不能列入破产财产。

（3）就受益人而言，受益人对信托财产享有受益权，但这主要是一种信托利益的请求权。在信托法律关系存续期间，受益人并不享有信托财产的所有权，即使在信托法律关系终止后，委托人也可通过信托条款将信托财产归于本人或第三人。因此，信托财产也是独立于受益人的固有财产。信托财产的独立性还表现在损益方面。受托人处理信托事务所产生的利益，除依信托条款规定应支付给受益人以外，应归属于信托财产；所产生的损失，除非是由受托人过失行为所致，也应由信托财产来承担。

4. 信托责任有限性原则。信托责任的有限性源于信托财产的独立性，是指信托法律关系当事人因信托行为而产生的给付责任仅以信托财产为限。其体现在两个方面：

（1）信托的内部关系，即受托人与受益人之间的权利义务关系。受托人因信托行为所承担的给付信托利益的责任仅以信托财产为限。在信托事务的处理过程中，除了未能取得信托利益或者造成信托财产的损失是由受托人的过失行为所致外，受托人因信托关系而对受益人所负的债务，仅以信托财产为限负有限的清偿责任，受托人无须以自有财产承担个人责任；在信托终止时，受托人也只需将剩余财产移转给信托财产的权利归属人。

（2）信托的外部关系，主要是指信托当事人在处理信托事务的过程中与第三人之间的权利义务关系。在信托外部关系上，由于受托人既是信托财产名义上的所有权人，又是信托事务的处理者，因此，因处理信托事务而产生的责任，名义上都应当由受托人承担，相对人无权要求委托人和受益人承担。但由于受托人作为信托财产所有人并不享有信托利益，因此，只要受托人在处理信托业务过程中没有过错，即使是受托人对第三人承担的责任，也应该由信托财产承担。

5. 信托管理的承继性原则。信托管理承继性原则是信托财产管理制度长期性和稳定性的保障。信托管理的承继性主要体现在：

（1）信托不因受托人的欠缺而影响其成立和效力。信托设立后，受托人享有信托财产的所有权，可以对信托财产进行管理和处分，但是受托人的缺陷本身并不影响信托的成立和效力。我国《信托法》第五十二条规定，信托不因委托人或者受托人的死亡、丧失民事行为能力、依法解散、被依法撤销或者被宣告破产而终止，也不因受托人的辞任而终止。但本法或者信托文件另有规定的除外。

（2）信托依法成立后不因受托人的欠缺或变更而影响其存续和效力。我国《信托法》第四十条规定，受托人职责终止的，依照信托文件规定选任新受托人；信托文件未规定的，由委托人选任；委托人不指定或者无能力指定的，由受益人选任；受益人为无民事行为能力或者限制民事行为能力人的，依法由其监护人代行选任。

（3）公益信托中的“类似原则”使信托目的不能实现的信托也能得以存续。公益信托不仅具有私益信托的承继性，而且还因“类似原则”的适用而具有特殊的承继性。在私益信托中，如果信托目的不能实现，信托关系即告终止。与此不同，当公益信托所指定的公益目的不能实现或实现已无意义，而又没有明确的信托财产权的归属人时，受托人应当将信托财产用于与原公益目的近似的目的。

6. 利益冲突的防范原则。受托人应为受益人的利益管理和处分信托财产，但由于受托人实际上拥有和控制信托财产，因而难免出现一些信托人利用此地位谋取私益而损害信托财产及受益人的利益。为防范利益冲突，各国信托法一般都规定有冲突防范原则。我国《信托法》第二十六条、第二十七条和第二十八条对此作了规定。

三、信托法律关系

信托法律关系简称信托关系，是指由信托法调整的，在信托当事人之间形成的以信托财产为中心的权利、义务关系。信托关系和其他法律关系一样，也是由主体、客体和内容三部分构成。

（一）信托法律关系的主体

信托法律关系主体也称信托关系人，是指能够参加信托法律关系，依法享有权利和承担义务的当事人，包括委托人、受托人和受益人。

委托人是指将自己财产转移给受托人管理和处分，从而导致信托关系产生的人。我国《信托法》规定，委托人应当是具有完全民事行为能力的自然人、法人或依法成立的其他组织。委托人一般应该具备以下三个条件：（1）委托人具备信托行为能力；（2）拥有一定数量的财产，该财产不但名义上属于委托人，而且在法律上也属于委托人；（3）资产负债状况良好。委托人在信托法律关系中主要是监督信托财产的管理和经营情况。

受托人是指接受委托人的委托或者国家有关机关的指定而对信托财产负有为他人利益进行管理和处分的人。在信托关系中，受托人的地位最为重要。受托人可以是一人，也可以是数人；可以是具有完全民事行为能力的自然人，也可以是法人。但是，自然人不得以自己的名义担任金融信托的受托人，因为经营金融信托业务的受托人应当是依照《信托法》和《公司法》规定设立的信托公司。

受益人是指因受托人管理、处分信托财产而享受信托利益的人。受益人可以是自然人，也可以是法人、其他组织。受益人作为权利主体较少受到限制，只要在受益权有效期内，只要具有相应主体资格就可以成为受益人。

（二）信托法律关系的客体

信托法律关系的客体是指信托法律关系主体的权利和义务所共同指向的对象，也即借以产生信托法律关系的信托财产。所谓信托财产，是指委托人通过信托行为转移给受托人，并由受托人按照一定的信托目的进行管理和处理的财产。从我国《信托法》第十四条对信托财产的范围和内涵作出的界定来看，信托财产的范围原则上除法律、行政法规禁止或限制流通（经有关主管部门批准的除外）的财产外，任何有财产价值的均可成为信托财产。具体来说，一般包括以下几个部分：（1）受托人因承诺信托而取得的财产。（2）受托人因管理和处理信托财产而获得的财产（通常叫做信托利益）。（3）受托人因信托财产的灭失、毁损而取得的财产。（4）由委托人增加的财产等。

信托财产的法律性质颇为特殊。受托人因设立信托而取得信托财产的所有权，但这种所有权要受到受益权的限制，即信托财产所生利益只能由受益人享受。与此相联系，在法律地位上，信托财产又具有独立性，即信托财产独立于委托人、受托人和受益人的自有财产，受托人必须独立加以管理，而且处于委托人、受托人、受益人三方债权人的追及范围之外。

（三）信托法律关系的内容

信托法律关系的内容是指信托关系人（委托人、受托人和受益人）所享有的权利和承担的义务。

1. 委托人的权利和义务

委托人的主要权利有：(1) 受托人的选择权。委托人作为财产的原始所有人和信托设定人，有权选择财产管理人（受托人）。(2) 了解情况权和查阅复制权。委托人有权查阅、抄录或复制与信托财产有关的信托账目及处理信托事务的其他文件，有权了解其信托财产的管理、处分及收支情况，并有权要求受托人作出说明。(3) 信托财产管理方法调整权。因设立信托时未能预见的特别事由，致使信托财产的管理方法不利于实现信托目的或不符合受益人利益时，委托人有权要求受托人调整该信托财产的管理方法。(4) 撤销权、信托财产的复归权和损害赔偿权。受托人违反信托目的处分信托财产或因违背管理职责处理信托财产不当致使信托财产受到损失的，委托人有权申请人民法院撤销该处分行为，并有权要求受托人恢复信托财产的原状或予以赔偿。(5) 受托人的解任权。受托人因违反信托目的处分信托财产或管理运用、处分信托财产有重大过失的，委托人有权依照信托文件解任受托人，或申请人民法院解任受托人。

委托人的主要义务有：(1) 依信托合同约定将信托财产转移给受托人。委托人作为信托关系的设定人，负有将信托财产转移给受托人的义务，这是委托人的最大义务。(2) 依信托合同向受托人支付报酬及有关费用。信托可能是有偿信托，也可能是无偿信托。如果是有偿信托，则委托人负有向受托人支付报酬的义务。如果受托人在处理信托事务中垫付了有关费用，委托人负有补偿的义务。(3) 除信托文件另有规定外，委托人负有不得干预受托人活动的义务。

2. 受托人的权利和义务

受托人的主要权利有：(1) 对信托财产的管理处分权。受托人根据法律或信托文件的规定，享有对信托财产的占有、使用和处分的权利。为实现信托目的，受托人可以将信托财产出售、出租、抵押、质押等。(2) 费用和损失的补偿权和优先受偿权。受托人因处理信托事务所支出的费用、负担的债务或所受到的损害，可以请求补偿。请求权的行使必须依据信托文件进行，如果信托文件没有规定的，受托人可以从信托财产中优先受偿。(3) 报酬请求权。受托人有权依照信托文件的约定取得报酬，信托文件未事先约定的，经信托当事人协商同意可以作出补充约定；未作事先约定和补充约定的，不得收取报酬。但信托人违反信托目的处分信托财产或违背管理职责、处理信托事务不当致使信托财产受到损失的，在未予赔偿或恢复原状前，不得请求给付报酬。(4) 辞任权。一般情况下，在设立信托后，经委托人和受益人同意，可以辞任，但对公益信托另有规定的除外。受托人在新受托人选出前仍应履行管理信托事务。

受托人的主要义务有：(1) 忠实履行受托义务。忠实义务是指受托人应忠实于信托目的，遵守信托文件的规定，为受益人的最大利益处理信托事务。在任何情况下，受托人不得为自己的利益而损害信托财产，从而损害受益人的利益。(2) 不得为自己谋利益的义务。即受托人不得利用信托财产为自己谋取利益。(3) 不得将信托财产转为其固有财产的义务。受托人不得将信托财产转为其固有财产。(4) 不得非法交易的义务。即受托人不得将其固有财产与信托财产进行交易或者将不同信托人的信托财产进行相互交易，但信托文件另有规定或者经委托人或受益人同意，并以市场价格进行交易的除外。(5) 分别管理、分别记账的义务。受托人应将信托财产与其自有财产和所接受的其他信托财产分别管理。如果信托财产为金钱时，应采取分别记账的方式进行管理。(6) 自己处理信托事务的义务。信托事务一般应由受托人自己亲自处理。只有在信托文件另有规定，受托人有不得已事由时，受托人才可以委托他人代为处理信托事务。受托人还负有完整记录及报告的义务、保密义务以及支付信托利益等义务。

3. 受益人的权利和义务

受益人的主要权利有：(1) 信托财产受益权。受益人依法或依信托文件规定享有对信托财产的收益权。(2) 信托利益请求权。受益人依法或依信托文件向受托人主张并取得信托收益的权利。(3) 信托利益处分权。受益权是一项民事权利，受益人可以享有、放弃或转让。(4) 撤销权与赔偿请求权。当受托人违反信托目的处分信托财产时，受益人有权请求人民法院撤销该处分，并赔偿损失。(5) 与委托人共有的权利。受益人与委托人共有的权利包括了解情况权、查阅复制权、调整信托财产管理方法权、解任权等。(6) 与委托人意见不一致时的申请裁定权。受益人行使上述权利，与委托人意见不一致时，可以申请人民法院作出裁定。

受益人的主要义务有：(1) 依信托文件的规定，向受托人给付报酬。(2) 补偿受托人因处理信托事务所支出的费用，负担的债务或受到的其他损失。

第二节　信托业务法律规范

一、资金信托法律规范

(一) 资金信托业务的概念和种类

根据《信托投资公司资金信托管理暂行办法》第二条规定，资金信托业务是指委托人基于对信托投资公司的信任，将自己合法拥有的资金委托给信托投资公司，由信托投资公司按委托人的意愿以自己的名义，为受益人的利益或者特定目的管理、运用和处分的行为。资金信托以货币资金为信托财产。当前，资金信托业务是我国信托投资公司最主要的信托业务。资金信托业务是信托投资公司的专营业务，除经中国银监会批准设立的信托投资公司外，任何单位和个人不得经营资金信托业务，但法律、行政法规另有规定的除外。资金信托业务作为信托投资公司最主要的信托业务，是信托投资公司理财业务的主要存在方式，一般分为集合运用资金信托和单独运用资金信托。单独运用资金信托是指信托投资公司接受单个委托人委托，依据委托人确定的管理方式单独管理和运用信托资金的行为。集合资金信托是指信托投资公司接受两个或两个以上委托人委托，依据委托人确定的管理方式或由信托投资公司代为确定的管理方式管理和运用信托资金的行为。

(二) 资金信托业务规则

1. 资金信托合同规则。信托投资公司办理资金信托业务，应与委托人签订信托合同，并在信托合同的相关条款中载明“信托财产必须是委托人合法所有的财产”。信托投资公司集合管理、运用、处分信托资金时，接受委托人的资金信托不得超过二百份（含二百份），每份合同金额不得低于五万元（含五万元）人民币。

2. 资金信托的风险申明。信托投资公司办理资金信托业务时，应当于签订信托合同的同时，与委托人签订信托资金管理、运用风险申明书。风险申明书应当载明下列内容：（1）信托投资公司依据信托文件的约定管理、运用信托资金导致信托资金受到损失的，其损失部分由信托财产承担。（2）信托投资公司违背信托文件的约定管理、运用、处分信托资金导致信托资金受到损失的，其损失部分由信托投资公司负责赔偿。不足赔偿时，由信托财产承担。同时，受托人制定信托合同或者其他信托文件，应当在首页右上方用醒目字体载明下列文字：“受托人管理信托财产应恪尽职守，履行诚实、信用、谨慎、有效管理的义务。依据本信托合同规定管理信托资金所产生的风险，由信托财产承担，即由委托人交付的资金以及由受托人对该资金运用后形成的财产承担；受托人违背信托合同、处理信托事务不当使信托资金受到损失，由受托人赔偿。”

3. 分别管理和信托执行经理。信托投资公司办理资金信托业务，应设立专门为资金信托业务服务的信托资金运用、信息处理等部门。信托投资公司固有资金运用部门和信托资金运用部门应当由不同的高级管理人员负责管理。信托投资公司对不同的资金信托，应建立单独的会计账户分别核算；对不同的信托，应在银行分别开设单独的银行账户，在证券交易机构分别开设独立的证券账户与资金账户。信托投资公司办理资金信托业务，应指定信托执行经理及其相关的工作人员。担任信托执行经理的人员应具有中国银监会颁发的信托经理资格证书。

4. 信托收益和信托资产的归属。在信托文件有效期限内，受益人可以根据信托文件的规定转让其享有的信托受益权。信托投资公司应为受益人办理信托受益权转让的有关手续。资金信托终止的，信托财产归属于信托文件规定的人。信托投资公司应当按照信托文件的规定书面通知信托财产归属人取回信托财产。未被取回的信托财产，由信托投资公司负责保管。保管期间，保管人不得运用该财产。保管期间的收益归属于信托财产的归属人。发生的保管费用由被保管的信托财产承担。信托财产的归属依据信托合同规定，可采取现金方式、维持信托终止时财产原状方式或者两者的混合方式。采取现金方式的，信托投资公司应当于信托合同规定的分配日前或者信托期满日前（如遇法定节假日顺延）变现信托财产，并将现金存入信托文件指定的账户。采取维持信托终止时财产原状方式的，信托投资公司应于信托期满后的约定时间内，完成与归属人的财产转移手续。

5. 资金信托业务资料的披露、报告与保存。信托投资公司办理资金信托业务，应当按季或者按照信托合同的规定，将信托资金管理的报告和信托资金运用及收益情况表书面告知信托文件规定的人。信托期限超过一年的，每年最少报告一次。信托投资公司应当按照《信托投资公司管理办法》（以下简称《办法》）向中国银监会报送资金信托业务经营的有关资料。资金信托终止，信托投资公司应当于信托终止后十个工作日内作出处理信托事务的清算报告，并送达信托财产归属人。信托投资公司应当妥善保存资金信托业务的全部资料，保存期自信托终止之日起不得少于十五年。

6. 资金信托业务禁止性规定。信托投资公司办理资金信托业务时应遵守下列规定：（1）不得以任何形式吸收或变相吸收存款；（2）不得发行债券，不得以发行委托投资凭证、代理投资凭证、受益凭证、有价证券代保管单和其他方式筹集资金，办理负债业务；（3）不得举借外债；（4）不得承诺信托资金不受损失，也不得承诺信托资金的最低收益；（5）不得通过报刊、电视、广播和其他公共媒体进行营销宣传。信托投资公司违反上述规定，按非法集资处理，造成的资金损失由投资者承担。

二、证券信托法律规范

（一）证券信托的概念和特点

证券信托是指有价证券所有权人（委托人）将有价证券所有权移转给信托机构（受托人），由信托机构依信托合同为受益人或特定的目的管理、运用和处分信托财产。可以交付信托的有价证券包括政府债券、国内上市或未上市公司股票、公司债券、开放式基金和封闭式基金、国外有价证券及经上级主管机关核定的其他有价证券。凡合法持有符合我国《证券法》规定的有价证券的自然人或法人都可以成为有价证券信托的委托人。如果自然人为未成年人或禁治产人，应由法定代理人来行使。对委托人而言，将有价证券交付信托，由专业信托管理机构代为管理、运用及处分，能达到有效管理、增加运用收益与处分交易安全的目的，也不用担心有价证券的灭（遗）失及随时须注意何时收益或到期等保管问题，并能结合财产交付信托的优点，照顾指定的受益人。证券信托的特点在于信托成立交付财产时，委托人交付给受托人之信托财产必须为有价证券。信托成立后，信托财产则不一定要保持有价证券的形式。

（二）证券信托的目的与管理方式

1. 以管理有价证券为目的。委托人将有价证券移转登记并交付信托机构，并依信托合同的约定，由信托机构按信托机构与委托人确定的信托财产的管理方式及信托财产所产生的股利、配息等信托利益的分配方式等条件管理信托财产；在信托期满时，将信托财产移转登记并交付受益人。

2. 以运用有价证券为目的。委托人将有价证券移转登记并交付信托机构，由信托机构与委托人签订信托合同，确定信托财产运用方式及条件等来有效运用信托财产（信托机构不得承诺最低收益率）；在信托期满时，将信托财产移转登记并交付受益人。信托财产的运用须由信托机构另行委托专业人员或专业公司来运作。

3. 以处分信托财产为目的。委托人将有价证券移转登记并交付信托机构，由信托机构与委托人签订信托合同，确定信托财产的处分价格、方式及条件等处分信托财产；在信托期满时，信托机构应将处分所得扣除相关税费后交付给受益人。信托财产的运用须由信托机构另行委托专业人员或专业公司来运作。管理、运用及处分有价证券信托也可以复合委托，使信托机构（受托人）同时拥有管理、运用及处分二者以上的权限，从而使有价证券信托财产的运作更具有弹性。

（三）证券信托的种类

按信托目的，证券信托主要包括管理型证券信托、运用型证券信托和处分型证券信托。

1. 管理型证券信托是指有价证券所有人由于无暇管理而将证券信托予受托人，由受托人代为保管、收受利息、缴纳增资股款、行使表决权等管理事宜，并将收益分配给受益人。管理证券的目的是管理证券财产，它要求管理证券必须登记在证券发行公司的股东名单或企业债券的原始记录上，一经登记即可受信托法的保护。委托人证券分红、派息或股款的缴纳、增资扩股等事务交由信托公司代理。

2. 运用型证券信托是指有价证券所有人，将证券信托予受托人，受托人除了代为管理外，并加以运用（借券）以获取收益，再分配给受益人。运用证券信托的目的是运用证券财产，证券运用收益全部归受益人，信托公司只收取手续费。

3. 处分型证券信托是指单纯以处分有价证券为目的的信托，可与管理型或运用型综合利用，一般而言，不会单独存在。

三、公益信托法律规范

（一）公益信托的概念及范围

公益信托是指出于公共利益目的，根据合同或遗嘱等信托文件将财产或财产权转移给受托人，受托人管理该财产，并按该信托文件规定，将信托利益用于举办一项或某些公益事业，以实现公共利益目的的信托。

各国对公共利益目的的规定均不同，归纳起来主要有以下几种：（1）救济贫困目的。（2）发展教育、科技、文化、艺术事业目的。（3）促进人民健康目的。（4）发展社会公共事业目的。（5）其他有利于社会的公共目的。《中华人民共和国公益事业捐赠法》第三条规定了四大类公益事业，即指非营利的下列事项：（1）救助灾害、救济贫困、扶助残疾人等困难的社会群体和个人的活动；（2）教育、科学、文化、卫生、体育事业；（3）环境保护、社会公共设施建设；（4）促进社会发展和进步的其他社会公共和福利事业。结合该条规定，我国《信托法》第六十条规定公益信托的目的有以下几类：（1）救济贫困；（2）救助灾民；（3）扶助残疾人；（4）发展教育、科技、文化、艺术、体育事业；（5）发展医疗卫生事业；（6）发展环境保护事业，维护生态环境；（7）发展其他社会公益事业。

（二）公益信托的设立、变更和终止

1. 公益信托的设立。公益信托的设立方式与私益信托相同，不同的是其设立的程序更为严格，主要表现为公权的介入。英美法系国家对公益信托的设立实行的是注册登记制，大陆法系国家如日本、韩国则采取许可注册制。我国实行的是许可批准制。《信托法》第六十二条规定，公益信托的设立和确定其受托人，应当经有关公益事业的管理机构（以下简称公益事业管理机构）批准。未经公益事业管理机构的批准，不得以公益信托的名义进行活动。

2. 公益信托的变更。公益信托的变更包括主体变更和内容变更。（1）主体变更。一般情况下，公益信托的受托人未经公益事业管理机构批准，不得辞职。但如果公益信托的受托人违反信托义务或者无能力履行其职责的，由公益事业管理机构变更受托人。

(2) 内容变更。公益信托设立后，发生设立信托时不能预见的情形，公益事业管理机构可以根据信托目的，变更信托文件中的有关条款。

3. 公益信托的终止。公益信托终止的原因与私益信托基本相同，但程序方面各国有严格的要求。我国的要求如下：

(1) 终止报告。公益信托终止的，受托人应当于终止事由发生之日起十五日内，将终止事由和终止日期报告公益事业管理机构。

(2) 清算报告及其认可核准和公告。公益信托终止的，受托人应将处理信托事务的情况和财产状况做成清算报告。经信托监察人认可后，报公益事业管理机构核准，最后由受托人予以公告。在公益信托终止中，受托人的清算应经信托监察人认可、公益事业管理机构核准和受托人的公告特别程序，以体现透明、公开、便于监督的原则。

(3) 剩余信托财产的处理。公益信托终止清算完结后，其剩余财产转移给信托财产权利归属人。没有信托财产权利归属人或者信托财产权利归属人是不特定的社会公众的，经公益事业管理机构批准，受托人应当将信托财产用于与原公益目的相近似的目的，或者将信托财产转移给具有近似目的的公益组织或者其他公益信托。

(三) 公益信托的监督管理

公益信托是为公共利益而设立的一种财产管理制度。为保证信托财产充分用于公益目的，各国对公益信托实行严格的监督管理，不同国家设有不同的监督机关。我国信托业的监督管理机关为中国银监会，公益信托的主管机关为公益事业管理机构。公益信托设置专门的信托监察人。

1. 公益事业管理机构的监督管理。如前所述，全国公益事业管理机构负责公益信托的监督管理。公益事业管理机构的主要职责包括：(1) 批准公益信托的设立和确定其受托人。(2) 批准公益信托的受托人的辞任。(3) 定期或不定期检查受托人处理信托事务的情况及财产状况。(4) 依法变更公益信托文件中的有关条款，对公益信托文件中未指定监察人的予以指定。(5) 审计公益信托受托人作出的信托事务情况及财产状况的报告。

2. 信托监察人的监督管理。公益信托应当设置专门的信托监察人。因为公益信托的受益人具有不特定性，为保证公益信托目的的实现，各国设置公益信托监察人。信托监察人的主要权利是以自己的名义，为受益人的利益，实施与信托有关的诉讼或者非诉讼行为。我国规定公益信托监察人由公益信托文件指定。信托文件没有指定的，则由公益事业管理机构指定。

四、动产及不动产信托法律规范

(一) 动产及不动产信托的概念

财产信托是以非货币形态的物质财产（机器、设备、厂房、土地等）作为标的物，一般是买卖双方因某种原因难以成交时，将其物质财产委托给信托机构代为向需用单位出售、转让的业务。目前，我国信托机构开办的财产信托主要有耐用消费品信托、动产信托及不动产信托。动产及不动产信托是指委托人将自己的动产或不动产委托信托机构按照约定的条件和目的，进行管理、运用和处分。

（二）动产信托

动产信托是指接受的信托财产是动产的信托，它是不动产信托的对称。动产信托的目的是管理或处分这些财产。能够进行信托的动产包括车辆及其他运输工具、机械设备、贵金属等。动产信托有助于生产大型设备的单位及时收回货款，以加速资金周转和进行再生产；而且还有助于使用大型设备的单位，筹措一部分资金即能使用设备，这就有助于社会投资者找到可靠的投资对象，因信托机构的信誉卓著，风险较少。动产信托可分为管理处分型、即时处分型和出租型三种，其中基本形式是管理处分型。

（三）不动产信托

不动产信托是以土地及地面固定物为信托财产的信托，是以管理和出卖土地、房屋为标的物的信托。在不动产信托关系中，作为信托标的物的土地和房屋，不论是出于保管目的、管理目的或处理目的，委托人均应把它们的产权在设立信托期间转移给信托投资机构所有。不动产信托主要包括土地信托和其他不动产信托。土地信托是土地所有者为了有效利用土地获取收益，把土地委托给信托投资机构，信托投资机构按信托合同的约定，筹集建设资金、建造房屋、募集租户，对租户办理租赁以及建筑物的维护、管理或出租，把管理、动用所得的信托收益交给土地所有者（受益者）。土地信托可以利用信托机构的专业知识获得更大的土地利用价值，避免因土地权利人专业知识不足，而遭受不应有的风险或损失。按照收益的形式，土地信托可以分为租赁型信托和分块出售型信托。其他不动产信托主要是指房屋及其他建筑物的信托，通常是不动产的所有人将自己不能亲自经营，或者因缺少专业知识不愿亲自经营的不动产委托给受托人管理经营，以取得不动产的增值或利润。它包括房地产信托存款、房地产信托贷款和房地产委托贷款。目前，我国房地产信托机构有两类：一类是专业银行设立的房地产信托机构，另一类是专业性的房地产信托投资公司。按照法律规定，产权所有人在进行房屋等建筑物的信托时，需要有完备的信托财产权证书，在签署信托协议后进行信托登记。

《办法》规定信托投资公司可受托经营动产、不动产信托业务。在动产信托方面，有相当一部分属于版权和知识产权方面的内容，这就使信托投资公司在动产、不动产方面有很大的业务范围。

第三节　信托业法律规范

一、信托业的概念和地位

信托业一词有两种含义。一种指信托行业，是指以营利为目的、以组织机构方式存在的、主要经营信托业务的行业。另一种指信托机构，是指依法设立的、以营利为目的、主要经营信托业务的组织机构。根据《办法》第四条的规定，所谓信托业务是指信托投资公司以营业和收取报酬为目的，以受托人身份承诺信托和处理信托事务的经营行为。

根据信托的基本构造，信托投资公司接受委托人委托后，对信托财产进行管理和处分，与一般的受托人没有区别，因此，信托业在本质上仍是一种财产管理机构，践行着财产管理功能。但信托投资公司又是一种金融机构，为了获得尽量多的利益收入，信托业通过其特殊的运作方式，在管理信托财产的同时又融通了资金，从而具有金融机构的性质，发挥着金融机构的机能。由于信托业的制度特色和优势，使信托业成为现代金融体系中的一支重要力量，与银行业、保险业、证券业一起成为金融业的四大支柱之一。我国以立法形式确立了信托业与银行业、保险业、证券业独立存在的分业经营、分业管理的体制。《办法》第九条规定，信托投资公司不得办理存款业务，不得发行债券，不得举借外债。信托业不同于传统的银行业、保险业、证券业，它们各司其职，各具特色，不可替代。只有赋予它们相互独立的地位，才能充分发挥其各自独到的职能。

二、信托投资公司的设立、变更和终止

（一）信托投资公司及其组织形式

所谓信托投资公司，是指依法设立的主要经营信托业务的金融机构。我国信托投资公司采取公司的组织形式。根据《公司法》的规定，我国公司仅指有限责任公司和股份有限责任公司。因此，我国的信托投资公司也只有有限责任公司和股份有限责任公司两种形式。

（二）信托投资公司的设立

多数国家对信托投资公司的设立实行许可制，经信托主管机关审核批准后，信托投资公司方可登记注册，开展营业活动。在我国，信托投资公司的设立由中国银监会负责审核批准。未经中国银监会批准，任何单位和个人不得经营信托业务，任何经营单位不得在其名称中使用“信托投资”字样，但法律法规另有规定的除外。

根据《办法》第十三条规定，我国信托投资公司的设立应具备下列条件：（1）有符合《公司法》和中国人民银行（《办法》中涉及的监管机构现改为中国银监会，下同）规定的公司章程。（2）有具备中国人民银行规定的入股资格的股东。（3）有符合规定的最低限额的注册资本。信托投资公司的注册资本不得低于三亿元人民币。经营外汇业务的信托投资公司，其注册资本中应包括不少于一千五百万美元的外汇。（4）有具备中国人民银行规定任职资格的高级管理人员和与其业务相适应的信托从业人员。（5）具有健全的组织机构、信托业务操作规则和风险控制制度。（6）有符合要求的营业场所、安全防范措施和与业务有关的其他设施。（7）中国人民银行规定的其他条件。

（三）信托投资公司的变更

信托投资公司依法成立后，有下列情形之一的，应经中国银监会批准，并报企业登记部门办理变更登记注册：（1）变更名称。（2）变更注册资本金。（3）变更公司住所。（4）改变组织形式。（5）调整业务范围。（6）更换高级管理人员。（7）变更股东或者调整股权结构，但持有上市股份公司流通股份未达到公司总股份百分之十的除外。（8）修改公司章程。（9）合并或者分立。（10）中国人民银行规定的其他变更事项。

（四）信托投资公司的终止

信托投资公司的终止是指因出现申请歇业、破产、解散等事由，而依法定程序消灭

主体资格的法律行为。

根据《办法》第四十三条规定，信托投资公司终止的原因主要有：(1) 信托文件规定的终止事由发生。(2) 信托的存续违反信托目的。(3) 信托目的已经实现或者不能实现。(4) 信托当事人协商同意。(5) 信托期限届满。(6) 信托被解除。(7) 信托被撤销。(8) 全体受益人放弃信托受益权。信托投资公司解散应经中国银监会批准，并依法组成清算组进行清算；信托投资公司因违法违规经营、经营不善等原因，不能支付到期债务，不撤销将严重损害社会公众利益、危害金融秩序的，由中国银监会根据《金融机构撤销条理》予以撤销，并由中国银监会依法组成清算组进行清算。信托投资公司申请破产时，经中国银监会同意后，由法院组织成立清算组进行清算。信托投资公司终止时，应当作出处理信托事务的清算报告。受益人或信托财产的权利归属人对清算报告无异议的，信托投资公司就清算报告所列事项解除责任，但信托投资公司有不当行为的除外。应特别指出的是，信托财产不属于清算财产或破产财产之列。

三、信托投资公司的经营范围及经营规则

（一）信托投资公司的经营范围

根据《办法》第二十条规定，我国信托投资公司可以申请经营下列部分或者全部本外币业务：(1) 受托经营资金信托业务，即委托人将自己合法拥有的资金，委托信托投资公司按照约定的条件和目的，进行管理、运用和处分。(2) 受托经营动产、不动产及其他财产的信托业务，即委托人将自己的动产、不动产以及知识产权等财产、财产权，委托信托投资公司按照约定的条件和目的，进行管理、运用和处分。(3) 受托经营法律、行政法规允许从事的投资基金业务，作为投资基金或者基金管理公司的发起人从事投资基金业务。(4) 经营企业资产的重组、并购及项目融资、公司理财、财务顾问等中介业务。(5) 受托经营国务院有关部门批准的国债、政策性银行债权、企业债券等债券的承销业务。(6) 代理财产的管理、运用与处分。(7) 代保管业务。(8) 信用见证、资信调查及经济咨询业务。(9) 以固有财产为他人提供担保。(10) 中国人民银行批准的其他业务。此外，信托投资公司可以根据《办法》第二十一条规定，接受为下列公益目的而设立的公益信托：(1) 救济贫困。(2) 救助灾民。(3) 扶助残疾人。(4) 发展教育、科技、文化、艺术、体育事业。(5) 发展医疗卫生事业。(6) 发展环境保护事业，维护生态环境。(7) 发展其他社会公益事业。

信托投资公司的经营范围由公司章程规定，报中国银监会批准。

（二）信托投资公司的经营规则

信托投资公司应遵循一定的经营规则，以保障委托人和受益人的利益。《办法》第四章专门规定了我国信托业的经营规则。

1. 设立信托的方式规则。根据《办法》第二十七条规定，设立信托，应当采取书面的形式。书面形式包括信托合同、遗嘱或者法律、行政法规规定的其他书面文件。可见，我国的信托投资公司与委托人设立信托的方式有三种：一是合同，二是遗嘱，三是法律法规规定的其他方式。在实践中，我国信托关系人大多数通过信托合同形式设立信

托。根据《办法》第二十八条规定，信托合同的内容应包括下列事项：（1）信托目的。（2）委托人、受托人的姓名或者名称、住所。（3）受益人或者受益人范围。（4）信托财产的范围、种类及状况。（5）信托当事人的权利和义务。（6）信托财产管理中风险的揭示和承担。（7）信托财产的管理方式和受托人的经营权限。（8）信托利益的计算，向受益人交付信托利益的形式、方法。（9）信托投资公司报酬的计算及支付。（10）信托财产税费的承担和其费用的核算。（11）信托期限和信托的终止。（12）信托终止时信托财产的归属。（13）信托事务的报告。（14）信托当事人的违约责任及纠纷解决方式。（15）新受托人的选任方式。（16）委托人和受托人认为需要载明的其他事项。以信托合同以外的其他书面文件设立信托时，书面文件的载明事项按照有关法律、行政法规规定执行。

2. 信托业务禁止规则。在信托活动中，作为受托人的信托投资公司往往会利用其控制信托财产的有利地位，为谋取不当利益而作出有损于信托财产及受益人的行为。根据《办法》第三十一条规定，信托投资公司经营信托业务不得有下列行为：（1）利用受托人地位谋取不当利益。（2）将信托财产挪用于非信托目的的用途。（3）承诺信托财产不受损失或者保证最低收益。（4）以信托财产提供担保。（5）将信托资金投资于自己或者关系人发行的有价证券。（6）将信托资金贷放给自己或者关系人。（7）将不同信托账户下的信托财产进行相互交易。（8）以固有财产与信托财产进行相互交易。（9）法律、行政法规和中国人民银行禁止的其他行为。信托投资公司依据信托文件的约定，并以公平的市场价格进行交易的，不受上述第（4）至第（8）项的限制。此外，信托投资公司不得以经营资金信托或者其他业务的名义吸收存款。

3. 有关信托财产经营管理规则

（1）谨慎投资者规则。这一规则要求受托人在就信托财产进行投资时，必须履行谨慎投资者的注意义务。《办法》第二十九条规定，信托投资公司应当以受益人的最大利益为宗旨处理信托事务，并谨慎管理信托财产。

（2）分业经营原则。信托业应当与银行业、保险业、证券业分业经营。

（3）亲自管理原则。信托投资公司应当自己处理信托事务，但信托文件另有规定或者有不得已事由，可以委托他人代为处理。

（4）分别记账、分别管理原则。为了避免信托财产与受托人的固有财产以及其他信托财产之间的混同，《办法》第三十五条规定，信托投资公司应当将信托财产与其固有财产分别管理、分别记账，并将不同委托人的信托财产分别管理、分别记账。

（5）定期报告原则。《办法》第三十六条规定，信托投资公司应当妥善保存处理信托事务的完整记录，至少每年定期向委托人及受益人报告信托财产及其管理运用、处分及收支的情况。委托人、受益人有权向信托投资公司了解对其信托财产的管理运用、处分及收支情况，并要求信托投资公司作出说明。

（6）依约收取报酬及费用优先受偿原则。信托投资公司因处理信托事务而支出的费用、负担的债务，以信托财产承担，但应在信托合同中列明或明确告知委托人。信托投资公司以其固有财产先行支付的，对信托财产享有优先受偿的权利。因信托投资公司违背管理职责或者管理信托事务不当所负债务及所受到的损害，以其固有财产承担。

（7）遵守信托并执行信托条款原则。信托投资公司违反信托目的处分信托财产，或者因违背管理职责、处理信托事务不当致使信托财产受到损失的，在未予补偿、赔偿或恢复原状前，信托投资公司不得请求给付报酬。

（8）信托终止时，作出清算报告原则。信托投资公司终止时，其管理信托事务的职责同时终止。清算组应当妥善保管信托财产，作出处理信托事务的报告并向新受托人办理信托财产的移交，但信托文件另有规定的，从其规定。

（9）保密原则。信托投资公司应当为委托人、受益人以及处理信托事务的情况和资料保密，但法律法规或者信托文件另有规定的除外。

4. 有关信托资金的运用规则。信托投资公司接受由其代为确定管理方式的信托资金，信托期限不得少于一年且单笔信托资金不得低于五万元人民币。中国人民银行根据防范金融风险的需要，可以规定由信托投资公司代为确定管理方式的信托资金的管理办法。

5. 信托业风险防范规则。《办法》对信托投资公司的风险防范规定了三个规则：（1）业务量的控制原则。《办法》第四十八条规定，信托投资公司为他人提供担保和拆入资金的余额不得超过其注册资本金。（2）同业拆借原则。《办法》第四十九条规定，信托投资公司运用自有资金和信托资金从事同业拆借，应当遵守中国人民银行有关规定。（3）设立风险准备金的原则。《办法》第五十条规定，信托投资公司每年应当从税后利润提取5%，作为信托赔偿准备金，但该赔偿准备金累计总额达到公司注册资本的20%时，可不再提取。信托投资公司的赔偿准备金应存放于经营稳健、具有一定实力的境内中资商业银行或者购买国债。

【本章小结】

信托是一种以信用为基础的独特的制度设计。随着现代金融业的发展，信托业务已经成为与银行业、证券业和保险业并列的金融业支柱之一。本章主要对信托的概念、信托法律关系、资金信托法律制度、信托业的运营规则等内容进行系统阐述。

【复习思考题】

一、简答题

1. 简述信托的分类。
2. 简述信托法的基本原则。
3. 简述我国信托业的法律地位。
4. 简述信托投资公司的经营范围及经营规则。
5. 简述信托投资公司的设立、变更及终止。
6. 公益信托的范围有哪些？

二、论述题

1. 试述私益信托与公益信托的不同。

2. 试述我国信托业务范围。

三、案例分析

1. 甲有限责任公司与乙信托投资公司签订信托合同，将一笔价值 8 000 万元的固定资产交由乙信托投资公司管理，期限 5 年，受益人为甲有限责任公司及其股东丙公司和丁公司。3 年后，甲有限责任公司因经营不善而被宣告破产，甲有限责任公司的债权人请求法院将该笔财产列为破产财产。

问题：该笔 8 000 万元的资产能否列为破产财产？

2. A 信托投资公司与 B 公司签订的信托合同约定，由 A 信托投资公司负责将 B 公司闲余资金 6 000 万元用于投资，期限 3 年。在 A 信托投资公司对该笔资金的运营过程中发生下列事件：（1）A 信托投资公司的主管部门在年度检查中，发现该公司将 B 公司的信托资金存放在自己的资金账户上进行管理，且未单独立账。（2）第二年头上，A 信托投资公司因业务繁忙，委托 C 信托投资公司管理营运 B 公司信托交易中的 800 万元。

问题：

（1）A 信托投资公司对 B 公司的信托财产在账目设立管理上存在什么问题？

（2）A 信托投资公司将 800 万元信托资金委托 C 信托投资公司管理营运的行为是否恰当？为什么？

第十一章 保险法律制度

BAOXINA FALU ZHIDU

第一节 保险法概述

一、保险概述

（一）保险的概念和要件

保险法中的保险，是指投保人根据合同约定，向保险人支付保险费，保险人对于合同约定的可能发生的事故因其发生所造成的财产损失承担赔偿保险金责任，或者当被保险人死亡、伤残、疾病或者达到合同约定的年龄、期限等条件时承担给付保险金责任的商业保险行为。保险的四个要件是：

1. 保险必须有危险存在。危险的存在是构成保险制度的前提条件，没有自然灾害或意外事件发生，就不会造成财产或人身损失，也就没有建立保险补偿制度的必要性。

2. 保险是一种互助合作，必须建立保险基金。保险是分散危险、消化损失的制度，必须有多数人参加，通过广大投保人共同筹集资金，建立集中的保险基金。保险人只有拥有雄厚的保险基金，才能在约定的灾害事故发生时利用经济手段予以赔偿。

3. 保险要遵循大数法则。保险的赔偿给付基金是由参加保险的人以缴纳保险费的方式聚集起来并由保险公司统一管理的。只有科学地计算分摊，参加保险者的负担才能公平。

4. 保险必须是对灾害事故所引起的损失进行经济赔偿。保险人承担保险责任，不是保证不发生危险，而是对危险发生而致的损失予以赔偿，赔偿主要是靠支付货币来实现。

（二）保险的分类

保险的种类很多，从不同的角度和标准出发，可对保险进行不同的分类。

1. 按保险实施形式的不同，保险分为强制保险和自愿保险。强制保险又称法定保险，是指不是出于投保人的自愿，而是由国家规定其必须投保的保险。自愿保险是指投保人根据自己的意志与保险人签订保险合同的保险。

2. 按保险标的的不同，保险分为财产保险、人身保险和责任保险。财产保险是指以财产及其有关利益为保险标的的保险。人身保险是指以人的寿命和身体为保险标的的保险。责任保险是指以被保险人对于第三人应负的赔偿责任为保险标的的保险。

3. 按照保险目的的不同，保险分为社会保险和商业保险。社会保险是国家基于社会政策而举办的一种福利制度，它是以依靠工资收入的劳动者为保险对象，当劳动者因失业、疾病、伤害、年老或死亡等原因而丧失或减少工资收入时给予一定的经济补偿的保险制度。商业保险是指保险公司在平等自愿、协商一致基础上按商业习惯和投保人签订保险合同而经营各项业务的一种保险类别，商业保险是以营利为目的的。社会保险以外的其他保险均是商业保险。

4. 按转嫁危险的不同层次，保险分为原保险和再保险。原保险是指将危险从被保险人直接转嫁给保险人的保险。再保险是指保险人将其承担的保险业务以承保形式部分转移给其他保险人的保险。

5. 按承保危险的数量不同，保险分为单一危险的保险和综合危险的保险。单一危险的保险是指根据保险合同的规定，只对特定的一种灾害事故造成的损失负责经济补偿的保险。综合危险的保险是指承保责任在两种以上的保险。

二、保险法概述

保险法是调整保险关系的法律规范的总和。保险法是调整保险活动中保险人与投保人、被保险人以及受益人之间法律关系的重要法律，也是国家对保险企业、保险市场实施监督管理的法律。1995 年 6 月 30 日，第八届全国人民代表大会常务委员会第十四次会议通过《中华人民共和国保险法》（以下简称《保险法》），是调整中国保险市场的第一部法典性质的基本法。该法经全国人民代表大会常务委员会 2002 年和 2009 年两次修订，最新修订的《保险法》自 2009 年 10 月 1 日起施行。

1992 年 11 月 7 日，第七届全国人民代表大会常务委员会第二十八次会议通过了《中华人民共和国海商法》，其第十二章规定了海上保险合同，是我国海上保险的基本法律。海上保险适用《中华人民共和国海商法》的有关规定；《中华人民共和国海商法》未规定的，适用《保险法》的有关规定。

我国《保险法》只适用于商业保险，国家支持发展为农业生产服务的保险事业。农业保险由法律、行政法规另行规定。强制保险，法律、行政法规另有规定的，适用其规定。社会保险适用《中华人民共和国社会保险法》，该法已由第十一届全国人民代表大会常务委员会第十七次会议于 2010 年 10 月 28 日通过，自 2011 年 7 月 1 日起施行。

三、保险法的基本原则

1. 诚实信用原则。保险活动当事人行使权利、履行义务应当遵循诚实信用原则。从事保险活动必须遵守法律、行政法规，尊重社会公德，不得损害社会公共利益。

2. 公平自愿原则。订立保险合同，应当协商一致，遵循公平原则确定各方的权利和义务。除法律、行政法规规定必须保险的外，保险合同自愿订立。

3. 保险利益原则。保险利益是指投保人或者被保险人对保险标的具有的法律上承认的利益。

人身保险的投保人在保险合同订立时，对被保险人应当具有保险利益。财产保险的被保险人在保险事故发生时，对保险标的应当具有保险利益。人身保险是以人的寿命和身体为保险标的的保险。财产保险是以财产及其有关利益为保险标的的保险。被保险人是指其财产或者人身受保险合同保障，享有保险金请求权的人。投保人可以为被保险人。

第二节 保险合同

一、保险合同概述

（一）保险合同的概念及特征

保险合同是投保人与保险人约定保险权利义务关系的协议。投保人是指与保险人订立保险合同，并按照合同约定负有支付保险费义务的人。保险人是指与投保人订立保险合同，并按照合同约定承担赔偿或者给付保险金责任的保险公司。保险合同的特征有：

1. 保险合同是双务有偿合同。投保人负有依约缴纳保险费的义务，在保险合同约定的保险事故发生时，有获得相应赔偿的权利；而保险人在获取保险费的同时，必须承担保险责任。

2. 保险合同是射幸合同。射幸合同是一种碰运气的机会性合同。在保险合同中，实际上是投保人以交付保险费为代价将不可预料的危险事故所致的损失转移给保险人承担，但这危险事故将来可能发生，也可能不发生。保险人赔偿义务的实际履行带有偶然性，即射幸性。

3. 保险合同是附和合同。保险合同的主要条款由保险方拟定，投保人只能从保险人设定的不同险种的标准合同中选择，决定投保或不投保，而不能对保险条款进行修改。

（二）保险合同法律关系

1. 保险合同的主体。保险合同的主体包括保险合同当事人、保险合同关系人和保险合同辅助人。

（1）保险合同当事人。指订立保险合同的双方，包括投保人和保险人。投保人是指与保险人订立保险合同，并按照保险合同负有支付保险费义务的人。保险人是指与投保人订立保险合同，并承担赔偿或者给付保险金责任的保险公司。

（2）保险合同关系人。包括被保险人和受益人。被保险人是指其财产或者人身受保险合同保障，享有保险金请求权的人，投保人可以为被保险人。受益人是指人身保险合同中由被保险人或者投保人指定的享有保险金请求权的人。投保人、被保险人可以为受益人。

（3）保险合同辅助人。它是当事人之间订立保险合同的媒介或对保险合同的订立与履行起辅助作用的人，又称为保险中介人。包括保险代理人、保险经纪人和保险公估人。

2. 保险合同的客体。保险合同的客体是保险标的。保险标的是指作为保险对象的财产及其有关利益或者人的寿命和身体。它是保险合同权利和义务所指向的对象，是保险合同的核心，也是确定保险条件、保险金额、计算保险费率的依据。投保人对保险标的应当具有保险利益。

3. 保险合同的内容。保险合同的内容通常以保险条款的形式反映出来，保险合同应当包括下列事项：

（1）保险人的名称和住所。

（2）投保人、被保险人的姓名或者名称、住所，以及人身保险的受益人的姓名或者名称、住所。

（3）保险标的。

（4）保险责任和责任免除。

（5）保险期间和保险责任开始时间。

（6）保险金额。保险金额是指保险人承担赔偿或者给付保险金责任的最高限额。

（7）保险费以及支付办法。

（8）保险金赔偿或者给付办法。

（9）违约责任和争议处理。

（10）订立合同的年、月、日。

投保人和保险人可以约定与保险有关的其他事项。

（三）保险合同的订立

1. 保险合同的订立。保险合同的订立是指当事人经协商一致达成协议的法律行为。投保人提出保险要求，经保险人同意承保，保险合同成立。保险人应当及时向投保人签发保险单或者其他保险凭证。依法成立的保险合同，自成立时生效。投保人和保险人可以对合同的效力约定附条件或者附期限。

2. 保险合同的形式。保险合同的形式包括保险单或者其他保险凭证，其应当载明当事人双方约定的合同内容。当事人也可以约定采用其他书面形式载明合同内容。具体包括：

（1）保险单，又称保单，是保险人与投保人之间订立的正式保险合同的书面凭证。它是《保险法》中规定的保险合同的法定形式，是被保险人在保险标的遭受损失时，向保险人索赔的凭证，亦是保险人赔偿的依据。

（2）其他保险凭证。经投保人和保险人协商同意，也可以采取其他书面协议形式订立保险合同。

3. 告知义务。订立保险合同，保险人就保险标的或者被保险人的有关情况提出询问的，投保人应当如实告知。

投保人故意或者因重大过失未履行前款规定的如实告知义务，足以影响保险人决定是否同意承保或者提高保险费率的，保险人有权解除合同。合同解除权，自保险人知道有解除事由之日起，超过三十日不行使而消灭。自合同成立之日起超过二年的，保险人不得解除合同；发生保险事故的，保险人应当承担赔偿或者给付保险金的责任。

投保人故意不履行如实告知义务的，保险人对于合同解除前发生的保险事故，不承担赔偿或者给付保险金的责任，并不退还保险费。投保人因重大过失未履行如实告知义务，对保险事故的发生有严重影响的，保险人对于合同解除前发生的保险事故，不承担赔偿或者给付保险金的责任，但应当退还保险费。保险人在合同订立时已经知道投保人未如实告知的情况的，保险人不得解除合同；发生保险事故的，保险人应当承担赔偿或者给付保险金的责任。

订立保险合同，采用保险人提供的格式条款的，保险人向投保人提供的投保单应当附格式条款，保险人应当向投保人说明合同的内容。对保险合同中免除保险人责任的条款，保险人在订立合同时应当在投保单、保险单或者其他保险凭证上作出足以引起投保人注意的提示，并对该条款的内容以书面或者口头形式向投保人作出明确说明；未作提示或者明确说明的，该条款不产生效力。

（四）保险合同的履行

保险合同的履行是指保险合同双方当事人按照合同规定，全面完成各自承担的义务的法律行为。保险合同成立后，投保人按照约定交付保险费，保险人按照约定的时间开始承担保险责任。为保证保险合同的顺利履行，保险合同双方当事人在履行合同中必须承担下列义务。

1. 投保人履行合同的义务

（1）交付保险费的义务。保险费给付义务是投保人最基本的义务，若投保人未按期缴付保险费，保险合同则自然终止。保险费的交付方式分为一次性交付和分期交付两种形式。

（2）通知义务。投保人、被保险人或者受益人知道保险事故发生后，应当及时通知保险人。故意或者因重大过失未及时通知，致使保险事故的性质、原因、损失程度等难以确定的，保险人对无法确定的部分，不承担赔偿或者给付保险金的责任，但保险人通过其他途径已经及时知道或者应当及时知道保险事故发生的除外。

（3）提供证明和资料义务。保险事故发生后，按照保险合同请求保险人赔偿或者给付保险金时，投保人、被保险人或者受益人应当向保险人提供其所能提供的与确认保险事故的性质、原因、损失程度等有关的证明和资料。保险人按照合同的约定，认为有关的证明和资料不完整的，应当及时一次性通知投保人、被保险人或者受益人补充提供。

2. 保险人履行合同的义务

（1）给付保险金的义务。在保险期限内，保险事故发生或规定的保险事件出现后，负责赔偿保险事故所造成的实际损失或约定的保险金是保险人的主要义务。

（2）保密义务。保险人对在办理保险业务中知道的投保人、被保险人的业务和财产情况，负有保密义务。

3. 理赔

保险人收到被保险人或者受益人的赔偿或者给付保险金的请求后，应当及时作出核定；情形复杂的，应当在三十日内作出核定，但合同另有约定的除外。保险人应当将核定结果通知被保险人或者受益人；对属于保险责任的，在与被保险人或者受益人达成赔偿或者给付保险金的协议后十日内，履行赔偿或者给付保险金义务。保险合同对赔偿或者给付保险金的期限有约定的，保险人应当按照约定履行赔偿或者给付保险金义务。

保险人自收到赔偿或者给付保险金的请求和有关证明、资料之日起六十日内，对其赔偿或者给付保险金的数额不能确定的，应当根据已有证明和资料可以确定的数额先予支付；保险人最终确定赔偿或者给付保险金的数额后，应当支付相应的差额。

（五）保险合同的变更、解除

1. 保险合同的变更。投保人和保险人可以协商变更合同内容。变更保险合同的，应当由保险人在保险单或者其他保险凭证上批注或者附贴批单，或者由投保人和保险人订立变更的书面协议。

2. 保险合同的解除。除《保险法》另有规定或者保险合同另有约定外，保险合同成立后，投保人可以解除合同，保险人不得解除合同。货物运输保险合同和运输工具航程保险合同，保险责任开始后，合同当事人不得解除合同。

未发生保险事故，被保险人或者受益人谎称发生了保险事故，向保险人提出赔偿或者给付保险金请求的，保险人有权解除合同，并不退还保险费。投保人、被保险人故意制造保险事故的，保险人有权解除合同，不承担赔偿或者给付保险金的责任；投保人解除合同的，保险人应当自收到解除合同通知之日起三十日内，按照合同约定退还保险单的现金价值。

二、人身保险合同

（一）保险利益

为了防止道德风险，投保人对被保险人的寿命和身体应具有保险利益。投保人对下列人员具有保险利益：本人，配偶、子女、父母，前项以外与投保人有抚养、赡养或者扶养关系的家庭其他成员、近亲属，与投保人有劳动关系的劳动者。除以上规定外，被保险人同意投保人为其订立合同的，视为投保人对被保险人具有保险利益。

（二）受益人

人身保险的受益人由被保险人或者投保人指定。投保人指定受益人时须经被保险人同意。投保人为与其有劳动关系的劳动者投保人身保险，不得指定被保险人及其近亲属以外的人为受益人。被保险人为无民事行为能力人或者限制民事行为能力人的，可以由其监护人指定受益人。

被保险人或者投保人可以指定一人或者数人为受益人。受益人为数人的，被保险人或者投保人可以确定受益顺序和受益份额；未确定受益份额的，受益人按照相等份额享有受益权。

被保险人或者投保人可以变更受益人并书面通知保险人。保险人收到变更受益人的书面通知后，应当在保险单或者其他保险凭证上批注或者附贴批单。投保人变更受益人时须经被保险人同意。

（三）保险费

合同约定分期支付保险费，投保人支付首期保险费后，除合同另有约定外，投保人自保险人催告之日起超过三十日未支付当期保险费，或者超过约定的期限六十日未支付当期保险费的，合同效力中止，或者由保险人按照合同约定的条件减少保险金额。被保险人在上述规定期限内发生保险事故的，保险人应当按照合同约定给付保险金，但可以扣减欠交的保险费。保险人对人寿保险的保险费，不得用诉讼方式要求投保人支付。

（四）故意制造保险事故的法律后果

1. 投保人故意造成被保险人死亡、伤残或者疾病的，保险人不承担给付保险金的责任。投保人已交足二年以上保险费的，保险人应当按照合同约定向其他权利人退还保险单的现金价值。

2. 受益人故意造成被保险人死亡、伤残、疾病的，或者故意杀害被保险人未遂的，该受益人丧失受益权。以被保险人死亡为给付保险金条件的合同，自合同成立或者合同效力恢复之日起二年内，被保险人自杀的，保险人不承担给付保险金的责任，但被保险人自杀时为无民事行为能力人的除外。保险人不承担给付保险金责任的，应当按照合同约定退还保险单的现金价值。

3. 因被保险人故意犯罪或者抗拒依法采取的刑事强制措施导致其伤残或者死亡的，保险人不承担给付保险金的责任。投保人已交足二年以上保险费的，保险人应当按照合同约定退还保险单的现金价值。

4. 被保险人因第三者的行为而发生死亡、伤残或者疾病等保险事故的，保险人向被保险人或者受益人给付保险金后，不享有向第三者追偿的权利，但被保险人或者受益人仍有权向第三者请求赔偿。

三、财产保险合同

（一）保险标的

1. 保险标的转让。保险标的转让的，保险标的的受让人承继被保险人的权利和义务。保险标的转让的，被保险人或者受让人应当及时通知保险人，但货物运输保险合同和另有约定的合同除外。因保险标的转让导致危险程度显著增加的，保险人自收到通知之日起三十日内，可以按照合同约定增加保险费或者解除合同。保险人解除合同的，应当将已收取的保险费，按照合同约定扣除自保险责任开始之日起至合同解除之日止应收的部分后，退还投保人。被保险人、受让人未履行上述通知义务的，因转让导致保险标的危险程度显著增加而发生的保险事故，保险人不承担赔偿保险金的责任。

2. 维护保险标的的安全。被保险人应当遵守国家有关消防、安全、生产操作、劳动保护等方面的规定，维护保险标的的安全。保险人可以按照合同约定对保险标的的安全状况进行检查，及时向投保人、被保险人提出消除不安全因素和隐患的书面建议。投保人、被保险人未按照约定履行其对保险标的的安全应尽责任的，保险人有权要求增加保险费或者解除合同。保险人为维护保险标的的安全，经被保险人同意，可以采取安全预防措施。

3. 保险标的的危险。在合同有效期内，保险标的的危险程度显著增加的，被保险人应当按照合同约定及时通知保险人，保险人可以按照合同约定增加保险费或者解除合同。保险人解除合同的，应当将已收取的保险费，按照合同约定扣除自保险责任开始之日起至合同解除之日止应收的部分后，退还投保人。被保险人未履行通知义务的，因保险标的的危险程度显著增加而发生的保险事故，保险人不承担赔偿保险金的责任。有据以确定保险费率的有关情况发生变化，保险标的的危险程度明显减少的或保险标的的保险价值明显减少的情形时，保险人应当降低保险费，并按日计算退还相应的保险费。

（二）保险金额与保险价值

投保人和保险人约定保险标的的保险价值并在合同中载明的，保险标的发生损失时，以约定的保险价值为赔偿计算标准。投保人和保险人未约定保险标的的保险价值的，保险标的发生损失时，以保险事故发生时保险标的的实际价值为赔偿计算标准。

保险金额不得超过保险价值。超过保险价值的，超过部分无效，保险人应当退还相应的保险费。保险金额低于保险价值的，除合同另有约定外，保险人按照保险金额与保险价值的比例承担赔偿保险金的责任。

重复保险的各保险人赔偿保险金的总和不得超过保险价值。除合同另有约定外，各保险人按照其保险金额与保险金额总和的比例承担赔偿保险金的责任。重复保险是指投保人对同一保险标的、同一保险利益、同一保险事故分别与两个以上保险人订立保险合同，且保险金额总和超过保险价值的保险。

（三）保险事故处理

保险事故发生时，被保险人应当尽力采取必要的措施，防止或者减少损失。保险事故发生后，被保险人为防止或者减少保险标的的损失所支付的必要的、合理的费用，由保险人承担；保险人所承担的费用数额在保险标的损失赔偿金额以外另行计算，最高不超过保险金额的数额。

保险标的发生部分损失的，自保险人赔偿之日起三十日内，投保人可以解除合同；除合同另有约定外，保险人也可以解除合同，但应当提前十五日通知投保人。合同解除的，保险人应当将保险标的未受损失部分的保险费，按照合同约定扣除自保险责任开始之日起至合同解除之日止应收的部分后，退还投保人。

保险事故发生后，保险人已支付了全部保险金额，并且保险金额等于保险价值的，受损保险标的的全部权利归于保险人；保险金额低于保险价值的，保险人按照保险金额与保险价值的比例取得受损保险标的的部分权利。

保险人、被保险人为查明和确定保险事故的性质、原因和保险标的的损失程度所支付的必要的、合理的费用，由保险人承担。

（四）责任保险

责任保险是指以被保险人对第三者依法应负的赔偿责任为保险标的的保险。保险人对责任保险的被保险人给第三者造成的损害，可以依照法律的规定或者合同的约定，直接向该第三者赔偿保险金。责任保险的被保险人给第三者造成损害，被保险人对第三者应负的赔偿责任确定的，根据被保险人的请求，保险人应当直接向该第三者赔偿保险金。被保险人怠于请求的，第三者有权就其应获赔偿部分直接向保险人请求赔偿保险金。责任保险的被保险人给第三者造成损害，被保险人未向该第三者赔偿的，保险人不得向被保险人赔偿保险金。

责任保险的被保险人因给第三者造成损害的保险事故而被提起仲裁或者诉讼的，被保险人支付的仲裁或者诉讼费用以及其他必要的、合理的费用，除合同另有约定外，由保险人承担。

（五）代位求偿

因第三者对保险标的的损害而造成保险事故的，保险人自向被保险人赔偿保险金之日起，在赔偿金额范围内代位行使被保险人对第三者请求赔偿的权利。保险事故发生后，被保险人已经从第三者取得损害赔偿的，保险人赔偿保险金时，可以相应扣减被保险人从第三者已取得的赔偿金额。保险人依照上述规定行使代位请求赔偿的权利，不影响被保险人就未取得赔偿的部分向第三者请求赔偿的权利。

保险事故发生后，保险人未赔偿保险金之前，被保险人放弃对第三者请求赔偿的权利的，保险人不承担赔偿保险金的责任。保险人向被保险人赔偿保险金后，被保险人未经保险人同意放弃对第三者请求赔偿的权利的，该行为无效。被保险人故意或者因重大过失致使保险人不能行使代位请求赔偿的权利的，保险人可以扣减或者要求返还相应的保险金。

除被保险人的家庭成员或者其组成人员故意造成保险事故外，保险人不得对被保险人的家庭成员或者其组成人员行使代位请求赔偿的权利。保险人向第三者行使代位请求赔偿的权利时，被保险人应当向保险人提供必要的文件和所知道的有关情况。

第三节　保险业法律规范

一、保险公司

在我国，经营商业保险业务的必须是依据保险法设立的保险公司，设立保险公司应当经国务院保险监督管理机构批准。保险公司的组织形式为股份有限公司和国有独资公司。

（一）保险公司的设立

1. 保险公司的设立条件。设立保险公司应当具备下列条件：

（1）主要股东具有持续盈利能力，信誉良好，最近三年内无重大违法违规记录，净资产不低于二亿元人民币；

（2）有符合《保险法》和《中华人民共和国公司法》规定的章程；

（3）有符合《保险法》规定的注册资本最低限额；

（4）有具备任职专业知识和业务工作经验的董事、监事和高级管理人员；

（5）有健全的组织机构和管理制度；

（6）有符合要求的营业场所和与经营业务有关的其他设施；

（7）法律、行政法规和国务院保险监督管理机构规定的其他条件。

2. 保险公司的设立程序。

（1）书面申请。向国务院保险监督管理机构提出书面申请，并提交下列材料：设立申请书，申请书应当载明拟设立的保险公司的名称、注册资本、业务范围等；可行性研究报告；筹建方案；投资人的营业执照或者其他背景资料，经会计师事务所审计的上一年度财务会计报告；投资人认可的筹备组负责人和拟任董事长、经理名单及本人认可证明；国务院保险监督管理机构规定的其他材料。

（2）审查。国务院保险监督管理机构应当对设立保险公司的申请进行审查，自受理之日起六个月内作出批准或者不批准筹建的决定，并书面通知申请人。决定不批准的，应当书面说明理由。

（3）筹建。申请人应当自收到批准筹建通知之日起一年内完成筹建工作，筹建期间不得从事保险经营活动。

（4）开业申请。筹建工作完成后，申请人具备《保险法》第六十八条规定的设立条件的，可以向国务院保险监督管理机构提出开业申请。国务院保险监督管理机构应当自受理开业申请之日起六十日内，作出批准或者不批准开业的决定。决定批准的，颁发经营保险业务许可证；决定不批准的，应当书面通知申请人并说明理由。

（5）登记。保险公司及其分支机构自取得经营保险业务许可证之日起六个月内，无正当理由未向工商行政管理机关办理登记的，其经营保险业务许可证失效。经批准设立的保险公司及其分支机构，凭经营保险业务许可证向工商行政管理机关办理登记，领取营业执照。

（二）保险公司的变更

保险公司的变更包括组织机构的变更以及其他重要事项的修改。保险公司以下变更应当经保险监督管理机构批准：变更名称；变更注册资本；变更公司或者分支机构的营业场所；撤销分支机构；公司分立或者合并；修改公司章程；变更出资额占有限责任公司资本总额百分之五以上的股东，或者变更持有股份有限公司股份百分之五以上的股东；国务院保险监督管理机构规定的其他情形。

（三）保险公司的运营

1. 业务范围。保险公司开展业务，应当遵循公平竞争的原则，不得从事不正当竞争。保险公司的业务范围：人身保险业务，包括人寿保险、健康保险、意外伤害保险等保险业务；财产保险业务，包括财产损失保险、责任保险、信用保险、保证保险等保险业务；国务院保险监督管理机构批准的与保险有关的其他业务。保险人不得兼营人身保险业务和财产保险业务。但是，经营财产保险业务的保险公司经国务院保险监督管理机构批准，可以经营短期健康保险业务和意外伤害保险业务。

2. 保证金、责任准备金、公积金和保险保障基金。保险公司应当按照其注册资本总额的百分之二十提取保证金，存入国务院保险监督管理机构指定的银行，除公司清算时用于清偿债务外，不得动用。保险公司应当根据保障被保险人利益、保证偿付能力的原则，提取各项责任准备金。保险公司提取和结转责任准备金的具体办法，由国务院保险监督管理机构制定。保险公司应当依法提取公积金。保险公司应当缴纳保险保障基金。保险保障基金应当集中管理，并在下列情形下统筹使用：在保险公司被撤销或者被宣告破产时，向投保人、被保险人或者受益人提供救济；在保险公司被撤销或者被宣告破产时，向依法接受其人寿保险合同的保险公司提供救济；国务院规定的其他情形。

3. 偿付能力。保险公司应当具有与其业务规模和风险程度相适应的最低偿付能力。保险公司的认可资产减去认可负债的差额不得低于于国务院保险监督管理机构规定的数额；低于规定数额的，应当按照国务院保险监督管理机构的要求采取相应措施达到规定的数额。经营财产保险业务的保险公司当年自留保险费，不得超过其实有资本金加公积金总和的四倍。

4. 资金运用。资金运用必须稳健，遵循安全性原则。保险公司的资金运用限于下列形式：银行存款，买卖债券、股票、证券投资基金份额等有价证券，投资不动产，国务院规定的其他资金运用形式。保险公司资金运用的具体管理办法，由国务院保险监督管理机构规定制定。

（四）保险公司的终止

1. 解散。保险公司因分立、合并需要解散，或者股东会、股东大会决议解散，或者公司章程规定的解散事由出现，经国务院保险监督管理机构批准后解散。经营有人寿保险业务的保险公司，除因分立、合并或者被依法撤销外，不得解散。保险公司解散，应当依法成立清算组进行清算。

2. 重整或者破产清算。保险公司有《中华人民共和国企业破产法》规定的破产情形，经国务院保险监督管理机构同意，保险公司或者其债权人可以依法向人民法院申请重整、和解或者破产清算；国务院保险监督管理机构也可以依法向人民法院申请对该保险公司进行重整或者破产清算。

3. 撤销。经营有人寿保险业务的保险公司被依法撤销或者被依法宣告破产的，其持有的人寿保险合同及责任准备金，必须转让给其他经营有人寿保险业务的保险公司；不能同其他保险公司达成转让协议的，由国务院保险监督管理机构指定经营有人寿保险业务的保险公司接受转让。转让或者由国务院保险监督管理机构指定接受转让前款规定的人寿保险合同及责任准备金的，应当维护被保险人、受益人的合法权益。

4. 注销。保险公司依法终止其业务活动，应当注销其经营保险业务许可证。

二、保险中介机构

（一）保险代理人

保险代理人是根据保险人的委托，向保险人收取代理手续费，并在保险人授权的范围内代为办理保险业务的单位或者个人。保险公司从事保险销售的人员应当符合国务院保险监督管理机构规定的资格条件，取得保险监督管理机构颁发的资格证书。保险公司应当建立保险代理人登记管理制度，加强对保险代理人的培训和管理，不得唆使、诱导保险代理人进行违背诚信义务的活动。

（二）保险经纪人

保险经纪人是基于投保人的利益，为投保人与保险人订立保险合同提供中介服务，并依法收取佣金的单位。因保险经纪人在办理保险业务中的过错，给投保人、被保险人造成损失的，由保险经纪人承担赔偿责任。保险代理人、保险经纪人应当具备保险监督管理机构规定的资格条件，并取得保险管理机构颁发的经营保险代理业务许可证或者经纪业务许可证，向工商行政管理机关办理登记，领取营业执照，并缴存保证金或者投保职业责任保险。

（三）保险公估人

保险公估人是指接受保险当事人的委托，专门从事保险标的的评估、查验、鉴定、估损、理算等业务的单位。它既是直接服务于保险活动的辅助机构，又是独立于保险业之外的营利实体。依法受聘对保险事故进行评估和鉴定的评估机构和专家，应当依法公正地开展业务。因故意或者过失给保险人或者被保险人造成损害的，应依法承担赔偿责任。

三、保险业监督管理

（一）监督管理机构

1. 机构。我国保险业监督管理机构是中国保险监督管理委员会及其分支机构。

2. 职责。保险监督管理机构依照保险法和国务院规定的职责，遵循依法、公开、公正的原则，对保险业实施监督管理，维护保险市场秩序，保护投保人、被保险人和受益人的合法权益。

国务院保险监督管理机构依照法律、行政法规制定并发布有关保险业监督管理的规章。

（二）监督管理内容

1. 批准和备案。关系社会公众利益的保险险种、依法实行强制保险的险种和新开发的人寿保险险种等的保险条款和保险费率，应当报国务院保险监督管理机构批准。国务院保险监督管理机构审批时，应当遵循保护社会公众利益和防止不正当竞争的原则。其他保险险种的保险条款和保险费率，应当报保险监督管理机构备案。

2. 偿付能力实施监控。国务院保险监督管理机构应当建立健全保险公司偿付能力监管体系，对保险公司的偿付能力实施监控。

3. 检查。保险监督管理机构依法履行职责，可以采取下列措施：对保险公司、保险代理人、保险经纪人、保险资产管理公司、外国保险机构的代表机构进行现场检查；进入涉嫌违法行为发生场所调查取证；询问当事人及与被调查事件有关的单位和个人，要求其对与被调查事件有关的事项作出说明；查阅、复制与被调查事件有关的财产权登记等资料；查阅、复制保险公司、保险代理人、保险经纪人、保险资产管理公司、外国保险机构的代表机构以及与被调查事件有关的单位和个人的财务会计资料及其他相关文件和资料；对可能被转移、隐匿或者毁损的文件和资料予以封存；查询涉嫌违法经营的保险公司、保险代理人、保险经纪人、保险资产管理公司、外国保险机构的代表机构以及与涉嫌违法事项有关的单位和个人的银行账户；对有证据证明已经或者可能转移、隐匿违法资金等涉案财产或者隐匿、伪造、毁损重要证据的，经保险监督管理机构主要负责人批准，申请人民法院予以冻结或者查封。

（三）监督管理措施

1. 偿付能力不足的措施。对偿付能力不足的保险公司，国务院保险监督管理机构应当将其列为重点监管对象，并可以根据具体情况采取下列措施：责令增加资本金、办理再保险，限制业务范围，限制向股东分红，限制固定资产购置或者经营费用规模，限制资金运用的形式、比例，限制增设分支机构，责令拍卖不良资产、转让保险业务，限制董事、监事、高级管理人员的薪酬水平，限制商业性广告，责令停止接受新业务。

2. 整顿。保险监督管理机构依照《保险法》第一百四十条的规定作出限期改正的决定后，保险公司逾期未改正的，国务院保险监督管理机构可以决定选派保险专业人员和指定该保险公司的有关人员组成整顿组，对公司进行整顿。整顿决定应当载明被整顿公司的名称、整顿理由、整顿组成员和整顿期限，并予以公告。整顿组有权监督被整顿保险公司的日常业务。被整顿公司的负责人及有关管理人员应当在整顿组的监督下行使职权。

整顿过程中，被整顿保险公司的原有业务继续进行。但是，国务院保险监督管理机构可以责令被整顿公司停止部分原有业务、停止接受新业务，调整资金运用。被整顿保险公司经整顿已纠正其违反《保险法》规定的行为，恢复正常经营状况的，由整顿组提出报告，经国务院保险监督管理机构批准，结束整顿，并由国务院保险监督管理机构予以公告。

3. 接管。保险公司有下列情形之一的，国务院保险监督管理机构可以对其实行接管：公司的偿付能力严重不足的；违反本法规定，损害社会公共利益，可能严重危及或者已经严重危及公司的偿付能力的。被接管的保险公司的债权债务关系不因接管而变化。接管组的组成和接管的实施办法，由国务院保险监督管理机构决定，并予以公告。接管期限届满，国务院保险监督管理机构可以决定延长接管期限，但接管期限最长不得超过二年。接管期限届满，被接管的保险公司已恢复正常经营能力的，由国务院保险监督管理机构决定终止接管，并予以公告。

4. 重整或者破产清算。被整顿、被接管的保险公司有《中华人民共和国企业破产法》第二条规定情形的，国务院保险监督管理机构可以依法向人民法院申请对该保险公司进行重整或者破产清算。保险公司因违法经营被依法吊销经营保险业务许可证的，或者偿付能力低于国务院保险监督管理机构规定标准，不予撤销将严重危害保险市场秩序、损害公共利益的，由国务院保险监督管理机构予以撤销并公告，依法及时组织清算组进行清算。

第四节　法律责任

一、保险人违反《保险法》的法律责任

1. 保险公司超出批准的业务范围经营的，由保险监督管理机构责令限期改正，没收违法所得，并处违法所得一倍以上五倍以下的罚款；没有违法所得或者违法所得不足十万元的，处十万元以上五十万元以下的罚款。逾期不改正或者造成严重后果的，责令停业整顿或者吊销业务许可证。

2. 保险公司超额承保，情节严重的；为无民事行为能力人承保以死亡为给付保险金条件的保险的，由保险监督管理机构责令改正，处五万元以上三十万元以下的罚款。

3. 保险公司有未按照规定提存保证金或者违反规定动用保证金的，未按照规定提取或者结转各项责任准备金的，未按照规定缴纳保险保障基金或者提取公积金的，未按照规定办理再保险的，未按照规定运用保险公司资金的，未经批准设立分支机构或者代表机构的，未按照规定申请批准保险条款、保险费率的行为之一的，由保险监督管理机构责令改正，处五万元以上三十万元以下的罚款；情节严重的，可以限制其业务范围、责令停止接受新业务或者吊销业务许可证。

4. 保险公司有未按照规定报送或者保管报告、报表、文件、资料的，或者未按照规定提供有关信息、资料的，未按照规定报送保险条款、保险费率备案的，未按照规定披露信息的行为之一的，由保险监督管理机构责令限期改正；逾期不改正的，处一万元以上十万元以下的罚款。

5. 保险公司有编制或者提供虚假的报告、报表、文件、资料的，拒绝或者妨碍依法监督检查的，未按照规定使用经批准或者备案的保险条款、保险费率的行为之一的，由保险监督管理机构责令改正，处十万元以上五十万元以下的罚款；情节严重的，可以限制其业务范围、责令停止接受新业务或者吊销业务许可证。

6. 保险公司聘任不具有任职资格、从业资格的人员的，由保险监督管理机构责令改正，处二万元以上十万元以下的罚款。

7. 保险公司违反规定，转让、出租、出借业务许可证的，由保险监督管理机构处一万元以上十万元以下的罚款；情节严重的，责令停业整顿或者吊销业务许可证。

二、投保人、被保险人和受益人等违反《保险法》的法律责任

1. 投保人、被保险人或者受益人有投保人故意虚构保险标的，骗取保险金的；编造未曾发生的保险事故，或者编造虚假的事故原因或者夸大损失程度，骗取保险金的；故意造成保险事故，骗取保险金行为之一的，进行保险诈骗活动，尚不构成犯罪的，依法给予行政处罚；构成犯罪的，依法追究刑事责任。

2. 保险事故的鉴定人、评估人、证明人故意提供虚假的证明文件，为投保人、被保险人或者受益人进行保险诈骗提供条件的，尚不构成犯罪的，依法给予行政处罚；构成

犯罪的，依法追究刑事责任。

三、保险代理人和保险经纪人违反《保险法》的法律责任

1. 擅自设立保险专业代理机构、保险经纪人，或者未取得经营保险代理业务许可证、保险经纪业务许可证从事保险代理业务、保险经纪业务的，由保险监督管理机构予以取缔，没收违法所得，并处违法所得一倍以上五倍以下的罚款；没有违法所得或者违法所得不足五万元的，处五万元以上三十万元以下的罚款。

2. 保险代理机构、保险经纪人未按照规定缴存保证金或者投保职业责任保险的或未按照规定设立专门账簿记载业务收支情况的，由保险监督管理机构责令改正，处二万元以上十万元以下的罚款；情节严重的，责令停业整顿或者吊销业务许可证。

3. 保险专业代理机构、保险经纪人未经批准设立分支机构或者变更组织形式的，由保险监督管理机构责令改正，处一万元以上五万元以下的罚款。

4. 个人保险代理人违反《保险法》规定的，由保险监督管理机构给予警告，可以并处二万元以下的罚款；情节严重的，处二万元以上十万元以下的罚款，并可以吊销其资格证书。未取得合法资格的人员从事个人保险代理活动的，由保险监督管理机构给予警告，可以并处二万元以下的罚款；情节严重的，处二万元以上十万元以下的罚款。

四、保险监督管理机构人员违反《保险法》的法律责任

保险监督管理机构从事监督管理工作的人员有下列情形之一的，依法给予处分：违反规定批准机构的设立的，违反规定进行保险条款、保险费率审批的，违反规定进行现场检查的，违反规定查询账户或者冻结资金的，泄露其知悉的有关单位和个人的商业秘密的，违反规定实施行政处罚的，滥用职权、玩忽职守的其他行为。

【本章小结】

保险法是以保险关系为调整对象的法律规范的总称。本章根据我国《保险法》的规定，对保险、保险法、保险合同、保险业经营等问题进行系统的阐述，尤其对保险合同理论以及人身保险合同和财产保险合同进行重点介绍。

【复习思考题】

一、简答题

1. 简述保险合同的概念及特征。
2. 保险合同的书面形式有哪些？
3. 什么是代位求偿权？
4. 什么是保险价值？
5. 什么是理赔？

6. 简述保险代理人和保险经纪人的区别。

二、论述题

1. 试述保险法的基本原则。

2. 试述财产保险的保险责任。

三、案例分析

1994 年 4 月 14 日，某市百货公司到某公路运输公司办理货物托运手续，托运冰箱 40 台，总价款为 13.2 万元。百货公司在托运时向保险公司办理了货物运输保险，投保金额为 5 万元。在运输过程中，由于司机失误发生事故，40 台冰箱全部毁损。事后，百货公司向保险公司索赔，保险公司按法律规定和合同约定，赔付了 5 万元。百货公司取得赔偿金后，又向运输公司要求赔偿全部货物损失 13.2 万元。运输公司以保险公司代位追偿，其已经付给保险公司 5 万元为由拒绝赔偿。百货公司诉至法院，要求运输公司赔偿货物损失 13.2 万元。

问题：（1）与一般合同规定比较，保险合同的客体、主体的义务有何特征？

（2）本案应如何处理，请陈述理由。

第十二章 金融租赁法律制度

JINRONG ZULIN FALU ZHIDU

第一节　金融租赁法概述

一、金融租赁的概念和特征

（一）金融租赁的概念

租赁是我们生活中一种常见的经济活动，例如房屋租赁、设备租赁、汽车租赁、土地租赁等。概括地说，租赁是出租人以获取租金为目的，在一定的时期内，让渡租赁标的物使用权的一种交易活动。租赁是物品的所有者以收取报酬为条件，转让物品的使用权的一种方式。租赁有许多不同的分类。如从租赁的目的，分为融资租赁和经营租赁；从征税角度，分为正式租赁和租购式租赁；从交易的程度，分为直接租赁、杠杆租赁、回租租赁和转租赁等。

金融租赁又称融资租赁，是指出租人根据承租人对租赁物和供货人的选择或认可，将其从供货人处取得的租赁物按合同约定出租给承租人占有、使用，向承租人收取租金的交易活动。

其通常的交易模式是：需要添置某些技术设备的企业（承租人），在缺乏流动资金时，由金融中介机构（出租人）代其购进或租入所需设备，然后再出租给该企业（承租人）使用。企业（承租人）则按融资租赁合同定期支付租金至租赁期满，并依据合同约定的方式而最终完成设备所有权的让渡（也可续租或退租）。

金融租赁是一个涉及贸易、金融、法律、财务、保险、证券、税收等多领域的边缘产业。它是现代租赁业务中使用最多、最基本的租赁方式，是一种以融物代替融资，融物与融资密切联系的信用形式。我国金融租赁起步于20世纪80年代初，当时从事租赁业务的机构多为银行所属的信托投资公司或专营租赁公司。但引进后，金融租赁行业在我国处于“慢热”的发展状态。

融资租赁行业在中国发展不快，有社会对租赁的认知度不高，转型期中国商业信用环境恶劣的原因，也有金融租赁业自身特别是法律不健全的因素。目前我国金融租赁的有关立法主要有《中华人民共和国合同法》（以下简称《合同法》）、《金融租赁公司管理办法》、《企业会计准则——租赁》等法律、规章，以及有关融资租赁和《破产法》的司法解释等。从未来金融租赁业务发展的需要看，有必要尽快制定一部系统完整的《融资租赁法》，以有效保障融资租赁各方当事人的合法权益。

（二）金融租赁的特征

1. 金融租赁是融资与融物相结合的一种交易活动。金融租赁是由出租方先融通资金，购进承租方所需的技术和设备，然后租给承租方。融资租赁是一种融贸易、金融、租借为一体的特殊金融产品，出租人提供的是金融服务，而不是单纯的租借服务。因此，融资租赁属于准金融业务，可以由金融机构经营，也可以由非金融机构经营。

2. 金融租赁涉及出租方、承租方和供货方三方当事人和至少两个合同。两个合同为出租方与承租方之间的租赁合同和出租方与供货方之间的买卖合同，这两个合同相互联系：租赁合同的签订和履行是买卖合同签订和履行的前提，买卖合同的履行是一笔租赁业务完成的不可缺少的组成部分。

3. 租赁财产的所有权与使用权分离。在租赁期间，租赁财产的所有权属于出租方，承租方享有使用权。租赁期满后，承租方对租赁物可以选择留购、续租或者退租。但无论采取哪一种方式，都应在合同中明确。

4. 承租方对设备和供货方有选择权利，并承担相应责任。在金融租赁中，设备和供货方是承租人选定的，出租人只是根据承租人的意愿到其指定的供货人处购进设备，再租给承租人使用。所以承租人对设备的质量、技术性能等负责，且在租赁期内负责设备的保养、维护以及保险等事项。

5. 金融租赁的租期较长，租赁期限大致与设备的使用年限相同。出租方在一个较长的租赁期内，通过收取租金来收回全部投资。

二、金融租赁的种类

经过多年的实践，融资租赁已经从最基本的直接购买融资租赁衍生出多种形式，其典型形式有以下几种。

1. 直接租赁。直接租赁是金融租赁的主要形式。它是由出租人用在资金市场上筹措的资金，向供货厂商购进承租人所需的设备后直接出租给承租人。它以出租人保留租赁物的所有权和收取租金为条件，承租人在租赁合同期内对租赁物有占有、使用和受益的权利。

直接租赁一般包括两个合同：一个是租赁合同，由出租人与承租人签订；一个是买卖合同，由出租人与供货商签订。

资金力量雄厚的租赁公司普遍采用直接租赁的做法。直接租赁中的出租人能在筹资方面充分发挥能动作用，通过调度资金，争取到低成本的资金来源，增加竞争能力。

2. 转租赁，简称转租。它是由出租人（第一承租人、第二出租人）先从其他租赁公司（第一出租人）租进承租人（第二承租人）所需的设备，然后将租来的设备再转租给承租人。当某一租赁公司在其自身借贷能力较弱，融资技术不发达，资金来源有限的情况下，往往会采取转租赁，以期利用别家租赁公司条件优惠的融资便利。

转租赁涉及三个合同：（1）买卖合同，由租赁公司与供货商签订。（2）租赁合同，由出租人与租赁公司签订。（3）转租赁合同，由出租人与承租人签订。

从上述合同关系中可以看出，上一租赁合同的承租人同时又是下一租赁合同的出租人，称为转租人。转租人从其他出租人处租入租赁物件再转租给第三人。转租赁是转租人以收取租金差为目的的租赁形式，其租赁物的所有权归第一出租人。

3. 回租租赁。回租又称售后租赁，指承租人将自有物件出卖给出租人，同时与出租人签订一份融资租赁合同，再将该物件从出租人处租回的租赁形式。与普通融资租赁相比，其特点在于它是承租人、出卖人为同一人的特殊融资租赁方式。

回租涉及两个关系人：企业和租赁公司。企业既是卖主，又是承租人；租赁公司既是买主，又是出租人。

回租涉及两个合同：买卖合同和租赁合同，即企业与租赁公司签订的买卖合同，企业与租赁公司签订的租赁合同。

在实践中，通过回租这种方式，企业既可以获得生产经营所需的流动资金，又可以继续使用原有设备。特别是当企业进行技术改造或扩建时，采用这种融资租赁方式筹集资金，用出售设备所得的现款购买急需的新设备，可以满足企业的投资需求。回租也是国际上通用的一种融资租赁方式。

4. 杠杆租赁。杠杆租赁又称衡平租赁。它是指出租人一般只需支付设备全部价款的一部分（20% ~40%），另以该设备作抵押，由金融机构贷款支付其余价款（60% ~80%），然后将购入设备用于租赁的一种融资租赁形式。杠杆租赁往往涉及多方当事人，签订多个合同文本，是最复杂的一种租赁交易。

杠杆租赁是一种融资性节税租赁。对出租方而言，只需支付设备价款的一部分，就能够获得设备的所有权以及相应的利益，同时还能获得相当于设备百分之百投资的税收上的优惠。对承租人而言，也可以从出租人税收上的优惠获得租金上的优惠。对贷款人来说，由于得到了高于贷款总额的设备的第一留置权，收回贷款也有保障。因此，杠杆租赁一般用于飞机、轮船、通信设备和大型成套设备的融资租赁。

5. 委托租赁。委托租赁是指出租人接受委托人的资金或租赁标的物，根据委托人的书面委托，向委托人指定的承租人办理融资租赁业务。在租赁期内，租赁标的物的所有权归委托人，出租人只收取手续费，不承担风险。同一份委托租赁合同中的委托人可以是一个或多个，由两个或两个以上委托人组成的委托租赁称共同委托租赁。在共同委托租赁合同中，租赁公司并没有充当债权人的角色，而是根据委托人指令向承租人提供相关租赁服务的中介。委托租赁是《金融租赁公司管理办法》中提到的一种金融租赁业务。

6. 项目融资租赁。承租人以项目自身的财产和效益为保证，与出租人签订项目融资租赁合同，出租人对承租人项目以外的财产和收益无追索权，租金的收取也只能以项目的现金流量和效益来确定。出卖人（租赁物品生产商）通过自己控股的租赁公司采取这种方式推销产品，扩大市场份额。通信设备、大型医疗设备、运输设备甚至高速公路经营权都可以采用这种方法。

第二节 金融租赁公司

一、金融租赁公司的概念

我国《金融租赁公司管理办法》所称的金融租赁公司是指经中国银行业监督管理委员会批准，以经营融资租赁业务为主的非银行金融机构。

1979 年 7 月，我国颁布了《中外合资经营企业法》后，中国国际信托投资公司（以下简称中信公司）作为利用外资的主要窗口之一，开始创办国际租赁业务，开辟了利用外资的新渠道。1981 年 2 月，中信公司与北京机电设备公司、日本东方租赁公司共同创建了我国第一家租赁公司——中国东方租赁有限公司。同年 7 月，中信公司与国家物资局等单位共同成立了中国租赁有限公司。这两家公司的成立，标志着现代租赁业在我国的诞生和现代租赁体制在我国的建立。

我国的金融租赁公司以监管对象划分，可分为三大类：中国银监会监管的金融租赁公司；商务部外资司监管的中外合资租赁公司；由商务部市场建设司管理的从事设备租赁的内资租赁公司。

按照中国加入世界贸易组织的承诺，2004 年底，经营性租赁业务要对外商独资放开。实际上，中国商务部在2003 年底就允许外商独资开展经营性租赁业务。目前，中国外商投资租赁公司有五种类型：独立的专业融资租赁公司、支持承租人的厂商租赁公司、支持制造商的厂商租赁公司、一般的经营性租赁公司和项目租赁公司等。

二、金融租赁公司的设立与变更

（一）金融租赁公司的设立

1. 设立的条件。根据 2007 年中国银行业监督管理委员会发布的《金融租赁公司管理办法》的规定，申请设立金融租赁公司应具备以下条件：（1）具有符合本办法规定的出资人；（2）具有符合本办法规定的最低限额注册资本；（3）具有符合《中华人民共和国公司法》和本办法规定的章程；（4）具有符合中国银行业监督管理委员会规定的任职资格条件的董事、高级管理人员和熟悉融资租赁业务的合格从业人员；（5）具有完善的公司治理、内部控制、业务操作、风险防范等制度；（6）具有合格的营业场所、安全防范措施和与业务有关的其他设施；（7）中国银行业监督管理委员会规定的其他条件。

金融租赁公司的出资人分为主要出资人和一般出资人。主要出资人是指出资额占拟设金融租赁公司注册资本50%以上的出资人。一般出资人是指除主要出资人以外的其他出资人。设立金融租赁公司，应由主要出资人作为申请人向中国银行业监督管理委员会提出申请。《金融租赁公司管理办法》对承租人的资格没有作出特别的要求，只要具备完全民事行为能力即可。

2. 设立的程序。根据《金融租赁公司管理办法》的规定，金融租赁公司的设立须经过筹建和开业两个阶段。

（1）筹建阶段。申请筹建金融租赁公司，申请人应当提交下列文件：①筹建申请书，内容包括拟设立金融租赁公司的名称、注册所在地、注册资本金、出资人及各自的出资额、业务范围等。②可行性研究报告，内容包括对拟设公司的市场前景分析、未来业务发展规划、组织管理架构和风险控制能力分析、公司开业后3年的资产负债规模和盈利预测等内容。③拟设立金融租赁公司的章程（草案）。④出资人基本情况，包括出资人名称、法定代表人、注册地址、营业执照复印件及营业情况以及出资协议；出资人为境外金融机构的，应提供注册地金融监管机构出具的意见函。⑤出资人最近2年经有资质的中介机构审计的年度审计报告。⑥中国银行业监督管理委员会要求提交的其他文件。

（2）开业阶段。金融租赁公司筹建工作完成后，应向中国银行业监督管理委员会提出开业申请，并提交下列文件：①筹建工作报告和开业申请书；②境内有资质的中介机构出具的验资证明、工商行政管理机关出具的对拟设金融租赁公司名称的预核准登记书；③股东名册及其出资额、出资比例；④金融租赁公司章程，金融租赁公司章程至少包括以下内容：机构名称、营业地址、机构性质、注册资本金、业务范围、组织形式、经营管理和中止、清算等事项；⑤拟任高级管理人员名单、详细履历及任职资格证明材料；⑥拟办业务规章制度和风险控制制度；⑦营业场所和其他与业务有关设施的资料；⑧中国银行业监督管理委员会要求的其他文件。

（二）金融租赁公司的变更

公司的变更是指公司设立登记事项中某一项或某几项的改变。根据《金融租赁公司管理办法》的规定，金融租赁公司有下列变更事项之一的，须报经中国银行业监督管理委员会批准。①变更名称；②改变组织形式；③调整业务范围；④变更注册资本；⑤变更股权；⑥修改章程；⑦变更注册地或营业场所；⑧变更董事及高级管理人员；⑨合并与分立；⑩中国银行业监督管理委员会规定的其他变更事项。

三、金融租赁公司的组织机构

根据《金融租赁公司管理办法》的规定，金融租赁公司名称中标明“金融租赁”字样。未经中国银行业监督管理委员会批准，任何单位和个人不得经营融资租赁业务或在其名称中使用“金融租赁”字样，但法律法规另有规定的除外。

四、金融租赁公司的业务范围

经中国银行业监督管理委员会批准，金融租赁公司可经营下列部分或全部本外币业务：(1) 融资租赁业务；(2) 吸收股东1年期（含）以上定期存款；(3) 接受承租人的租赁保证金；(4) 向商业银行转让应收租赁款；(5) 经批准发行金融债券；(6) 同业拆借；(7) 向金融机构借款；(8) 境外外汇借款；(9) 租赁物品残值变卖及处理业务；(10) 经济咨询；(11) 中国银行业监督管理委员会批准的其他业务。

金融租赁公司不得吸收银行股东的存款。金融租赁公司经营业务中涉及外汇管理事项的，需遵守国家外汇管理有关规定。

五、对金融租赁公司的监督管理

根据《金融租赁公司管理办法》的规定，金融租赁公司应遵守以下监管指标：(1) 资本充足率。金融租赁公司资本净额不得低于风险加权资产的8%。(2) 单一客户融资集中度。金融租赁公司对单一承租人的融资余额不得超过资本净额的30%。计算对客户融资余额时，可以扣除授信时承租人提供的保证金。(3) 单一客户关联度。金融租赁公司对一个关联方的融资余额不得超过金融租赁公司资本净额的30%。(4) 集团客户关联度。金融租赁公司对全部关联方的融资余额不得超过金融租赁公司资本净额的50%。(5) 同业拆借比例。金融租赁公司同业拆入资金余额不得超过金融租赁公司资本净额的100%。中国银行业监督管理委员会视监管工作需要可对上述指标进行适当调整。

金融租赁公司应按照相关企业会计准则及中国银行业监督管理委员会有关规定进行信息披露。实行风险资产五级分类制度。应当按照有关规定制定呆账准备制度，及时足额计提呆账准备。未提足呆账准备的，不得进行利润分配。金融租赁公司应按规定编制并向中国银行业监督管理委员会报送资产负债表、损益表及中国银行业监督管理委员会要求的其他报表。金融租赁公司应在每个会计年度结束后4个月内向中国银行业监督管理委员会或有关派出机构报送前一会计年度的关联交易情况报告。金融租赁公司应建立定期外部审计制度，并在每个会计年度结束后的4个月内，将经法定代表人签名确认的年度审计报告报送中国银行业监督管理委员会及相应派出机构。

违反《金融租赁公司管理办法》有关规定的，中国银行业监督管理委员会按《中华人民共和国银行业监督管理法》等有关法律法规进行处罚。金融租赁公司对中国银行业监督管理委员会的处罚决定不服的，可以依法申请行政复议或者向人民法院提起行政诉讼。

六、金融租赁公司的解散、破产

金融租赁公司有以下情况之一的，经中国银行业监督管理委员会批准后可以解散：

(1) 公司章程规定的营业期限届满或者公司章程规定的其他解散事由出现；

(2) 股东（大）会决议解散；

(3) 因公司合并或者分立需要解散；

(4) 依法被吊销营业执照、责令关闭或者被撤销；

(5) 其他法定事由。

金融租赁公司有以下情形之一的，经中国银行业监督管理委员会批准，可向法院申请破产：

（1）不能支付到期债务，自愿或其债权人要求申请破产的；

（2）因解散或被撤销而清算，清算组发现该金融租赁公司财产不足以清偿债务，应当申请破产的。

金融租赁公司不能清偿到期债务，并且资产不足以清偿全部债务或者明显缺乏清偿能力的，中国银行业监督管理委员会可以向人民法院提出对该金融租赁公司进行重整或者破产清算的申请。

第三节　金融租赁合同

一、金融租赁合同的概念与特征

金融租赁合同也称融资租赁合同，系由出卖人与出租人之间的买卖合同和出租人与承租人之间的租赁合同组成。它涉及三方当事人（回租租赁形式除外）：出租人、承租人、出卖人。在这里，买卖合同与租赁合同的紧密结合形成完全意义上的融资租赁合同，买卖合同和租赁合同相互依存，又相互制约。租赁合同是买卖合同成立的前提；租赁合同成立后，买卖合同未经承租人同意不得变更；买卖合同成立后，承租人对设备的要求，未经出租人同意不得变更；买卖合同不履行会产生解除或变更租赁合同的法律后果。

《合同法》第二百三十七条规定：融资租赁合同是出租人根据承租人对出卖人、租赁物的选择，向出卖人购买租赁物，提供给承租人使用，承租人支付租金的合同。可见，融资租赁合同的概念包括以下三方面的含义：（1）出租人须按照承租人的要求出资购买租赁物。（2）出租人须将购买的租赁物交付承租人使用、收益。（3）承租人须向出租人支付租金。

金融租赁合同有如下特征：

1. 金融租赁合同是以融资为目的，以融物为手段的合同。金融租赁合同不同于传统租赁合同的重要特征在于：金融租赁合同交易的目的是融通资金。作为实现租赁目的的法律工具的融资租赁合同，自然以租赁形式融通资金为其主要职能。融资租赁在直接租入设备使用权的同时，解决了购置设备所需的资金，这是其融资性的根本体现。对承租人来讲，融资租赁的目的并不在于取得租赁物的所有权，而在于获得租赁物的使用权。在融资租赁中，由出租人根据承租人的选择购买租赁物并提供给承租人使用，而由承租人支付相应的租金，这样，承租人可以用大大少于租赁物价款的租金取得租赁物的使用权，从而解决资金短缺的窘境或腾出资金用于其他投资。

2. 金融租赁合同的主体具有特殊性。金融租赁合同的当事人包括出租人和承租人。其中出租人只能是专营融资租赁业务的融资租赁公司，而不能是自然人或一般的法人。根据我国现行有关法律的规定，目前具有以出租人身份订立融资租赁合同的主体资格的机构有：金融监管机构批准设立的金融租赁公司，金融监管机构批准设立的金融机构中获准兼营融资租赁业务的机构，原对外贸易经济合作部批准设立的中外合资租赁公司。对于承租人，我国相关的法律、法规没有专门规定，但从金融租赁行业的特殊性来看，承租人一般情况下不能为自然人。

3. 金融租赁合同是双务、有偿、要式合同。依据当事人之间是否互负义务，可以把合同分为双务合同与单务合同。双务合同是指当事人双方互负给付义务的合同。单务合同则是合同当事人中一方负有义务，另一方不负有相对义务的合同。在金融租赁合同中，出租方有收取租金的权利，承租方有支付租金的义务，双方的权利义务具有对应性，一方的权利也就是另一方的义务，所以金融租赁合同是双务合同。

根据当事人是否可以从合同中获取某种利益，可以将合同分为有偿合同和无偿合同。有偿合同是指一方通过履行合同规定的义务而给对方某种利益，对方要得到该利益必须为此支付相应代价的合同。无偿合同是指一方给付某种利益，对方取得该利益时并不支付任何报酬的合同。在金融租赁合同中，由于出租人须向出卖人支付购买设备的价款，而承租人须向出租人支付租金，所以金融租赁合同是有偿合同。

根据合同的成立是否需要特定的形式，可以将合同划分为要式合同与非要式合同。要式合同是指依据法律的规定或合同的约定，必须具备一定的形式和手续才能成立的合同。非要式合同是指法律不要求必须具备一定形式和手续的合同。我国《合同法》第二百三十八条规定，融资租赁合同应当采用书面形式。

由于金融租赁合同涉及金额大、时间跨度长，法律一般规定金融租赁合同采取要式合同形式，以利于有关租赁纠纷的解决。

4. 金融租赁合同是移转租赁物的使用权的合同。金融租赁合同的租赁物是由承租人选择决定的。合同成立后，出租人享有租赁物的所有权，并将租赁物交承租人使用。我国《合同法》第二百四十二条规定，出租人享有租赁物的所有权。同时，《合同法》第二百四十五条规定，出租人应当保证承租人对租赁物的占有和使用。也就是说在整个合同期内，承租方可以取得有关租赁物的占有权、使用权以及相应的收益权，但并不拥有租赁物的所有权。出租人对租赁物的所有权并不因合同的成立而消失。不论租期多长，到合同终止为止，租赁物的所有权一直归出租人。合同终止后，所有权可以转移，也可以不转移。

5. 金融租赁合同是不可撤销合同。在融资租赁合同中，租赁物是由承租人根据自己的需要选定的。租赁物是特定的，其使用者也是特定的。如果承租方单方提出解除合同返还租赁设备，出租人很难将设备重租出去或找到适当的买主，势必会给出租人造成重大经济损失，所以金融租赁合同是不可撤销合同。同时，承租人在租期内，即使使用租赁设备未取得预定的经济效益，仍须交付租金，不得随意解除合同。出租人在租期内亦需保证承租人的设备使用权，不得另行出租，也不得以设备设定抵押。

二、金融租赁合同的订立

（一）金融租赁合同的有效要件

租赁合同的有效是指订立租赁合同的行为具有足以引起权利义务关系设立、变更、终止的法律效力。租赁合同的有效须以租赁合同的成立为前提，但是，已经成立的租赁合同不一定全部发生效力，只有具备一定有效要件的租赁合同，才能产生预期的法律效果。租赁合同成立的有效要件包括实质要件和形式要件。

1. 租赁合同成立的实质要件

（1）主体合格，即行为人具有相应的民事行为能力。我国民事法律关系主体包括法人、自然人和其他组织。这一要件要求当事人能够了解合同的状况和法律效果，对保护其合法权益和减少纠纷均具有意义。自然人签订合同，原则上须有完全行为能力，限制行为能力人和无民事行为能力人不得亲自缔约，应由其法定代理人代为签订。法律另有规定的从其规定。

鉴于金融租赁的特殊性，自然人不论是否具有民事行为能力，一般不能作为租赁合同的当事人。出租人只能是由金融监管机构批准的具有租赁经营资格的法人，承租人只能是法人或其他组织。

（2）当事人意思表示真实。意思表示真实是指当事人在自觉、自愿的基础上，作出真实地反映其内在意志的表示行为。作为合同的有效要件，它是意思自治原则的当然要求。意思表示不真实，对合同效力的影响应视具体情况而定。在一般误解等情况下，合同仍然有效。在重大误解时，合同则可被变更或者撤销。在乘人之危致使合同显失公平的情况下，合同可被变更或者撤销。在因欺诈、胁迫而成立合同的情况下，若损害国家利益，合同无效；若未损害国家利益，合同可被变更或撤销。为了保障当事人的合法权益，对意思表示不真实的租赁合同，应根据不同情况，认定其无效或者予以撤销。

（3）内容不违反法律或者社会公共利益。《合同法》第七条规定，当事人订立、履行合同，应当遵守法律、行政法规，尊重社会公德，不得扰乱社会经济秩序，损害社会公共利益。

内容合法主要是指标的合法，即合同标的不属国家明令禁止买卖的物或法律、政策所不允许的行为。合同内容合法还包括合同标的数量合法、质量合法、价格合法以及当事人的目的无规避法律之意，没有违反社会公共利益等。

2. 租赁合同的形式要件

由于金融租赁合同的法律关系较复杂，同时，融资金额一般较大，履行期较长，因此，金融租赁合同应当采取书面形式。我国《合同法》对此有明确规定。

（二）金融租赁合同的无效

金融租赁合同无效是指当事人订立的租赁合同因欠缺租赁合同成立的有效要件而不发生法律效力。根据《最高人民法院关于审理融资租赁合同纠纷案件若干问题的规定》的规定，有下列情形之一的，应认定融资租赁合同为无效合同：（1）出租人不具有从事融资租赁经营范围的；（2）承租人与供货人恶意串通，骗取出租人资金的；（3）以融资租赁合同形式规避国家有关法律、法规的；（4）依照有关法律、法规规定应认定为无效的。

融资租赁合同被确定为无效后，应区分下列情形分别处理：

1. 因承租人的过错造成合同无效，出租人不要求返还租赁物的，租赁物可以不予返还，但承租人应赔偿因其过错给出租人造成的损失；

2. 因出租人的过错造成合同无效，承租人要求退还租赁物的，可以退还租赁物，如有损失，出租人应赔偿相应损失；

3. 因出租人和承租人的共同过错造成合同无效的，可以返还租赁物，并根据过错大小各自承担相应的损失和赔偿责任。

租赁物正在继续使用且发挥效益的，对租赁物是否返还，可以协商解决；协商不成的，由法院根据实际情况作出判决。

租赁物从境外购买的，融资租赁合同当事人约定用外币支付租金，应认定为有效。

（三）金融租赁合同的内容

在实践中，由于租赁形式的不同，融资租赁合同的内容往往也不同。我国《合同法》第二百三十八条对金融租赁合同的内容作了明确规定，融资租赁合同的内容包括租赁物名称、数量、规格、技术性能、检验方法、租赁期限、租金构成及其支付期限和方式、币种、租赁期间届满租赁物的归属等条款。根据这一规定以及《合同法》的相关规定，从内容上看，金融租赁合同一般有一般性条款和特殊性条款。

1. 金融租赁合同的一般性条款

（1）合同当事人。金融租赁合同首先应明确双方当事人即出租人和承租人的名称、地址、法定代表人等基本情况。

（2）合同标的物。金融租赁合同的标的物是承租人要求出租人购买的设备，是合同当事人双方权利和义务指向的对象。因此，融资租赁合同首先应就租赁标的物的名称、质量、数量、规格、型号、技术性能、检验方法等作出明确约定。由于金融租赁合同的特殊性，租赁合同的标的必须是有形的资产，像专利、商标这些无形资产不能作为金融租赁合同的标的物。另外，那些只能使用一次的消费物也不能作为金融租赁合同的标的物。

（3）履行期限、地点和方式。履行期限是当事人双方分别向对方当事人交付标的物、支付价款的时间界限。金融租赁合同的履行期限主要是合同中约定的租赁物的租赁期限和租金支付的时间。租赁期限一般根据租赁物的经济寿命、使用及利用设备所产生的效益，由双方当事人商定。由于金融租赁合同的一个很重要的特征就是合同不可中途撤销，因此，在合同中应当明确规定租赁的起止日期和租金的支付时间。租赁的起租日期一般为租赁物的交付之日。

履行地点，即当事人双方在合同中约定的履行合同义务的地点。它一般包括交货地点、提货地点、付款地点等，均应在合同中明确规定。

履行方式即完成合同义务的方法。如标的物的交付方法、租金的支付方法等。履行的方法一般在合同中均有规定，涉及的主要内容有货物的交付方法、运输方法、检验方法、结算支付方法等。

（4）租金。租金是金融租赁合同的主要内容之一。合同应对租金作出明确规定。它包括租金总额、租金构成、租金支付方式、租金支付地点和次数、租金支付期限、每期租金额、租金计算方法、租金币种等。

（5）租赁物的归属。租赁期间届满，承租人对租赁物一般有三种选择权，即留购、续租或退租。①退租。租赁合同期满，承租人按租赁合同约定的要求将租赁物退还给出租人，由出租人自行处理租赁物。由于租赁物在出租期满时一般已达到使用期限，出租人收回后难以再租或转让，所以对租赁物期限届满后的处理，一般不采用这种方式。②续租。在租赁合同期间届满前的合理时间内，承租人应通知出租人，就租赁物的继续租用进行协商，确定续租期限、租金等内容，在融资租赁合同期间届满时签订续租合同。③留购。承租人支付一定的名义货价（往往就是租赁物的残值）后获得租赁物的所有权。这种方法对出租人和承租人均有利，所以，融资租赁合同期间届满后，对租赁物的处理一般多采用这种方式。在留购情况下，承租人取得租赁物的所有权。在续租和退租情况下，租赁物仍归出租人所有。具体选择哪一种方式，应明确写入合同。

（6）违约或争议的处理。出租人、承租人以及担保人应事先就履行合同中的违约和争议，协商确定解决方法，并在合同中明确规定。在出租人租赁物未交付、交付迟延或租赁物与合同不符时，承租人有权：①拒收租赁物，除非出租人已提供了符合合同规定的租赁物对其违约作出补救。②终止租赁合同并有权收回预付的任何租金及款项。承租人应当按照约定支付租金。经催告后在合理期限内仍不支付租金的，出租人有权要求承租人：①支付未付的到期租金以及利息和损害赔偿。②解除合同，收回租赁物。

在租赁合同履行期间，出租人与承租人之间发生合同争议时，有以下几种解决方法：①协商解决。②调解解决。③仲裁解决。④诉讼解决。

根据《最高人民法院关于审理融资租赁合同纠纷案件若干问题的规定》的规定，融资租赁合同纠纷案件的当事人可以协议选择与争议有实际联系地点的法院管辖。当事人未选择管辖法院的，应由被告住所地或合同履行地法院管辖。租赁物的使用地为金融租赁合同的履行地；涉外金融租赁合同纠纷案件的当事人可以协议选择处理合同争议所适用的法律；当事人没有选择的，适用承租人所在地的法律。

2. 金融租赁合同的特殊性条款

（1）买卖合同与租赁合同的关系条款。在金融租赁交易中，租赁合同是买卖合同成立的条件，是主合同；买卖合同是租赁物的依据，是从合同，两者缺一不可。出租人与承租人和供货方均形成正式合同关系，供货方与承租人之间形成了准合同关系。金融租赁合同一般都规定由供货方向承租人交付租赁物，租赁物的验收、索赔等都由承租人负责；出租人只承担支付货款的责任。

租赁合同一经成立，买卖合同非经承租人同意不得变更；买卖合同一经成立，承租人对租赁物的要求非经出租人同意不得变更。

（2）对出租人免责和对承租人保障条款。金融租赁合同中一般明文规定出租人对租赁物的质量、性能和适用与否不承担任何责任。因为在融资租赁合同中，租赁物的种类、性能、规格、型号、商标等，以及供货方均是由承租人根据自己的知识经验选定，出租人根据承租人的要求购买的，且租赁物由供货方直接交给承租人并由其验收。承租人应具备对租赁物的鉴别、检验的知识经验，因此，出租人对租赁物的质量、性能和适用与否不承担任何责任。为了保障承租人的利益，在合同中明确规定了出租人的免责条款后，还应规定对供货方就租赁物的索赔权由出租人转让给承租人，索赔发生的费用由承租人承担，获得的赔偿金也归承租人。但只要出租人无过错，无论索赔的结果如何，承租人均应无条件按照合同规定向出租人缴纳租金。

当然，出租人免责并非意味着出租人在任何情况下都不承担责任，有下列情形之一的，当租赁物质量、数量等存在问题，在对供货人索赔不着或不足时，出租人应承担赔偿责任：①出租人根据租赁合同的约定完全是利用自己的技能和判断为承租人选择供货人或租赁物的。②出租人为承租人指定供货人或租赁物的。③出租人擅自变更承租人已选定的供货人或租赁物的。

（3）不得中途解约条款。金融租赁合同中一般都有类似“除合同约定条款外，未经对方同意，任何一方不得中途变更或解除合同”的规定，即禁止中途解约条款。金融租赁合同一经生效，承租人就不能单方面提出解除合同，承租人发生租赁物灭失或毁损，不得中途解约并须继续缴纳租金。

需要指出的是，某些特殊的情况是可以中途解约的：①出租人和承租人经协商同意解除，但不能损害供货人的利益。②出租人或者承租人发生解散、撤销、破产等情况。③出租人、承租人、供货人之一严重违反合同约定，致合同实际已无法履行。④合同履行过程中发生不可抗力的情况。⑤出现合同中约定解除的情况。⑥法律、法规规定的允许解除的情形。

（4）对第三人的责任条款。为防止合同履行过程中涉及出租人、承租人以外的第三人权益，合同中应规定：①出租人应在租赁期内排除第三人对租赁财产权益的异议，以确保承租人对租赁物的使用权不受干扰。②因承租人的自身过错或无效行为给第三人造成损失的，承租人应承担赔偿责任。

三、金融租赁合同的履行

（一）金融租赁合同履行的原则

合同履行的原则是当事人在履行合同债务时所应遵循的基本准则。

1. 实际履行的原则。实际履行原则是指当事人按照合同约定的标的完成合同义务的原则。实际履行包括两个方面的含义：一是当事人应自觉按约定的标的履行，不得任意以其他标的代替约定标的。二是当事人一方不履行或不完全履行时，首先应承担按约履行的责任，不得以偿付违约金或赔偿损失来代替合同标的的履行，对方当事人有权要求其实际履行。

2. 全面履行的原则。全面履行的原则是指合同依法成立后，当事人双方必须严格按照合同规定的标的、质量、数量等所有条款全面完成各自承担的合同义务的原则。合同是双方当事人根据自己的实际需要而订的，合同中的各项条款都反映了当事人所追求的目的和实际承受能力，如果不严格按照合同条款全面履行，权利人的合同目的就可能落空，从而造成很大的经济损失。所以，当事人应全面履行自己的义务。（1）履行的主体。合同的履行必须由双方当事人亲自完成。（2）履行的标的。合同债务人应按照合同规定的品种、质量、期限、交货地点等履行自己的义务。（3）履行的方法。各种合同的履行方法，法律法规有规定的，按照法律法规的规定履行；没有规定的，按照双方当事人协商的方法履行。

3. 协作履行的原则。协作履行的原则是指合同依法成立后，当事人双方应当在团结协作、互相帮助的基础上，共同完成合同约定的义务的原则。《合同法》第六十条关于“当事人应当遵循诚实信用原则，根据合同的性质、目的和交易习惯履行通知、协助、保密等义务”的规定，体现了协作履行的原则。合同的履行不仅仅是债务人的事，也是债权人的事，而协助履行往往是债权人的义务，只有双方当事人在合同履行中相互配合、互相协作，合同才会适当履行，使当事人的合同目的得以实现。

（二）金融租赁合同的履行

合同的履行是指合同依法成立后，当事人双方按照合同约定的内容，全面完成各自承担的义务，从而使合同的权利义务得以全部实现。

根据我国《合同法》的规定，金融租赁合同中当事人应承担相应的义务。

1. 出租人的义务

（1）购买、交付标的物。金融租赁合同的出租人必须按照承租人指定的供货商和标的物出资购买，并按约定交付给承租人。我国《合同法》第二百三十九条规定，出租人根据承租人对出卖人、租赁物的选择订立的买卖合同，出卖人应当按照约定向承租人交付标的物，承租人享有与受领标的物有关的买受人的权利。

（2）协助承租人索赔。我国《合同法》第二百四十条规定，承租人行使索赔权利的，出租人应当协助。

（3）出租人不得擅自变更买卖合同内容。在金融租赁法律关系中，出租人负有按承租人的要求订立买卖合同并不得擅自变更与承租人有关的合同内容的法定义务。我国《合同法》第二百四十一条规定，出租人根据承租人对出卖人、租赁物的选择订立的买卖合同，未经承租人同意，出租人不得变更与承租人有关的合同内容。

（4）向出卖人支付货款。出租人应当依买卖合同约定向出卖人足额支付标的物货款。

2. 承租人的义务

（1）按时接收租赁物并验收。金融租赁合同中，出卖人向承租人交付租赁物时，承租人享有与受领标的物有关的买受人权利，也应承担相关义务。

（2）向出租人交付租金。支付租金是承租人的主要义务。我国《合同法》第二百四十八条规定，承租人应当按照约定支付租金。承租人经催告后在合理期限内仍不支付租金的，出租人可以要求支付全部租金；也可以解除合同，收回租赁物。如果租赁物存在瑕疵，承租人一般不得拒付租金。承租人作为买卖合同标的物的选择权人，自然应对行使选择权的不利后果承担责任。《合同法》第二百四十四条规定，租赁物不符合约定或者不符合使用目的的，出租人不承担责任，但承租人依赖出租人的技能确定租赁物或者出租人干预选择租赁物的除外。

（3）妥善保管、使用租赁物。在融资租赁中，出租人不负标的物的瑕疵担保责任，因而对租赁物无维修义务，但出租人却享有在租赁物期间届满后收回标的物加以使用或者处分的权益。因此，承租人为保障出租人权益的实现，不仅需妥善保管标的物，而且负有维修保养标的物的义务。我国《合同法》第二百四十七条规定，承租人应当妥善保管、使用租赁物。承租人应当履行占有租赁物期间的维修义务。

（4）租赁期间届满时返还租赁物。

【本章小结】

金融租赁是一种以信用为基础的金融业务，它将融资与融物有机地结合起来，金融租赁机构在信用活动中的中介作用日益增强，金融租赁合同也发挥着越来越大的作用。本章主要介绍金融租赁的概念和种类、金融租赁公司及运营，并重点对金融租赁合同进行系统阐述。

【复习思考题】

一、简答题

1. 什么是金融租赁？它有哪些特征？
2. 金融租赁公司设立的条件有哪些？
3. 金融租赁合同无效的情形有哪些？
4. 简述金融租赁合同的特征。
5. 简述租赁期间届满承租人对租赁物的处理方式。
6. 金融租赁的种类有哪些？

二、论述题

1. 试述金融租赁合同的特殊条款。
2. 试述金融租赁合同的有效要件。

三、案例分析

1. 北京甲旅行社为开展业务，急需一辆中型旅行车，但由于资金紧张，短期内无力购买。于是，找到乙汽车租赁公司，希望能够通过融资租赁的方式从乙汽车租赁公司承租使用。乙汽车租赁公司表示同意。双方一起来到丙汽车交易市场，经甲旅行社同意，乙汽车租赁公司购买了一辆南京产 IVECO14 座中型旅行车，并将车辆手续办齐，合计款项为 22.4 万元。1999 年 10 月 10 日，甲旅行社与乙汽车租赁公司签订融资租赁合同，主要条款约定，乙汽车租赁公司将一辆 14 座南京 IVECO 中型旅行车出租给甲旅行社使用，租赁期限 6 个月，自 1999 年 10 月 15 日至 2000 年 4 月 15 日。租金为每月 4 万元，甲旅行社应当于每月 15 日将当月租金付清。租赁期限届满后，该辆旅行车归甲旅行社所有。如逾期支付租金，应当按欠交数额的每日万分之四支付违约金。如租赁期限届满后，甲旅行社仍未付清租金，乙汽车租赁公司有权收回租赁物。合同签订后，乙汽车租赁公司将新购买的该辆旅行车提供给甲旅行社使用。甲旅行社按合同约定支付租金。2000 年 3 月，由于甲旅行社经营不善，出现资金周转紧张，未能如期缴纳租金。乙汽车租赁公司限期20天，甲旅行社仍未缴纳。乙汽车租赁公司诉至法院，要求甲旅行社给付所欠租金8万元，并支付逾期付款违约金。甲旅行社称租赁期限还未届满，乙汽车租赁公司无权要求其支付全部租金。

问题：法院应该如何判决？为什么？

2. 2004年4月，甲租赁公司与乙机械厂签订了融资租赁合同。合同约定由甲租赁公司按照要求，从国外购买设备3台，租给乙机械厂使用，租期2年。同年6月设备抵达大连港，但由于购买人是甲租赁公司，所以运单上载明的收货人是甲租赁公司。设备到后，甲租赁公司通知乙机械厂前去提货。当乙机械厂到港口提货时被拒绝，理由是收货人是甲租赁公司。乙机械厂急忙电告甲租赁公司派人解决，但甲租赁公司以承租人为租赁物的接受人为由未及时派人前往港口提货，后来乙机械厂通过别的办法提取了设备，但由于耽误了提货期限被港口罚款2万元。乙机械厂认为是甲租赁公司延误了提货期限，向甲租赁公司索赔罚款2万元无果后，遂向法院提起诉讼。

问题：这笔罚款应由谁负担？为什么？

第十三章

涉外金融法律制度

SHEWAI JINRONG FALU ZHIDU

第一节　涉外金融法律制度概述

一、涉外金融法概述

涉外金融法是调整具有涉外因素的金融关系的法律规范的总称。从涉外金融法律关系主体、客体或内容应有一个或一个以上因素在国外这一标准来衡量，涉外金融法的调整范围非常广泛，涉及涉外金融活动的各个领域。

随着经济全球化、金融自由化进程的加快，我国金融业的对外开放也在不断深入和拓展。中国巨大的经济增长潜力和具有巨大发展空间的金融服务需求相结合，也成为对外资金融机构极具吸引力的机遇。目前，不少国际知名的金融机构已经进入中国，外资金融机构已经成为中国金融体系中的一支重要力量。与此同时，国务院、中国人民银行等颁布了许多涉外金融法规、规章，对促进我国涉外金融业的发展起了重大作用。特别是2001 年加入世界贸易组织以来，我国按照加入世界贸易组织的条款要求，分步骤、分阶段开放金融服务业，不断完善金融法规体系和监管体系。但是随着改革开放向纵深发展，我国现行的涉外金融立法普遍存在的立法层次低、稳定性差、内容零散、缺乏统一性等问题日渐凸显，已不能适应金融业对外开放的需要。因此，需要我们在立足于中国国情的基础上大胆地借鉴和采取国际金融监管惯例，尽快建立一整套既充分维护我国经济和政治利益，使其着眼于对外开放的长远目标，走与国际惯例接轨的道路，又立足于我国金融发展实际，既具有高度统一性、稳定性、权威性，又具有适当的灵活性、透明性和操作性的涉外金融法律体系，成为摆在我国立法机关、金融管理部门和金融业务部门面前的共同课题。

二、我国涉外金融法律体系

从我国现行涉外金融关系的立法来看，涉外金融法主要由外资金融机构管理法、境外中资金融机构管理法、外汇管理法和外债管理法这四个方面的内容构成。

（一）外资金融机构管理法

外资金融机构管理法是关于外资金融机构的设立及其业务开展的监管的法律规范的总称。中国实施金融业对外开放政策以来，中资金融机构竞争力增强，外资金融机构也开始走上良性发展的轨道。一方面，对外资金融机构的限制在逐步取消；另一方面，外资金融机构在某些方面也享受到了超国民待遇。外资金融机构已成为中国金融体系的重要组成部分。

外资金融机构是指依法在我国设立和营业的外国独资或合资的金融机构。我国的外资金融机构概括起来可分为银行业、证券业（或称投资银行业）、保险业（本章主要介绍外资银行）三大类。每一大类又可分为两大类：一是营业性的外资金融机构。它是指外国金融机构依照我国法律的规定，独资或参与部分股本，经我国金融主管部门批准，在我国境内设立和从事营利性金融业务的金融机构。主要有总行在中国境内的外国资本的银行（以下简称独资银行），外国银行在中国境内的分行（以下简称外国银行分行）；外国保险公司在中国境内的分公司（以下简称外资保险公司分公司）；外国的金融机构同中国的公司、企业在中国境内合资经营的银行（以下简称合资银行）和经营人身保险业务的合资保险公司（以下简称合资寿险公司）；总公司在中国境内的外国资本的财务公司（以下简称独资财务公司）；外国的金融机构同中国的公司、企业在中国境内合资经营的财务公司（以下简称合资财务公司）等。二是非营业性的外资金融机构，即外资金融机构的代表机构。营业性的外资金融机构的设立和业务活动主要受国务院 2001 年 12 月颁布的《中华人民共和国外资金融机构管理条例》（以下简称《外资金融机构管理条例》）、《中华人民共和国外资保险公司管理条例》和中国银监会 2004 年 7 月发布的《中华人民共和国外资金融机构管理条例实施细则》（以下简称《外资金融机构管理条例实施细则》）、中国保监会 2004 年 5 月发布的《中华人民共和国外资保险公司管理条例实施细则》，以及中国人民银行 1995 年 5 月发布的《中外合资投资银行类机构管理暂行办法》与中国证监会 2007 年 11 月发布的《外资参股证券公司设立规则》等规范性文件调整，非营业性的外资金融机构的设立和业务活动受中国人民银行 2002 年 6 月发布的《外资金融机构驻华代表机构管理办法》和中国保监会 2006 年 7 月发布的《外国保险机构驻华代表机构管理办法》等规范性文件的调整。

（二）境外中资金融机构管理法

境外中资金融机构管理法是关于境外中资金融机构的设立及其活动开展的管理的法律规范的总称。境外中资金融机构主要受所在国家或地区的法律的调整，接受所在国家或地区中央银行或有关金融部门的监管。但由于境外中资金融机构的设立和运营不可避免地会对我国的国际收支平衡和外汇管理、国内金融业的发展产生巨大影响，因此，为了境外中资金融机构业务的健康发展，确保我国金融对外开放的顺利进行，1990 年 4 月，经国务院批准，中国人民银行颁布了《境外金融机构管理办法》。针对境外金融机构在经营中出现的违规行为以及监管不力的状况，为加强对境外中资金融机构的审批和日常监管，中国人民银行在 1995 年 8 月和 1996 年 10 月又分别发布了《关于加强境外中资金融机构管理的通知》和《关于进一步加强境外中资金融机构管理的通知》。

（三）外汇管理法

外汇管理法是一国为了维护国际收支平衡和汇价水平的稳定，对外汇资金的调节、运用、买卖和国际结算实行管理的法律规范的总称。我国实行改革开放政策以来，国际贸易迅速扩大，外国资金及技术设备被大量引进，外商投资企业也纷纷建立。相应地，我国外汇管理在人民币汇率、经常项目外汇管理、资本项目外汇管理与外汇市场的开放等方面，也取得了长足的发展，开始迈向专门化、规范化、制度化的轨道，进入较为合理、科学的阶段。1993 年底，经国务院决定，从 1994 年 1 月 1 日开始，对经常性项目下外汇实行银行结售汇制，取消外汇留成，实行银行售汇制，允许人民币在经常项目下有条件可兑换，建立银行间外汇市场，改进外汇形成机制，保持合理及相对稳定的人民币汇率。国务院于 1996 年 1 月 29 日正式颁布《中华人民共和国外汇管理条例》（以下简称《外汇管理条例》），并于 1997 年 1 月 14 日进行修订，同时废止了 1980 年 12 月《外汇管理暂行条例》及其配套的细则。至此，我国形成了以《外汇管理条例》为核心的具有中国特色的外汇管理法规体系。1996 年 12 月 1 日，中国正式宣布承担《国际货币基金组织协定》第八条的义务，实现了人民币经常项目下可兑换。经修订的《外汇管理条例》共七章五十五条，分别规定了立法宗旨、适用范围、外汇管理机构、外汇管理的基本原则、经常项目外汇、资本项目外汇、金融机构外汇业务、人民币汇率和外汇市场、法律责任等问题，构成中国现行外汇管理的主要法律基础。

（四）外债管理法

外债管理法是调整我国外债的规模、结构，统一管理外债的筹措和偿还，监督外债的使用的法律规范的总称。外债是指中国境内的机关、团体、企业和事业单位、金融机构或其他机构用外国货币承担的具有契约性偿还义务的全部债务。具体包括国际金融机构贷款、外国政府贷款、外国银行和金融机构贷款、买方信贷、外国企业贷款（主要是卖方信贷）、发行外币债券、国际租赁、延期付款、用现汇偿还的补偿贸易、向境内外合资银行借入的外汇资金和其他形式的债务，其中主要的形式是境外借款和发行外币债券。

改革开放以后，为了加速国民经济的发展，我国开始大量引进外资，同时也对外资实行严格的统筹计划。随着外债对我国国际收支平衡和国民经济发展的影响日益加深，为了加强外债管理，我国先后出台了一系列行政法规和规章，对其进行有效的管理，主要有：国务院 1996 年 1 月发布、1997 年 1 月修改的《外汇管理条例》，1995 年 9 月国务院发布的《关于进一步加强借用国际商业贷款宏观管理的通知》，国家外汇管理局 1987 年 8 月发布的《外债统计监测暂行规定》和 1997 年 9 月发布的《外债统计监测实施细则》，国家外汇管理局 1997 年 9 月发布的《境内机构发行外币债券管理办法》，1997 年

9 月国家外汇管理局发布的《境内机构借用国际商业贷款管理办法》，中国人民银行 1996 年 9 月发布的《境内机构对外担保管理办法》等。

第二节 涉外金融机构法律规范

一、外资金融机构管理法律制度

（一）营业性的外资银行

根据《中华人民共和国外资银行管理条例》的规定，外资银行是指依照中华人民共和国有关法律法规，经批准在中华人民共和国境内设立的下列机构：（1）一家外国银行单独出资或者一家外国银行与其他外国金融机构共同出资设立的外商独资银行；（2）外国金融机构与中国的公司、企业共同出资设立的中外合资银行；（3）外国银行分行；（4）外国银行代表处。其中（1）、（2）、（3）统称外资银行营业性机构。

1. 最低注册资本。独资银行、合资银行的注册资本最低限额为三亿元人民币等值的自由兑换货币。独资财务公司、合资财务公司的注册资本最低限额为二亿元人民币等值的自由兑换货币。注册资本应当是实缴资本。外国银行分行应当由其总行无偿拨给不少于一亿元人民币等值的自由兑换货币的营运资金。金融监管机构根据外资金融机构的业务范围和审慎监管的需要，可以提高其注册资本或者营运资金的最低限额，并规定其中的人民币份额。

2. 申请人的条件。设立独资银行或者独资财务公司，申请人应当具备下列条件：

（1）申请人为金融机构。

（2）申请人在中国境内已经设立代表机构二年以上。

（3）申请人提出设立申请前一年年末总资产不少于一百亿美元。

（4）申请人所在国家或者地区有完善的金融监督管理制度，并且申请人受到所在国家或者地区有关主管当局的有效监管。

（5）申请人所在国家或者地区有关主管当局同意其申请。

（6）金融监管机构规定的其他审慎性条件。

设立外国银行分行，申请人应当具备下列条件：

（1）申请人在中国境内已经设立代表机构二年以上。

（2）申请人提出设立申请前一年年末总资产不少于二百亿美元，并且资本充足率不低于百分之八。

（3）申请人所在国家或者地区有完善的金融监督管理制度，并且申请人受到所在国家或者地区有关主管当局的有效监管。

（4）申请人所在国家或者地区有关主管当局同意其申请。

（5）金融监管机构规定的其他审慎性条件。

设立合资银行或者合资财务公司，申请人应当具备下列条件：

（1）外国合资者为金融机构。

（2）外国合资者在中国境内已经设立代表机构。

（3）外国合资者提出设立申请前一年年末总资产不少于一百亿美元。

（4）外国合资者所在国家或者地区有完善的金融监督管理制度，并且外国合资者受到所在国家或者地区有关主管当局的有效监管。

（5）外国合资者所在国家或者地区有关主管当局同意其申请。

（6）金融监管机构规定的其他审慎性条件。

根据《外资金融机构管理条例实施细则》的规定，审慎性条件至少包括下列内容：①具有合理的法人治理结构。②具有良好的持续经营业绩。③按照审慎会计原则编制财务报告，且会计师事务所对申请前三年的财务报告持无保留意见。④无重大违法违规记录，无不良信用记录。⑤具有良好的行业声誉和社会形象。⑥设立外国银行分行，申请人所在国家或地区应政治经济稳定，金融监管当局已与中国银监会建立良好的沟通机制。⑦符合法律法规对金融业投资人的其他相关要求。

3. 书面申请资料。设立独资银行或者独资财务公司，应当由申请人向金融监管机构提出书面申请，并提交下列资料：

（1）设立独资银行或者独资财务公司的申请书，内容包括：拟设独资银行或者独资财务公司的名称，注册资本额，申请经营的业务种类等。

（2）可行性研究报告。

（3）拟设独资银行或者独资财务公司的章程。

（4）申请人所在国家或者地区有关主管当局核发的营业执照（副本）及对其申请的意见书。

（5）申请人最近三年的年报。

（6）金融监管机构要求提供的其他资料。

设立外国银行分行除提供上述资料外，还应提供外国银行总行无偿拨给的营运资金数额，申请经营的业务种类等材料。

设立合资银行或者合资财务公司除提供上述资料外，还应提供合资各方名称、注册资本额、合资各方出资比例、申请经营的业务种类等资料。

根据《外资金融机构管理条例实施细则》的规定，上述所称可行性研究报告至少应包括申请人的基本情况、对拟设机构市场前景的分析、拟设机构未来业务发展规划、拟设机构的组织管理架构、对拟设机构开业后三年的资产负债规模和盈利预测等内容。

根据《外资金融机构管理条例实施细则》的规定，要求提供的其他资料至少应包括下列资料：

（1）初次设立外资金融机构的申请人应提供所在国家或地区金融体系情况和有关金融监管法律法规规定。

（2）申请人章程。

（3）申请人及所在集团的组织结构图、主要股东名单、海外分支机构与联营公司名称。

（4）申请人反洗钱的制度或规定。

4. 审查程序。金融监管机构应当对设立外资金融机构的申请进行初步审查，自收到完整的申请文件之日起六个月内作出受理或者不受理的决定。决定受理的，发给申请人正式申请表；决定不受理的，应当书面通知申请人并说明理由。特殊情况下，金融监管机构不能在前款规定期限内完成初步审查并作出受理或者不受理决定的，可以适当延长，并告知申请人；但是，延长期限不得超过三个月。申请人应当自接到正式申请表之日起六个月内完成筹建工作；有正当理由的，经金融监管机构批准，可以延长三个月。筹建工作完成后，申请人应当将填写好的申请表和相关文件报金融监管机构审批。这里所称的有关文件包括：（1）拟设外资金融机构主要负责人名单及简历。（2）对拟任该外资金融机构主要负责人的授权书。（3）法定验资机构出具的验资证明。（4）安全防范措施和与业务有关的其他设施的资料。（5）设立外国银行分行的，其总行对该分行承担税务、债务的责任担保书。（6）金融监管机构要求提供的其他文件。

金融监管机构应当自收到设立外资金融机构完整的正式申请文件之日起二个月内，作出批准或者不批准的决定。决定批准的，颁发经营金融业务许可证，申请人凭经营金融业务许可证向工商行政管理机关办理登记，领取营业执照。

5. 业务范围。独资银行、外国银行分行、合资银行的业务范围包括：吸收公众存款；发放短期、中期和长期贷款；办理票据承兑与贴现；买卖政府债券、金融债券，买卖股票以外的其他外币有价证券；提供信用证服务及担保；办理国内外结算；买卖、代理买卖外汇；从事外币兑换；从事同业拆借；从事银行卡业务；提供保管箱服务；提供资信调查和咨询服务；经金融监管机构批准的其他业务。

独资财务公司、合资财务公司的业务范围包括：吸收每笔不少于一百万元人民币或者其等值的自由兑换货币，期限不少于三个月的存款；发放短期、中期和长期贷款；办理票据承兑与贴现；买卖政府债券、金融债券，买卖股票以外的其他外币有价证券；提供担保；买卖、代理买卖外汇；从事同业拆借；提供资信调查和咨询服务；提供外汇信托服务；经金融监管机构批准的其他业务。

6. 业务监管

（1）存款、贷款利率及手续费率和存款准备金的管理。《外资金融机构管理条例》规定，外资金融机构的存款、贷款利率及各种手续费率，由外资金融机构按照中国人民银行的有关规定确定；外资金融机构经营存款业务，应当向所在地区的中国人民银行分支机构缴存存款准备金，其比率由中国人民银行制定，并根据需要进行调整。

（2）资产流动性管理。《外资金融机构管理条例》规定，外资金融机构应当确保其资产的流动性。流动性资产余额与流动性负债余额的比例不得低于25%。独资银行、合资银行、独资财务公司、合资财务公司的固定资产不得超过其所有者权益的百分之四十。

（3）资产质量管理。《外资金融机构管理条例》规定，外国银行分行的营运资金的百分之三十应当以金融监管机构指定的生息资产形式存在，包括在金融监管机构指定的银行的存款等。独资银行、合资银行、独资财务公司、合资财务公司对一个企业及其关联企业的授信余额，不得超过其资本的百分之二十五，但是经金融监管机构批准的除外。这里的资本是指实收资本、资本公积、盈余公积、未分配利润、一般贷款损失准备、重估储备、五年期以上（包括五年期）长期次级债券之和扣除对未并表金融机构的资本投资后的余额。授信包括贷款、拆借、贸易融资、票据承兑和贴现、透支、保理、担保、贷款承诺、开立信用证等。

(4) 资本充足率管理。独资银行、合资银行、独资财务公司、合资财务公司的资本充足率不得低于百分之八。中国银监会根据外资法人机构的风险状况，可以对其资本充足率提出特别要求。

7. 解散与清算

(1) 自行解散。外资金融机构自行终止业务活动，应当在距终止业务活动三十日前以书面形式向金融监管机构提出申请，经金融监管机构审查批准后予以解散并进行清算。外资法人机构有下列情形之一的，经中国银监会批准后自行解散：①章程规定的营业期限届满或章程规定的其他解散事由出现时。②股东会或董事会决议解散。③因合并或者分立需要解散。

(2) 资不抵债解散。外资金融机构无力清偿到期债务的，金融监管机构可以责令其停业，限期清理。在清理期限内，已恢复偿付能力、需要复业的，必须向金融监管机构提出复业申请；超过清理期限，仍未恢复偿付能力的，应当进行清算。

(3) 注销登记。外资金融机构因解散、依法被撤销或者宣告破产而终止的，其清算的具体事宜，参照中国有关法律、法规的规定办理。清算终结，应当在法定期限内向原登记机关办理注销登记。

自中国银监会批准外资法人机构自行解散，外国银行、独资银行、合资银行关闭在中国境内分行或者责令其关闭在中国境内分行的决定生效之日起，被批准自行解散、关闭或责令关闭的外资金融机构应当立即停止经营活动，交回金融许可证，并在十五日内成立清算组。自外国银行分行清算结束之日起二年内，该外国银行不得申请在中国境内同一城市设立营业性机构。

(二) 非营业性的外资金融机构

非营业性的外资金融机构即外资金融机构的代表机构。

根据《外资金融机构驻华代表机构管理办法》的规定，外资金融机构代表机构（以下简称代表机构）包括外资金融机构在中国境内设立并从事咨询、联络和市场调查等非营业性活动的代表处、总代表处。这里的外资金融机构包括外国金融机构和在中国境内注册设立的外资金融机构。

1. 允许设立代表处的外国金融机构的范围。根据《外资金融机构驻华代表机构管理办法》的规定，在我国境外注册并经所在国家或地区金融监管当局或行业协会认可的外国金融机构和在中国境内注册的总行在中国境内的外国资本的银行，外国的金融机构同中国的公司、企业在中国境内合资经营的银行，总公司在中国境内的外国资本的财务公司、货币经纪公司、信用卡公司，外国的金融机构同中国的公司、企业在中国境内合资经营的财务公司、货币经纪公司、信用卡公司以及其他经金融监管机构批准成立的外资金融机构经金融监管机构批准，在中国境内可以设立代表处。香港特别行政区、澳门特别行政区和台湾地区的金融机构及其在内地设立的独资银行、合资银行、独资财务公司、合资财务公司设立代表机构，比照适用该管理办法。

2. 申请人的条件。外国金融机构设立代表处，申请人应当具备下列条件：

（1）申请人所在国家或地区有完善的金融监督管理制度。

（2）申请人是由其所在国家或地区金融监管当局批准设立的金融机构，或者是金融性行业协会会员。

（3）申请人经营状况良好，无重大违法违规记录。

（4）金融监管机构规定的其他审慎性条件。

在中国境内注册的外资金融机构设立代表处，申请人应具备上述第（3）、第（4）项条件。

3. 提交的资料。申请设立代表处，申请人应向拟设机构所在地金融监管机构派出机构领取申请表，并提交下列资料：

（1）由董事长或行长（首席执行官、总经理）签署的致中国银监会主席的申请书。

（2）所在国家或地区有关主管当局核发的营业执照（复印件）或合法开业证明（复印件）。

（3）公司章程、董事会成员及最大十家股东名单或主要合伙人名单。

（4）申请前三年的年报。

（5）由所在国家或地区金融监管当局出具的对其在中国境内设立代表处的意见书，或者由所在行业协会出具的推荐信。

（6）拟任首席代表的身份证明、学历证明、简历及由拟任人签字的有无不良记录的陈述书。

（7）由董事长或行长（首席执行官、总经理）或其授权签字人签署的委任首席代表的授权书。

（8）金融监管机构要求提交的其他资料。

在中国境内注册的外资金融机构提交的资料中不包括本条第（5）项规定的资料。

4. 受理与审批。金融监管机构派出机构对外资金融机构提交的申请资料初审后，报金融监管机构审查批准。经批准设立的代表机构，由金融监管机构颁发批准证书，有效驻在期限为六年。代表机构应当在获得批准证书后按有关规定到工商行政管理部门办理登记注册。代表机构未在规定期限内办理的，须向金融监管机构提交由其代表的外资金融机构董事长或行长（首席执行官、总经理）签署的重新办理申请书，重新办理批准证书。代表机构必须在得到金融监管机构批准之日起六个月内迁入固定的办公场所，超出六个月后原设立批准自动失效。

5. 总代表处与代表处的名称。在中国境内已设立五个或五个以上分支机构的外国金融机构，可申请设立总代表处。总代表处的申请设立程序及管理与代表处相同。总代表处的名称由下列部分组成，依次为外国金融机构名称、“驻中国总代表处”字样。总代表处的主要负责人称总代表，其他负责人称代表、副代表。代表处的名称由下列部分组成，依次为外资金融机构名称、所在城市名称和“代表处”字样。代表处的主要负责人称首席代表，其他负责人称代表、副代表。

6. 监督管理

（1）人员的管理。代表机构及其工作人员不得与任何单位或自然人签订可能给代表机构或其代表的外资金融机构带来收入的协议或契约，不得从事任何形式的经营性活动。代表机构总代表、首席代表的任职期限一般应在二年以上，任职期内不得兼任其他经营性组织的管理职务。总代表、首席代表应当常驻代表机构主持日常工作，离职连续一个月以上，应当指定专人代行其职，并报告所在地金融监管机构派出机构。离职连续三个月以上的，如无特殊理由，其所任职务须更换人选，并报金融监管机构核准。

（2）报告制度。代表机构应于每年二月底前向所在地金融监管机构派出机构提交上年度工作报告，由金融监管机构派出机构转报金融监管机构。代表机构工作报告应当按照金融监管机构规定的格式用中文填写。

代表机构应在其代表的外资金融机构会计年度结束后六个月内向所在地金融监管机构派出机构提供该外资金融机构年报。

设立代表机构的外国金融机构发生下列重大事项，代表机构应及时向其所在地金融监管机构派出机构报告，由所在地金融监管机构派出机构转报金融监管机构：①章程、注册资本或注册地址变更。②机构重组、股权变更或主要负责人变更。③经营发生严重损失。④发生重大案件。⑤外国金融机构所在国家或地区监管当局对其实施的重大监管措施。⑥其他对外国金融机构经营产生重大影响的事项。

代表机构设立、终止、变更和展期应于办理工商登记后十五日内在金融监管机构指定的报纸上公告，并向所在地金融监管机构派出机构报告。

（3）批准或备案事项。因外资金融机构因合并、分立等重组原因成立新机构或因其他原因而变更其在中国境内代表机构名称的，应当事先向金融监管机构提出申请，并经其批准。外资金融机构获得金融监管机构同意其变更中国境内代表机构名称的批准书后，应按有关规定到工商行政管理部门办理变更登记手续。

代表机构有下列情况之一的，应当报所在地金融监管机构派出机构批准：①代表机构展期。应当在该代表机构有效驻在期满前二个月提交由该外资金融机构授权签字人签署的申请书和由代表机构首席代表或总代表签署的该代表机构最近三年的工作报告，报所在地金融监管机构派出机构、营业管理部审批。代表处每次展期时限为六年。②变更地址。应提交由代表机构首席代表或总代表签署的地址迁移申请书，由所在地金融监管机构派出机构审批，并报告金融监管机构。代表机构须在获得批准后三个月内迁入新址。

（4）代表机构终止。申请关闭代表机构，应将由外资金融机构董事长或行长（首席执行官、总经理）签署的致中国银监会主席的申请书提交其所在地金融监管机构派出机构，所在地金融监管机构派出机构初审后，转报金融监管机构审查批准。经批准后，向工商行政管理部门申请注销登记，并到有关部门办理相关手续。

代表处经金融监管机构批准升格为营业性分支机构或总代表处后，原代表处自行关闭，并向工商行政管理部门申请注销登记。

代表处关闭或被金融监管机构依法撤销后，凡设有总代表处的，由其总代表处负责未了事宜；总代表处以及没有设立总代表处的代表处关闭或被金融监管机构依法撤销后，其未了事宜由其代表的外资金融机构负责处理。

二、境内金融机构境外业务管理法律制度

（一）境外中资金融机构的概念

境外中资金融机构简称境外金融机构，是指境内金融机构、非金融机构及境外中资金融机构和非金融机构在境外设立或者收购的从事存款、贷款、票据贴现、结算、信托投资、金融租赁、担保、保险、证券经营等金融业务的机构。它可以是中资独资，也可以是中外合资。

（二）设立或收购境外金融机构的主体

根据《境外金融机构管理办法》的规定，可以在境外设立或收购金融机构的主体主要有以下几类：（1）境内金融机构，包括境内银行、非银行金融机构。（2）境内非金融机构，包括非金融性公司、企业及其他组织。（3）境外中资金融机构，包括境外中资银行、非银行金融机构。（4）境外中资非金融机构，包括境外非金融性中资公司、企业及其他组织。

（三）设立或收购境外金融机构的条件

按照《境外金融机构管理办法》及《关于加强境外中资金融机构管理的通知》和《关于进一步加强境外中资金融机构管理的通知》的规定，申请设立或收购境外金融机构，不同的申请主体须具备一定的条件。

1. 申请者为境内金融机构的，应当具备下列条件：

（1）经国务院或者金融监管机构批准，依法登记注册，并持有金融监管机构颁发的经营金融业务许可证。

（2）经国家外汇管理局批准经营外汇业务，持有国家外汇管理局颁发的经营外汇业务许可证，并有三年以上经营外汇业务经验和与其经营业务相适应的专业人员。

（3）有合法的外汇资金来源。

（4）有不低于八千万元人民币等值外汇的自有资金。

2. 申请者为境内非金融机构的，应当具备下列条件：

（1）经有关部门批准成立，依法登记注册的大型公司、企业。

（2）在境外设有集团性公司、企业或者其他大型企业，并有较好的基础和盈利前景。

（3）经主管部门同意在境外设立金融机构，并有不低于一亿元人民币等值外汇的自有资金。

（4）有与其经营金融业务及外汇业务相适应的专业人员。

3. 申请者为境外中资金融机构和非金融机构的，应当具备下列条件：

（1）经主管部门批准，依法在境外设立，有正式批准文件和在当地合法营业的证明材料。

（2）拟设机构地区中资金融机构力量较弱，有必要设立金融机构。

（3）所提申请符合有关国家或者地区的法律。

（四）设立或收购境外金融机构的程序

1. 审批管理机关。根据《境外金融机构管理办法》的规定，设立或者收购境外金融机构的审批管理机关为中国人民银行。

境内金融机构在境外设立代表机构、分支机构，设立中资、中外合资金融机构或者收购境外金融机构，由金融监管机构批准；境内非金融机构在境外设立中资、中外合资金融机构或者收购境外金融机构，由主管部门征求商务部意见并审核同意后，报金融监管机构批准；境外中资金融机构和非金融机构设立或者收购境外金融机构，由其境内投资单位征求商务部意见后报金融监管机构批准。

2. 提交文件。境内金融机构申请在境外设立代表机构，应当提交下列文件：（1）申请单位的主要负责人签署的申请报告，其内容包括拟设代表机构的名称，住所，首席代表、代表简历。（2）设立代表机构的费用预算和外汇来源证明。

境内金融机构申请在境外设立分支机构，应当提交下列文件：（1）申请单位主要负责人签署的申请报告，其内容包括拟设分支机构的名称、住所、营业资金数额、经营业务种类、主要负责人简历等。（2）申请单位前三年的资产负债表、损益表和业务状况报告。（3）可行性研究报告。（4）金融监管机构要求提交的其他有关文件。

境内金融机构、非金融机构及境外中资金融机构、非金融机构申请在境外设立中资金融机构，应当提交下列文件：（1）申请单位主要负责人签署的申请报告，其内容包括拟设中资金融机构名称、住所、注册资本和实有资本、资金来源、经营业务种类、主要负责人简历等。（2）申请单位前三年的资产负债表、损益表和业务状况报告。（3）可行性研究报告。（4）金融监管机构要求提交的其他有关文件。

境内金融机构、非金融机构及境外中资金融机构、非金融机构申请在境外设立中外合资金融机构，应当提交下列文件：（1）申请单位的主要负责人签署的申请报告，其内容包括拟设中外合资金融机构的名称、住所、注册资本和实有资本、经营业务种类、合资各方的名称和出资比例、中方资金来源、主要负责人简历等。（2）申请单位前三年的资产负债表、损益表和业务状况报告。（3）合资各方草签的合资协议、合同和章程。（4）可行性研究报告。（5）金融监管机构要求提交的其他有关文件。

境内金融机构、非金融机构及境外中资金融机构、非金融机构申请收购境外金融机构，应当提交下列文件：（1）申请单位主要负责人签署的申请报告，其内容包括拟收购的金融机构的名称、住所、章程、总资本和总资产数额、机构及人员状况、财务状况、收购原因、收购目的、收购资金数额、资金来源。（2）申请单位前三年的资产负债表、损益表和业务状况报告。（3）可行性研究报告。（4）金融监管机构要求提交的其他有关文件。

3. 审查批准。金融监管机构对申请单位提交的申请文件进行审查，并在接到申请文件之日起三个月内决定批准或者不批准。如获批准，应当由其境内投资单位持批准文件，依照有关规定到国家外汇管理局办理外汇汇出手续。

（五）境外金融机构的监督管理

1. 定期报告制度。境外金融机构的境内投资单位应当定期向所在地的金融主管部门报告境外金融机构的工作并及时提交有关报表资料。

对设在境外的银行分行、附属行、持股百分之二十五以上的银行及取得当地银行执照的机构，其总管理机构以机构或国别（地区）为单位，按月报送境外机构的业务基本情况报表；按季报送资产负债表、损益表、综合监控比例报表及对最大十家客户贷款状况表，资产负债表、损益表除按机构或国别（地区）为单位报送外，还应以总管理机构为单位汇总上报；年中和年末除报送上述报表外，还须报送半年工作报告和年度工作报告。其中，境外金融机构的境内投资单位应当于每年7月31日前向所在地金融监管机构派出机构报送境外金融机构上半年工作报告，其内容包括：机构人员变化情况，存款放款分析，汇出汇入款项分析，进出口结算分析，投资项目分析和外汇、证券、黄金买卖分析。上述报告由所在地金融监管机构派出机构转报金融监管机构。境外金融机构的境内投资单位应当于每年3月31日前向所在地金融监管机构派出机构报送境外金融机构上一年度的资产负债表、损益表和年度工作报告，并由所在地金融监管机构派出机构转报金融监管机构。

对设在境外的保险公司分公司、附属公司、合资公司及其他经营保险中介业务的机构，其境内投资单位以机构或国别（地区）为单位，按月报送境外保险机构的业务统计报表，年中和年末报送资产负债表、损益表、半年工作报告和年度工作报告。半年和年度工作报告内容包括人员变动情况、业务承保理赔和经营状况、利润实现和分配情况、资金增减和周转情况、资金运用主要形式及金额情况。

对境内金融机构的境外代表处及其他金融机构，其境内投资单位应按《境外金融机构管理办法》第十六条和第十七条的规定，报送有关资料。

2. 变更管理。境外中资金融机构有下列变更事项的，总管理机构应报经金融监管机构批准后办理：（1）增减资本金，调整股权结构及股本方式，转让股权。（2）机构升格，撤销或合并。（3）修改章程。境外中资金融机构董事长、副董事长、董事、总经理、副总经理、首席代表、代表等主要负责人变更，总管理机构应按金融监管机构有关规定，报金融监管机构进行任职资格审查。审查同意后，总管理机构方可办理任免手续。

3. 业务经营监管。境外中资金融机构的境内投资单位应加强对境外金融机构的管理。

（1）境内投资单位应设立专门部门并配备充足人员力量或指定专职部门、专职岗位负责对境外金融机构的日常管理工作。（2）境内投资单位应制定明确的管理制度，其中包括：明确内部有关部门对境外金融机构的管理权限、责任，总管理机构对境外金融机构的业务授权、流动性、资产负债比例、信贷风险评级、外汇及衍生产品交易等重要业务的管理权限和责任。（3）境内投资单位应完善境外经营性金融机构内部稽核工作制度，包括对内部稽核程序、稽核频率、稽核报告的报送、稽核结果的处理等内容作出具体规定。

【本章小结】

外资金融机构境内业务是以外国资本为主的金融机构在我国境内从事的金融活动，中资金融机构境外业务是中资金融机构在境外开展的业务。改革开放以来，上述两种类型的业务发展都很快。加入世界贸易组织后，我国对相关涉外金融法律进行了增补和修改。本章对外资金融机构的业务和管理、中资金融机构境外业务和管理等内容作出详细的阐述。

【复习思考题】

一、简答题

1. 我国的外资金融机构有哪些？
2. 设立独资银行应具备哪些条件？
3. 中国人民银行规定的其他审慎性条件有哪些？
4. 设立或收购境外金融机构的主体有哪些？
5. 境内金融机构设立或收购境外金融机构应具备哪些条件？

二、论述题

1. 试述我国涉外金融法律体系。
2. 试述对境外金融机构的业务监管。

三、案例分析

2003 年 2 月，美国甲银行在我国上海设立了一家代表机构。2003 年末，甲银行总资产额达到 180 亿美元，资本充足率达到 7.8%。2004 年 2 月，甲银行决定在北京设立一家分行，并决定向拟设立的分行无偿拨给 500 万美元的运营资金。

问题：(1) 美国甲银行应向我国哪个机构提出申请？其应提交哪些文件？

(2) 美国甲银行能够在我国设立分行吗？为什么？

第十四章 金融监管法律制度

JINRONG JIANGUAN FALU ZHIDU

第一节　金融监管与金融监管法概述

一、金融监管概述

（一）金融监管的产生和演变

金融业是高风险行业，为了防范和控制金融风险，保持经济稳定增长，必须对金融业实行有效的监督和管理。金融机构的营运资金大多来自存款人、投保人和投资者。如果金融机构内部控制不严，势必损害存款人、投保人和投资者的合法权益，因此，也必须对金融业实行监督和管理。金融监管源于政府管制理论，它是政府为弥补市场机制缺陷而进行的一种制度安排。金融监管的广泛实行是出于对金融业安全与效率的考虑，当今世界金融危机频繁发生的现状更加凸显了金融监管的重要性。

金融监管伴随着经济的发展，经历了初始的自由→严格的全面监管→放松监管→重新监管的发展历程。早期各国金融监管并没有周全的制度规范可循，真正意义上的金融监管是与中央银行制度的产生和发展直接联系的。在中央银行制度建立以前，金融监管主要是金融机构的内部管理；中央银行制度建立后，金融监管便成为中央银行的重要职责。1863 年，美国国会通过《国民通货法》，次年修改为《国民银行法》，这是世界上第一部管理银行业和其他金融业的法律。1913 年，美国国会通过《联邦储备法》，为行使中央银行职能的联邦储备体系的建立提供了法律上的依据，使金融监管进入一个新的时期。此后，各国都立法完善金融监管制度。面对 20 世纪 20 ~ 30 年代的经济大萧条和金融危机，各国政府迅速达成共识，试图对金融业实行新的制度规范，即建立和加强金融监督管理法律制度。美国1933年制定的《格拉斯—斯蒂格尔法》是较系统的金融监管法律产生的重要标志，其后来一直是美国金融监管的法律基础，直到1999年美国国会通过《金融服务现代化法》。20世纪90年代以来，金融危机频发，尤其是2008年爆发全球金融危机，对金融监管提出了新的挑战，对加强金融监管的国际合作和建立国际规则提出了新的要求，促使人们重新反思金融监管，各国也开始尝试更为有效的新型金融监管，力求达到金融业安全与效率的平衡。

（二）金融监管的概念和特征

金融监管既是一个金融概念，又是一个法律概念。金融监管是金融监督和金融管理的总称，分广义和狭义两种。狭义的金融监管是指国家法定的监管机关为保障金融业的稳健发展而对金融市场、金融机构及其行为所进行的监督和管理活动。广义的金融监管除包括狭义的金融监管外，还包括金融机构的内部监管、同业自律组织的监管和社会中介组织的监管等。本书所称的金融监管是指狭义上的金融监管。

随着金融监管的发展，当代金融监管呈现出以下特征：

1. 金融创新和金融监管并重。金融创新一方面反映了市场对金融服务的新需求，另一方面也给市场带来了新的风险，这就给金融监管提出了新的挑战。因此，金融创新和金融监管并重是当代金融监管的首要特征。

2. 金融监管注重成本—效益观念。传统金融监管忽视对监管成本的衡量，往往容易夸大监管的收益而低估监管的成本。当代金融监管引入经济学分析，对各项监管措施的成本—效益进行量化，这样既贯彻了监管效益最大化原则，也体现了对市场机制的遵循。

3. 金融监管强调技术性、科学性。随着计算机信息系统、经济计量模型、信用评级制度及市场纠错退出机制等各种技术和方法不断运用到各国金融监管之中，金融监管的技术性和科学性日益增强。

4. 全球金融监管框架初步建立。金融市场全球化导致金融风险在国家间相互转移扩散的趋势不断增强，加强金融监管的国际合作，构建全球金融监管框架迫在眉睫。一些国际性金融组织在全球金融监管合作方面发挥着越来越大的作用，为国际金融业和各国监管当局所普遍接受。

（三）国际金融监管合作

20世纪80年代以来，经济全球化和金融全球化的步伐明显加快，这既加速了世界金融业的发展，也加大了世界性的金融风险。不断发生的金融危机对加强金融监管的国际合作和建立国际规则提出了新的要求，2008年全球金融危机后，G20峰会成立的金融稳定委员会，成为全球金融监管的新平台。

1. 银行业。为了有效地对现代跨国银行的经营业务进行统一监管，1975年9月，巴塞尔银行监管委员会通过了《对外国银行机构的监管原则》；1983年5月；巴塞尔银行监管委员会采用综合监管方法，又对该原则进行了修改。国际银行业监管的主要代表是巴塞尔银行监管委员会及其三个重要文件，即《巴塞尔协议》、《巴塞尔核心原则》和《巴塞尔协议Ⅲ》。

2. 证券业。1998年，证监会国际组织发布《证券监管目的和原则》。该文件提出，证券监管的目的在于：保护投资者，保证市场公正、有效和透明，减少系统性风险。

3. 保险业。进入21世纪以来，全球性灾难频繁发生，迫切需要建立一个更开放且具有竞争特点的国际保险市场，各国保险监管当局也在努力建立与此相适应的保险国际监管合作机制。

二、金融监管法概述

（一）金融监管法的概念和特点

金融监管法是指金融监管机构对金融市场、金融机构及其行为实施监督和管理的法律规范的总称。金融监管法随着金融活动和金融监管实践的不断发展而逐步形成并完善。金融监管法具有以下特点：

1. 金融监管法是强行法。在金融监管活动中，监管主体与被监管主体之间的地位不平等，具体表现为前者对后者实行强制监管，后者对前者必须服从。这体现了国家对金融业的适度干预。

2. 金融监管法是行为法。金融监管法本质上是国家对金融活动监督和管理的规范，监管主体主要通过作出法定的监管行为来完成监管活动，因此，金融监管法具有行为法的属性。

3. 金融监管法是实体法与程序法的结合。在金融监管法中，监管主体明确金融监管目标，确定金融监管机构的地位及职责，规范金融监管方式和手段，规定金融违法行为的惩处措施。这些规定将实体性规范与程序性规范进行有机结合，体现了实体法与程序法并重。

（二）金融监管法律关系

1. 金融监管法律关系的主体，即金融监管法律关系的参加者，是指参加金融监管法律关系，依法享有权利、承担义务的当事人。金融监管法律关系的主体包括监管主体金融监管机构和被监管主体金融机构。

（1）金融监管机构，是指法律赋予的具有对金融业进行监督管理职能的执行机关。由于各国的经济制度、经济目标、金融业的历史发展和金融体制不同，金融监管机关也有所差异。

（2）金融机构。又称金融中介，是指从事金融业务活动的各类组织，是金融市场的参与主体，主要有银行（包括商业银行、政策性银行等）和非银行金融机构（包括金融资产管理公司、信托投资公司、财务公司、金融租赁公司、证券公司、保险公司等）。

2. 金融监管法律关系的客体，是指参加金融监管法律关系的主体的权利义务所共同指向的对象。没有金融监管法律关系的客体，金融监管法律关系也就不可能产生，权利和义务就会落空。由于金融监管是一种与市场行为相对应的政府行为，金融监管法律关系的客体主要是行为，包括行使金融监管职权的行为和提供金融服务的行为。

3. 金融监管法律关系的内容。是指金融监管法律关系的主体依法所享有的权利和承担的义务。金融监管法律关系主体的权利是指金融监管法律关系主体在金融监管活动中依法具有自己为或不为一定行为和要求他人为或不为一定行为的资格。金融监管法律关系主体的义务是指金融监管法律关系主体在金融监管活动中依法必须为一定行为或不得为一定行为的责任。在金融监管法律关系中，由于监管主体与被监管主体之间地位不平等，前者对后者实行强制监管，后者对前者必须服从。金融监管法律关系主体享有不同的权利，承担不同的义务。

（三）金融监管法的目标和原则

1. 金融监管法的目标

（1）维护金融体系的安全与稳定。金融是现代经济的核心，金融监管的首要任务是使整个金融体系处于稳定运行状态，这就需要金融监管有效调动资源，消除危及金融安全的不稳定因素，防止其演变为金融危机。

（2）保护存款人、投资者和其他社会公众的利益。金融业是以信用为基础的行业，存款人、投资者和其他社会公众对金融业的信心是其实现可持续发展的重要保证。但由于金融业存在信息不对称现象，存款人、投资者和其他社会公众的利益容易被侵犯，确立此项原则有利于降低金融业的道德风险和系统性风险。

（3）促进金融市场公平竞争，提高金融机构经营效益。以市场竞争为基础的金融市场蕴涵着较大的市场风险，很容易发生恶性竞争从而导致金融业不稳定。虽然监管并不能绝对消除风险，但当金融机构不能满足金融业审慎要求时，监管当局采取措施，确能达到规范金融机构竞争、提高金融机构经营效益和保持金融市场有序运转的目的。

2. 金融监管法的原则

（1）依法监管原则。依法监管原则是指金融监管机构在履行监管职责时，必须依据有关法律、行政法规和规章进行，其监管行为不得与上述法律法规及规章相抵触。主要包括两方面内容：一方面，金融监管机构地位的确立和监管权力的取得来源于法律；另一方面，金融监管机构必须依法行使监管权。

（2）审慎监管原则。又称持续性监管原则，是指在金融机构获得市场准入、开始业务经营后，金融监管机构对其日常业务经营情况进行持续的监管。审慎经营主要包括风险管理、内部控制、资本充足率、资产质量、损失准备金、风险集中、关联交易、资产流动性等内容，金融机构应当严格遵守审慎经营规则。审慎监管包括合规性监管和风险性监管两方面。随着金融创新业务日益增多，合规性监管不能及时全面反映金融业风险，以风险性监管为基础的审慎监管原则逐渐为人们认同。

（3）预警与处罚并重原则。金融监管的主要任务就是及时、准确地判断和预警金融风险的状况及深度。在金融监管过程中，注意预警与处罚并重，要做到在金融机构出现问题和发生危机之前及时预警，发现问题则及时采取有效措施，加大处罚力度，防止风险和危机的进一步扩大和恶化，化解系统性风险。

第二节 我国的金融监管法律规范

目前，我国的金融监管法律制度是由《银行业监督管理法》、《中国人民银行法》、

《商业银行法》、《证券法》、《保险法》、《证券投资基金法》、《信托法》和《反洗钱法》等法律，《金融机构撤销条例》、《金融违法行为处罚办法》等行政法规，《金融机构大额交易和可疑交易报告管理办法》、《金融许可证管理办法》等规章以及相关规范性文件组成。

一、我国的金融监管体制

金融监管体制从广义上讲包括监管目标、监管范围、监管方式、监管主体的确立以及权限划分等；从狭义上讲则主要指监管主体的确立、职责及权限划分。金融监管体制是一国历史和国情的产物，与一国的政治和经济制度、历史有着密切的联系。因此，只有建立健全适应本国国情的金融监管体制，才能提高金融监管效率，确保金融市场公平有效竞争，维护整个金融体系的稳健运行。

目前，我国金融业实行分业经营，相应地，我国金融监管体制也采取分业监管，金融监管机关呈多元化结构，即由中国人民银行行使与货币政策有关的监管职能，中国银监会、中国证监会、中国保监会分别为银行业、证券业、保险业的分业监管机关，国务院建立金融监督管理协调机制。1995 年的《中国人民银行法》规定了人民银行的两大职能：一是制定和执行货币政策，二是对金融业实施监督管理。2003 年 12 月修改的《中国人民银行法》将这两大职能予以分离，中国人民银行作为中央银行的主要职能是制定和执行货币政策，其原有的金融监管职能则移交给中国银监会。从总体上讲，我国目前的金融分业监管体制是与我国现阶段金融发展的具体情况相适应的。但由于我国金融市场尚不成熟，金融法律法规体系还不健全，现行金融监管体制尚需进一步改革和完善。

二、我国银行业监管法律规定

2003 年通过、2004 年 2 月 1 日起施行的《银行业监督管理法》是我国对银行业实行监督管理的基本法律。制定该法的目的是为了加强对银行业的监督管理，规范监督管理行为，防范和化解银行业风险，保护存款人和其他客户的合法权益，促进银行业健康发展。《银行业监督管理法》主要包括总则、监督管理机构、监督管理职责、监督管理措施和法律责任等。

（一）监督管理机构

1. 监督管理机构。又称监管主体，是根据法律规定或授权，负责对全国银行业金融机构及其业务活动进行监督管理的机构。我国《银行业监督管理法》规定，国务院银行业监督管理机构负责对全国银行业金融机构及其业务活动进监督管理的工作，其根据履行职责的需要设立派出机构，并对派出机构实行统一领导和管理；派出机构在国务院银行业监督管理机构的授权范围内，履行监督管理职责。

国务院银行业监督管理机构应当和中国人民银行、国务院其他金融监督管理机构建立监督管理信息共享机制；还可以和其他国家或者地区的银行业监督管理机构建立监督管理合作机制，实施跨境监督管理。在处置银行业金融机构风险、查处有关金融违法行为等监督管理活动中，地方政府、各级有关部门应当予以配合和协助。国务院银行业监督管理机构应当公开监督管理程序，建立监督管理责任制度和内部监督制度，并接受国务院审计、监察等机关对其活动进行的监督。

银行业监督管理机构从事监督管理工作的人员，应当具备与其任职相适应的专业知识和业务工作经验；应当忠于职守，依法办事，公正廉洁，不得利用职务便利牟取不正当的利益，不得在金融机构等企业中兼任职务；应当依法保守国家秘密，有责任为其监督管理的银行业金融机构及当事人保守秘密。

2. 监督管理目标和原则。银行业监督管理的目标是促进银行业的合法、稳健运行，维护公众对银行业的信心。银行业监督管理应当保护银行业公平竞争，提高银行业竞争能力。

银行业监督管理的原则是依法、公开、公正和效率，不受地方政府、各级政府部门、社会团体和个人的干涉。

3. 监督管理对象，又称被监管主体。根据《银行业监督管理法》的规定，国务院银行业监督管理机构负责对全国银行业金融机构及其业务活动进行监督管理的工作。这些银行业金融机构包括在中华人民共和国境内设立的商业银行、城市信用合作社、农村信用合作社等吸收公众存款的金融机构以及政策性银行，也包括在中华人民共和国境内设立的金融资产管理公司、信托投资公司、财务公司、金融租赁公司以及经国务院银行业监督管理机构批准设立的其他金融机构。国务院银行业监督管理机构还依法对经其批准在境外设立的金融机构以及上述金融机构在境外的业务活动实施监督管理。

对在中华人民共和国境内设立的政策性银行、金融资产管理公司，在中华人民共和国境内设立的外资银行业金融机构、中外合资银行业金融机构、外国银行业金融机构的分支机构的监督管理，法律、行政法规另有规定的，依照其规定。

（二）监督管理职责

根据《银行业监督管理法》的规定，银行业监督管理机构具有以下监督管理权：

1. 制定发布监管规章和命令权。银行业监督管理机构有权依照法律、行政法规制定并发布对银行业金融机构及其业务活动监督管理的规章、规则。

2. 金融机构审批权。银行业监督管理机构有权依照法律、行政法规制定的条件和程序，审查批准银行业金融机构的设立、变更、终止以及业务范围。

3. 业务经营监管权。主要包括对业务范围核准、股东资格审查、任职资格管理和资本结构管理等事项的监管。

4. 报表监管权。银行业监督管理机构根据履行职责的需要，有权要求银行业金融机构按照规定报送资产负债表、利润表、其他财务会计和统计报表、经营管理资料以及注册会计师出具的审计报告，实行并表监管。

5. 监管检查权。银行业监督管理机构应当对银行业金融机构的业务活动及其风险状况进行非现场监管和现场检查。经国务院银行业监督管理机构或者其省一级派出机构负责人批准，银行业监督管理机构有权查询涉嫌金融违法的银行业金融机构及其工作人员以及关联行为人的账户。

6. 信息发布权。国务院银行业监督管理机构负责统一编制全国银行业金融机构的统计数据、报表，并按照国家有关规定予以公布。

7. 评级预警权。国务院银行业监督管理机构应当建立银行业金融机构监督管理评级体系和风险预警机制，根据银行业金融机构的评级情况和风险状况，确定对其现场检查的频率、范围和需要采取的其他措施。

8. 突发事件处置权。国务院银行业监督管理机构应当建立银行业突发事件的发现、报告岗位责任制度。国务院银行业监督管理机构应当会同中国人民银行、国务院财政部门等有关部门建立银行业突发事件处置制度，制定银行业突发事件处置预案，明确处置机构和人员及其职责、处置措施和处置程序，及时、有效地处置银行业突发事件。

9. 行政处罚权。对于违反法律、法规规定的银行业金融机构，银行业监督管理机构有权责令其停止违法行为，并依法给予其相应的行政处罚，如吊销银行业务经营许可证、责令停业整顿等。当事人对行政处罚不服的，可以依照《中华人民共和国行政诉讼法》的规定提起行政诉讼。

（三）监督管理措施

目前，我国金融监管方式和手段主要有现场检查、非现场监管、接管、重组和撤销。

1. 现场检查。现场检查是指监管当局根据审慎监管的要求而采取的进入金融机构进行实地检查的一种监管方式，可分为全面检查和专项检查。银行业监督管理机构根据审慎监管的要求，可以采取下列措施进行现场检查：（1）进入银行业金融机构进行检查；（2）询问银行业金融机构的工作人员，要求其对有关检查事项作出说明；（3）查阅、复制银行业金融机构与检查事项有关的文件、资料，对可能被转移、隐匿或者毁损的文件、资料予以封存；（4）检查银行业金融机构运用电子计算机管理业务数据的系统。

国务院银行业监督管理机构应当制定现场检查程序，规范现场检查行为。进行现场检查，应当经银行业监督管理机构负责人批准。现场检查时，检查人员不得少于二人，并应当出示合法证件和检查通知书；检查人员少于二人或者未出示合法证件和检查通知书的，银行业金融机构有权拒绝检查。现场检查程序一般包括：（1）起草现场检查备忘录；（2）进行现场检查；（3）现场检查报告；（4）后续监管。

2. 非现场监管。非现场监管是指监管当局通过金融机构报送的有关经营活动的报表、数据和资料进行整理分析，以此来确立金融机构经营状况、风险程度的监管方式。非现场检查的关键在于报表数据的真实性、及时性以及科学的评级体系。我国对金融机构的非现场检查主要体现在《金融机构非现场监管报表报告书》和《金融机构非现场监管填写说明》中。

银行业监督管理机构应当责令银行业金融机构按照规定，如实向社会公众披露财务会计报告、风险管理状况、董事和高级管理人员变更以及其他重大事项等信息。根据履行职责的需要，银行业监督管理机构可以与银行业金融机构董事、高级管理人员进行监督管理谈话，要求银行业金融机构董事、高级管理人员就银行业金融机构的业务活动和风险管理的重大事项作出说明。

3. 接管、重组和撤销。银行业金融机构已经或者可能发生信用危机，严重影响存款人和其他客户合法权益的，国务院银行业监督管理机构可以依法对该银行业金融机构实行接管或者促成机构重组，接管和机构重组依照有关法律和国务院的规定执行；银行业金融机构有违法经营、经营管理不善等情形，不予撤销将严重危害金融秩序、损害公众利益的，国务院银行业监督管理机构有权予以撤销。

银行业金融机构被接管、重组或者被撤销的，国务院银行业监督管理机构有权要求该银行业金融机构的董事、高级管理人员和其他工作人员，按照国务院银行业监督管理机构的要求履行职责。

在接管、机构重组或者撤销清算期间，经国务院银行业监督管理机构负责人批准，对直接负责的董事、高级管理人员和其他直接责任人员，可以采取通知出境管理机关依法阻止其出境和申请司法机关禁止其转移、转让财产或者对其财产设定其他权利等措施。

（四）法律责任

1. 监管主体的法律责任。监管主体即银行业监督管理机构及其工作人员。银行业监督管理机构从事监督管理工作的人员有下列情形之一的，依法给予行政处分；构成犯罪的，依法追究刑事责任：（1）违反规定审查批准银行业金融机构的设立、变更、终止，以及业务范围和业务范围内的业务品种的；（2）违反规定对银行业金融机构进行现场检查的；（3）未依照规定报告突发事件的；（4）违反规定查询账户或者申请冻结资金的；（5）违反规定对银行业金融机构采取措施或者处罚的；（6）滥用职权、玩忽职守的其他行为。

银行业监督管理机构从事监督管理工作的人员贪污受贿、泄露国家秘密或者所知悉的商业秘密，构成犯罪的，依法追究刑事责任；尚不构成犯罪的，依法给予行政处分。

2. 被监管主体的法律责任。被监管主体即银行业金融机构。银行业金融机构有下列情形之一，由国务院银行业监督管理机构责令改正，有违法所得的，没收违法所得，并处罚款；没有违法所得或者违法所得不足五十万元的，处罚款；情节特别严重或者逾期不改正的，可以责令停业整顿或者吊销其经营许可证；构成犯罪的，依法追究刑事责任：（1）未经批准设立分支机构的；（2）未经批准变更、终止的；（3）违反规定从事未经批准或者未备案的业务活动的；（4）违反规定提高或者降低存款利率、贷款利率的。

银行业金融机构有下列情形之一，由国务院银行业监督管理机构责令改正，并处罚款；情节特别严重或者逾期不改正的，可以责令停业整顿或者吊销其经营许可证；构成犯罪的，依法追究刑事责任：（1）未经任职资格审查任命董事、高级管理人员的；（2）拒绝或者阻碍非现场监管或者现场检查的；（3）提供虚假的或者隐瞒重要事实的报表、报告等文件、资料的；（4）未按照规定进行信息披露的；（5）严重违反审慎经营规则的；（6）拒绝执行法定措施的。

银行业金融机构违反法律、行政法规以及国家有关银行业监督管理规定的，银行业监督管理机构除依法进行处罚外，还可以区别不同情形，采取下列措施：（1）责令银行业金融机构对直接负责的董事、高级管理人员和其他直接责任人员给予纪律处分；

（2）银行业金融机构的行为尚不构成犯罪的，对直接负责的董事、高级管理人员和其他直接责任人员给予警告，处以罚款；（3）取消直接负责的董事、高级管理人员一定期限直至终身的任职资格，禁止直接负责的董事、高级管理人员和其他直接责任人员一定期限直至终身从事银行业工作。

银行业金融机构不按照规定提供报表、报告等文件、资料的，由银行业监督管理机构责令改正，逾期不改正的，处以罚款。

3. 其他主体的法律责任。擅自设立银行业金融机构或者非法从事银行业金融机构的业务活动的，由国务院银行业监督管理机构予以取缔；构成犯罪的，依法追究刑事责任；尚不构成犯罪的，由国务院银行业监督管理机构没收违法所得，并处罚款；没有违法所得或者违法所得不足五十万元的，处以罚款。

金融机构及其工作人员和其他主体对银行业监督管理机构的处罚决定不服的，可以依法申请行政复议，或者依法直接向人民法院提起诉讼。

三、我国证券业监管法律规定

我国《证券法》于1998年通过，2005年修正。立法目的是为了规范证券发行和交易行为，保护投资者的合法权益，维护社会经济秩序和社会公共利益，促进社会主义市场经济的发展。

《证券法》关于证券监督管理的规定主要包括监督管理机构、监督管理职责、监督管理措施和法律责任等内容。

（一）监督管理机构

在我国，证券业和银行业、信托业、保险业实行分业经营、分业管理，证券公司与银行、信托、保险业务机构分别设立。国务院证券监督管理机构依法对全国证券市场实行集中统一监督管理，维护证券市场秩序，保障其合法运行。国务院证券监督管理机构根据需要可以设立派出机构，按照授权履行监督管理职责，其在依法履行职责，进行监督检查或者调查时，有关部门应当予以配合。国务院证券监督管理机构应当与国务院其他金融监督管理机构建立监督管理信息共享机制。

（二）监督管理职责

国务院证券监督管理机构在对证券市场实施监督管理中履行下列职责：

（1）依法制定有关证券市场监督管理的规章、规则，并依法行使审批或者核准权；

（2）依法对证券的发行、上市、交易、登记、存管、结算，进行监督管理；

（3）依法对证券发行人、上市公司、证券公司、证券投资基金管理公司、证券服务机构、证券交易所、证券登记结算机构的证券业务活动，进行监督管理；

（4）依法制定从事证券业务人员的资格标准和行为准则，并监督实施；

（5）依法监督检查证券发行、上市和交易的信息公开情况；

（6）依法对证券业协会的活动进行指导和监督；

（7）依法对违反证券市场监督管理法律、行政法规的行为进行查处；

（8）法律、行政法规规定的其他职责。

国务院证券监督管理机构可以和其他国家或者地区的证券监督管理机构建立监督管理合作机制，实施跨境监督管理。

（三）监督管理措施

1. 国务院证券监督管理机构依法履行职责，有权采取下列措施：

（1）对证券发行人、上市公司、证券公司、证券投资基金管理公司、证券服务机构、证券交易所、证券登记结算机构进行现场检查。

（2）进入涉嫌违法行为发生场所调查取证。

（3）询问当事人和与被调查事件有关的单位和个人，要求其对与被调查事件有关的事项作出说明。

（4）查阅、复制与被调查事件有关的财产权登记、通信记录等资料。

（5）查阅、复制当事人和与被调查事件有关的单位和个人的证券交易记录、登记过户记录、财务会计资料及其他相关文件和资料；对可能被转移、隐匿或者毁损的文件和资料，可以予以封存。

（6）查询当事人和与被调查事件有关的单位和个人的资金账户、证券账户和银行账户；对有证据证明已经或者可能转移或者隐匿违法资金、证券等涉案财产或者隐匿、伪造、毁损重要证据的，经国务院证券监督管理机构主要负责人批准，可以冻结或者查封。

（7）在调查操纵证券市场、内幕交易等重大证券违法行为时，经国务院证券监督管理机构主要负责人批准，可以限制被调查事件当事人的证券买卖，但限制的期限不得超过十五个交易日；案情复杂的，可以延长十五个交易日。

2. 国务院证券监督管理机构依法履行职责，进行监督检查或者调查，其监督检查、调查的人员不得少于二人，并应当出示合法证件和监督检查、调查通知书。监督检查、调查的人员少于二人或者未出示合法证件和监督检查、调查通知书的，被检查、调查的单位有权拒绝。

国务院证券监督管理机构依法履行职责，被检查、调查的单位和个人应当配合，如实提供有关文件和资料，不得拒绝、阻碍和隐瞒。国务院证券监督管理机构依法制定的规章、规则和监督管理工作制度应当公开。国务院证券监督管理机构依据调查结果，对证券违法行为作出的处罚决定，应当公开。

（四）法律责任

1. 监管主体的法律责任。监管主体即监督管理机构及其工作人员。证券监督管理机构的工作人员和发行审核委员会的组成人员，不履行本法规定的职责，滥用职权、玩忽职守，利用职务便利牟取不正当利益，或者泄露所知悉的有关单位和个人的商业秘密的，依法追究法律责任。证券监督管理机构工作人员进行内幕交易的，从重处罚。

2. 被监管主体的法律责任。被监管主体即证券业机构及其工作人员。主要法律责任包括：

（1）发行人、上市公司的法律责任。发行人、上市公司有以下情形之一的，由证券监督管理机构给予警告、责令改正、罚款等行政处罚。①发行人、上市公司或者其他信息披露义务人未按照规定披露信息，或者所披露的信息有虚假记载、误导性陈述或者重大遗漏的。②发行人、上市公司或者其他信息披露义务人的控股股东、实际控制人指使从事前项违法行为的。③发行人、上市公司擅自改变公开发行证券所募集资金的用途的。④发行人、上市公司的控股股东、实际控制人指使从事前项违法行为的。⑤上市公司的董事、监事、高级管理人员、持有上市公司股份百分之五以上的股东，违法买卖本公司股票的。

（2）证券公司的法律责任。证券公司有以下情形之一的，由证券监督管理机构给予警告、责令改正、没收违法所得、撤销任职资格或者证券从业资格、罚款等行政处罚。①证券公司承销或者代理买卖未经核准擅自公开发行的证券的或者经营未经批准非上市证券的交易的。②证券公司违反法律规定，为客户买卖证券提供融资融券或假借他人名义或者以个人名义从事证券自营业务的。③证券公司违背客户的委托买卖证券、办理交易事项，或者违背客户真实意思表示，办理交易以外的其他事项的。④证券公司、证券登记结算机构挪用客户的资金或者证券，或者未经客户的委托，擅自为客户买卖证券的。⑤证券公司办理经纪业务，接受客户的全权委托买卖证券的，或者证券公司对客户买卖证券的收益或者赔偿证券买卖的损失作出承诺的。⑥证券公司及其从业人员违反法律规定，私下接受客户委托买卖证券的。⑦证券公司违反法律规定，擅自设立、收购、撤销分支机构，或者合并、分立、停业、解散、破产，或者在境外设立、收购、参股证券经营机构的，或者擅自变更有关事项的。⑧证券公司违反《证券法》规定，超出业务许可范围经营证券业务的或者对其证券经纪业务、证券承销业务、证券自营业务、证券资产管理业务混合操作的。⑨证券公司或者其股东、实际控制人违反规定，拒不向证券监督管理机构报送或者提供经营管理信息和资料，或者报送、提供的经营管理信息和资料有虚假记载、误导性陈述或者重大遗漏的。

（3）证券交易所、证券登记结算机构、证券服务机构的法律责任。证券交易所、证券登记结算机构、证券服务机构有以下情形的，由证券监督管理机构处以责令改正、警告、撤销证券从业资格、予以取缔、罚款等行政处罚。①证券交易所、证券登记结算机构、证券服务机构的从业人员或者证券业协会的工作人员，故意提供虚假资料，隐匿、伪造、篡改或者毁损交易记录，诱骗投资者买卖证券的。②证券交易所、证券登记结算机构、证券服务机构，未按照有关规定保存有关文件和资料的。③证券登记结算机构、证券服务机构违反法律规定或者依法制定业务规则的。④为股票的发行、上市、交易出具审计报告、资产评估报告或者法律意见书等文件的证券服务机构和人员，违法买卖股票的。⑤证券服务机构未勤勉尽责，所制作、出具的文件有虚假记载、误导性陈述或者重大遗漏的。⑥投资咨询机构、财务顾问机构、资信评级机构、资产评估机构、会计师事务所未经批准，擅自从事证券服务业务的。

3. 其他主体的法律责任。其他主体有以下情形之一的，由证券监督管理机构给予警告、责令改正、没收违法所得、予以取缔、罚款等行政处罚和责令其承担相应的赔偿责任。①未经国务院证券监督管理机构批准，擅自设立发行证券的公司、证券公司、证券交易场所、证券登记结算机构的。②违反法律规定，内幕交易、操纵市场、虚假陈述或者信息误导的。③违反法律规定，收购人或者收购人的控股股东利用上市公司收购损害被收购公司及其股东的合法权益的。④违反法律规定，法人以他人名义设立账户或者利用他人账户买卖证券的。⑤违反法律规定，在限制转让期限内买卖证券的。⑥违反法律规定，聘任不具有任职资格、证券从业资格的人员的。

当事人对证券监督管理机构或者国务院授权的部门的处罚决定不服的，可以依法申请行政复议，或者依法直接向人民法院提起诉讼。

四、我国保险业监管法律规定

我国《保险法》于1995年通过，2002年和2009年两次修订，最新修订的《保险法》自2009年10月1日起施行。立法目的是为了规范保险活动，保护保险活动当事人的合法权益，加强对保险业的监督管理，促进保险事业的健康发展。《保险法》关于保险监督管理的规定主要包括监督管理机构、监督管理职责、监督管理措施和法律责任等内容。

（一）监督管理机构

1. 机构。我国保险业监督管理机构是中国保险监督管理委员会及其各分支机构。

2. 职责。保险监督管理机构依照保险法和国务院规定的职责，遵循依法、公开、公正的原则，对保险业实施监督管理，维护保险市场秩序，保护投保人、被保险人和受益人的合法权益。

国务院保险监督管理机构依照法律、行政法规制定并发布有关保险业监督管理的规章。

（二）监督管理内容

1. 批准和备案。关系社会公众利益的保险险种、依法实行强制保险的险种和新开发的人寿保险险种等的保险条款和保险费率，应当报国务院保险监督管理机构批准。国务院保险监督管理机构审批时，应当遵循保护社会公众利益和防止不正当竞争的原则。其他保险险种的保险条款和保险费率，应当报保险监督管理机构备案。

2. 偿付能力实施监控。国务院保险监督管理机构应当建立健全保险公司偿付能力监管体系，对保险公司的偿付能力实施监控。

3. 检查。保险监督管理机构依法履行职责，可以采取下列措施：对保险公司、保险代理人、保险经纪人、保险资产管理公司、外国保险机构的代表机构进行现场检查；进入涉嫌违法行为发生场所调查取证；询问当事人及与被调查事件有关的单位和个人，要求其对与被调查事件有关的事项作出说明；查阅、复制与被调查事件有关的财产权登记等资料；查阅、复制保险公司、保险代理人、保险经纪人、保险资产管理公司、外国保险机构的代表机构以及与被调查事件有关的单位和个人的财务会计资料及其他相关文件和资料；对可能被转移、隐匿或者毁损的文件和资料予以封存；查询涉嫌违法经营的保险公司、保险代理人、保险经纪人、保险资产管理公司、外国保险机构的代表机构以及与涉嫌违法事项有关的单位和个人的银行账户；对有证据证明已经或者可能转移、隐匿违法资金等涉案财产或者隐匿、伪造、毁损重要证据的，经保险监督管理机构主要负责人批准，申请人民法院予以冻结或者查封。

（三）监督管理措施

1. 偿付能力不足的措施。对偿付能力不足的保险公司，国务院保险监督管理机构应当将其列为重点监管对象，并可以根据具体情况采取下列措施：责令增加资本金、办理再保险，限制业务范围，限制向股东分红，限制固定资产购置或者经营费用规模，限制资金运用的形式、比例，限制增设分支机构，责令拍卖不良资产、转让保险业务，限制董事、监事、高级管理人员的薪酬水平，限制商业性广告，责令停止接受新业务。

2. 整顿。保险监督管理机构依照《保险法》第一百四十条的规定作出限期改正的决定后，保险公司逾期未改正的，国务院保险监督管理机构可以决定选派保险专业人员和指定该保险公司的有关人员组成整顿组，对公司进行整顿。整顿决定应当载明被整顿公司的名称、整顿理由、整顿组成员和整顿期限，并予以公告。整顿组有权监督被整顿保险公司的日常业务。被整顿公司的负责人及有关管理人员应当在整顿组的监督下行使职权。

整顿过程中，被整顿保险公司的原有业务继续进行。但是，国务院保险监督管理机构可以责令被整顿公司停止部分原有业务、停止接受新业务，调整资金运用。被整顿保险公司经整顿已纠正其违反《保险法》规定的行为，恢复正常经营状况的，由整顿组提出报告，经国务院保险监督管理机构批准，结束整顿，并由国务院保险监督管理机构予以公告。

3. 接管。保险公司有下列情形之一的，国务院保险监督管理机构可以对其实行接管：公司的偿付能力严重不足的；违反《保险法》规定，损害社会公共利益，可能严重危及或者已经严重危及公司的偿付能力的。被接管的保险公司的债权债务关系不因接管而变化。接管组的组成和接管的实施办法，由国务院保险监督管理机构决定，并予以公告。接管期限届满，国务院保险监督管理机构可以决定延长接管期限，但接管期限最长不得超过二年。接管期限届满，被接管的保险公司已恢复正常经营能力的，由国务院保险监督管理机构决定终止接管，并予以公告。

4. 重整或者破产清算。被整顿、被接管的保险公司有《中华人民共和国企业破产法》第二条规定情形的，国务院保险监督管理机构可以依法向人民法院申请对该保险公司进行重整或者破产清算。保险公司因违法经营被依法吊销经营保险业务许可证的，或者偿付能力低于国务院保险监督管理机构规定标准，不予撤销将严重危害保险市场秩序、损害公共利益的，由国务院保险监督管理机构予以撤销并公告，依法及时组织清算组进行清算。

【本章小结】

金融监管既是金融概念，又是法律概念，是指国家法定的监管机关为保障金融业的稳健发展而对金融市场、金融机构及其行为所进行的监督和管理活动。金融监管法是关于对金融业实施监督管理的现行法律规范的总称。在我国，目前银行业、证券业和保险业实行分业经营。相应地，我国金融监管实行分业监管制度，中国银监会、中国证监会、中国保监会分别为银行业、证券业、保险业的分业监管机关，国务院建立金融监督管理协调机制。本章对金融监管的概念、金融监管法律关系和我国银行、证券、保险等金融业监管法律制度等内容作了详细的阐述。

【复习思考题】

一、简答题

1. 简述金融监管的概念和特征。
2. 简述金融监管法律关系。
3. 简述金融监管法的目标和原则。
4. 简述我国金融监管体制。
5. 简述我国银行业监管制度。
6. 简述我国证券业监管制度。
7. 简述我国保险业监管制度。

二、论述题

1. 试述当代金融监管发展的新趋势。
2. 试述我国金融监管法的主要内容。

参考文献

［1］吴志攀：《金融法》，北京，北京大学出版社，2008。

［2］强力：《金融法》，北京，法律出版社，2004。

［3］刘丹冰：《金融法》，北京，经济科学出版社，2008。

［4］杨峰、刘兴桂：《证券法》，广州，中山大学出版社，2003。

［5］强力、王志诚：《中国金融法》，北京，中国政法大学出版社，2010。

［6］孙国华、冯玉军：《证券法律基础知识》，北京，中国金融出版社，2004。

［7］中国证券业协会：《证券投资基金》，北京，中国财政经济出版社，2005。

［8］朱少平：《证券投资基金法解读》，北京，中国金融出版社，2004。

［9］殷少平：《金融法》，北京，中国人民大学出版社，2005。

［10］唐波：《新编金融法学》，北京，北京大学出版社，2005。

［11］刘定华：《金融法教程》，北京，中国金融出版社，2004。

［12］甘功仁、黄欣：《金融法》，北京，中国金融出版社，2004。

［13］王淑敏、陆世敏：《金融信托与租赁》，北京，中国金融出版社，2002。

［14］朱明：《金融法规与案例分析》，北京，机械工业出版社，2009。

［15］徐刚、苏敏、周星辉：《金融法概论与案例》，北京，中国金融出版社，2004。

［16］李大伟：《中华人民共和国商业银行法释义》，北京，中国法制出版社，2004。

［17］全国人大常委会法制工作委员会：《银行业常用法律法规手册》，北京，中国民主法制出版社，2004。

［18］郭俊秀：《金融法案例解析》，厦门，厦门大学出版社，2004。